KB203137

호주 선교사 열전

— 진주와 통영

한호선교 130주년 기념도서

호주 선교사 열전

진주와 통영

이상규 · 양명득 지음

The Australian Missionaries in Korea - Jinju & Tongyeong

동연

머 리 말

호주장로교회의 한국 선교 130주년을 기념하여 '호주 선교사열전' 그 첫 번째 책을 출판하게 된 것을 기쁘게 생각합니다. 호주 '빅토리아 주장로교회'(PCV: The Presbyterian Church of Victoria)는 1859년에 조직된 교회인데, '미지의 남쪽 나라'(Terra Australis incognita)로 불리던 호주가 외부세계에 알려진 것은 1606년이지만 1770년 제임스 쿡 선장이 시드니의 보타니 만에 상륙한 이후 호주는 영국령 식민지가 됩니다.

호주에 장로교가 처음 소개된 때는 1803년이었습니다만 1820년 대부터 자유이민이 급증하면서 스코틀랜드계 장로교인들이 호주로 이주해 왔고, 빅토리아주 멜버른에 온 제임스 폽스(James Forbes) 목사는 1838년 스캇치교회(Scots Church)를 설립했는데, 이 교회가 빅토리아주 최초의 장로교회였습니다. 그래서 이 날을 빅토리아주에서의 장로교의 시작으로 보고 있습니다. 1850년대 빅토리아주에는 세 가지 장로교회가 조직되어 있었는데, 이들은 약 10년간의 연합을 위한 협의를 거쳐 1859년 4월 7일, 하나의 교회로 통합되었습니다. 이교회가 바로 '빅토리아장로교회'(PCV)이고 후일 한국 선교를 주도합니다.

빅토리아장로교회 총회는 1860년 '해외선교부'를 조직한 이후 뉴 헤브리디즈와 원주민 선교 그리고 중국인들에 대한 선교가 중심을 이루고 있었던 중에, 1889년 헨리 데이비스 목사의 내한으로 한국 선교가 시작됩니다. 그는 큰 누나 메리와 함께 1889년 10월 2일 부산항으로 입국합니다만 6개월 후인 1890년 4월 5일, 34세의 나이로 부산에서 순직하게 됩니다. 그러나 이를 시작으로 한국 선교가 시작되었고, 해방 전까지 78명, 해방 이후 양명득 선교사까지 127명이 파송되었습니다. 이들은 부산, 진주, 마산, 거창, 통영 그리고 서울 등에서 전도, 교육, 의료, 자선활동을 전개했습니다.

본 도서는 진주와 통영지방에서 활동했던 10명의 선교사를 선정하여 각각 다섯 선교사들에 대해 기술하기로 하여, 필자는 엘리자베스 무어, 휴 커를, 마가렛 알렉산더, 마틴 츄르딩거, 진 데이비스를 그리고 양 선교사는 넬리 스콜스, 찰스 맥라렌, 캐서린 레잉, 윌리엄 테일러, 에이미 스키너를 소개했습니다. 이 책 서두에서는 이 책에 대한 서론으로 호주장로교회의 한국 선교에 대해 간략하게 소개하고, 진주와 통영 지부 설치에 대해 안내하여 독자들의 이해를 돕고자 하였습니다.

이 책 출판을 위해 수고해 주신 여러분들께 충심으로 감사드립니다. 이 책 출판을 후원해 주신 경남성시화운동본부에 대해 감사드리며, 축사를 써 주신 대표회장 오승균 목사께 감사를 드립니다. 이 책의 발간을 축하해주신 전 호주 선교사 알란 스튜어트 목사께도 깊은 감사를 드립니다.

특히 이 책을 기획하고 편집을 위해 수고해 주신 양명득 선교사께 감사를 드립니다. 그의 세심한 배려가 없었다면 이처럼 아름다운 책으로 출판되지 못했을 것입니다. 어려운 출판 환경에서도 기꺼이 이 책을 출판해주신 동연의 김영호 대표와 직원 여러분들께도 감사를 드립니다.

이 책이 호주장로교회의 한국 선교 130주년을 기념하는 모든 독자들에게 사랑받는 책이 되기를 기대합니다.

2019년 9월 5일

이상규

(고신대학교 명예교수, 백석대학교 석좌교수)

기독교 교회의 역사를 보면 성인들의 삶은 많은 신자들에게 영감
을 주어 왔습니다. 물론 모든 선교사들이 성인이라는 말은 아니지만,
그들은 하나님의 부르심에 순종하여 세상 사람들을 위하여 자신들의
일생을 우선적으로 바쳐왔습니다.

그들에 관한 이야기를 기록하는 것은 그러므로 신앙의 순례의 도
상에 있는 많은 사람들에게 격려와 배움의 근거를 제공하는 것입니다.

나는 그러한 선교사들을 몇 명 알고 있는 바 짐과 베스 헤젤딘, 데
스와 마저리 닐 그리고 베나 맥납인데, 이들은 내가 한국에서 일할 때
알던 선교사들입니다. 특히 내가 이야기를 듣고 읽어서 알고 있는 찰
스 맥라렌 박사는 당시 그의 동료들과 선교사 후배들에게 모범이자 영
감이 되어 왔습니다.

'호주 선교사 열전'이 이번에 나온다니 나는 그들의 이야기도 어서
읽고 싶습니다. 이 책의 저자인 이상규 박사와 양명득 박사의 공헌에
감사하며, 여러분들에게 이 책을 추천합니다.

호주 시드니 북부에서
알란 스튜어트 목사
(한국명: 서두화, 전 한국주재 호주 선교사)

책 을 펴 내 며

　올해 2019년은 경남선교 130주년이 되는 해입니다. 호주 빅토리아장로교회 헨리 데이비스 선교사는 1889년 10월 2일 경남(부산) 땅을 밟은 후 서울에 가서 5개월 동안 한국어를 공부하고 1890년 3월 14일 서울을 출발하여 3주간 전도여행을 하면서 부산에 도착한 다음날인 4월 5일 부활절에 풍토병으로 순직하였습니다. 그 후 호주장로교회는 해방 이전까지 78명, 해방 이후 49명, 총 127명의 선교사를 파송하여 어둠의 땅 경남복음화를 위하여 헌신했습니다. 오늘날 경남이 10.5%의 복음화가 된 것은 선교사들의 헌신과 희생이 있었기 때문입니다.

　경남교회들은 오랫동안 호주 선교사들의 값진 헌신과 희생을 잊고 있다가 10여 년 전 경남성시화운동본부가 설립되어 경남의 아름다운 신앙유산을 계승하기 위해 2009년에 창원공원묘원 내에 순직선교사 8인과 경남 출신의 순교자 묘원을 조성하고, 10월 2일을 경남선교의 역사적인 날로 제정하였으며, 2010년 10월 2일 경남선교120주년 기념관을 개관한 후 매년 10월 첫 주일에 경남선교 120주년 기념관 광장에서 경남선교의 날 감사예배를 드리고 있습니다.

　2016년 창원시가 경남선교 120주년 기념관, 주기철 목사 기념관, 손양원 목사 기념관을 잇는 성지순례길 탐방코스 개발 및 문화관광해설사를 배치한 후 해마다 전국에서 많은 순례자들이 방문하여 큰 은혜와 감동을 받고 있습니다. 다만 현재 경남선교120주년 기념관에 호주 선교사들에 관하여 전시되어 있거나 알려진 역사적 자료는 극히 제한적이고 미미한 실정입니다.

이런 때에 반가운 소식을 전해주신 분들이 있습니다. 바로 이상규 박사님과 양명득 선교사님입니다. 이상규 박사님은 고신대학교에서 한국교회사와 역사신학을 가르치며 후학을 양성하는 데 온 힘을 쏟은 분입니다. 양명득 선교사님은 마지막 127번째 호주 선교사로서 누구보다 호주선교역사를 잘 알고 계신 분입니다. 이분들은 진솔하고 따뜻한 인간미가 있고, 학문과 영성을 겸비한 목사님들입니다. 이분들은 호주에서 유학을 해서 그런지 호주 선교사들에 관한 관심이 지대한 분들로서 오랫동안 자료를 수집하고 연구하여 이번에 '호주 선교사 열전 – 진주와 통영'을 출간하여 호주 선교사들의 헌신과 열정을 더욱 깊이 느낄 수 있는 기회를 만들어 주셨습니다.

본서는 한국교회, 경남의 교회지도자들과 성도들에게 경남 땅을 향하신 하나님의 사랑과 마음이 어느 정도였는가를 느끼고 배우고 체험할 수 있는 소중한 선물이 될 것을 확신합니다. 하나님께서는 이 책을 통해 한국교회와 경남의 교회, 다음 세대에 큰 은혜를 부어주실 것입니다.

끝으로 주님과 교회를 사랑하는 마음으로 본서를 저술하여 한국교회사와 경남선교역사에 지대한 공헌을 하신 이상규 박사님과 양명득 선교사님께 깊은 존경과 감사를 표하는 바입니다.

오승균 목사
(경남성시화운동본부 대표회장)

지은이 글

문서 속에 감추어진 이야기

본 도서는 '호주 선교사 열전 시리즈' 중 그 첫 번째 책이다. 호주 선교사들이 활동하였던 경남 지역들을 근거로 이번에 '진주와 통영'이 출판되고, '마산과 거창' 그리고 '부산과 서울'도 계획되어 있다.

조선시대 말과 근대화 시기 한국에서 활동하던 많은 호주 선교사들이 아직 한국 사회나 교계에 잘 알려져 있지 않다. 호주 선교사들은 부산경남 지방에 근대식 병원과 학교를 시작하여 의술과 교육에 크게 공헌하였고, 교회 개척과 순회 전도로 현재 이 지역 교회의 뿌리가 되어 있다.

필자는 호주 선교사들이 당시 남긴 보고서나 편지 그리고 회의록을 읽으면서 그 분들의 살아있는 숨결을 느낄 수 있었고, 문서 속에 감추어진 보물과 같은 이야기들을 어서 세상 밖으로 알리고 싶어 본 도서를 기획하게 되었다.

올해 한호선교 130주년을 맞이하여 경남성시화운동본부는 다양하고 뜻있는 축하 행사를 준비하고 있다. 한호선교에 대한 큰 애정을 가지고 본 도서를 흔쾌히 후원하신 운동본부 이사장 이승종 목사께 깊은 감사를 드린다.

　무엇보다도 한호선교 역사의 최고 권위자이신 이상규 교수께서 주 저자로 참여하여 본 도서가 더욱 값어치 있고 빛이 나게 되었음을 기쁨으로 생각한다.

　본 도서에 실린 진주와 통영에서 활동한 10명의 호주 선교사 이야기가 '위대한 선교'에 뜻이 있는 후학들에게 큰 영감과 지침이 되기를 희망하는 바이다.

　이 책의 1장과 2장의 "휴 커를", "진 데이비스" 그리고 3장의 "엘리자베스 무어", "마가렛 알렉산더", "마틴 츄르딩거" 파트는 이상규 선생이 썼고, 2장의 "넬리 스콜스", "찰스 맥라렌", "캐서린 레잉"과 3장의 "윌리암 테일러", "에이미 스키너"는 본인, 양명득이 저술했다.

양명득

(호주선교동역자)

차 례

1장

서 론:
진주와 통영선교부

호주장로교회의 한국 선교와 진주 및 통영선교부

호주장로교회의 한국 선교와
진주 및 통영선교부

호주장로교회의 한국 선교

호주 빅토리아장로교회(PCV)의 한국 선교는 1889년 헨리 데이비스(Rev. JH Davies, 1856~1890)의 내한으로 시작되었다. 그는 누나 메리(Miss. T Mary)와 함께 1889년 10월 2일 부산항으로 입항하였고, 10월 4일에는 제물포를 거쳐 서울로 가 약 5개월간 체류하며 '조선말'을 공부했다. 1890년 3월 14일에는 서울을 떠난 그는 4월 4일 부산에 도착했으나 이튿날 폐렴으로 사망했다. 그의 예기치 못한 죽음은 호주교회 큰 충격을 주었고, 호주에서 선교운동을 진작시키는 계기가 된다. 선교에 대한 관심과 함께 창립된 여전도회연합회(PWMU)는 데이비스를 파송했던 청년연합회(YFU)와 함께 양대 선교사 파송 기구로 발전했다.

1891년 10월 12일에는 제2진 선교사 5명, 곧 매카이 목사와 부인 사라 그리고 세 미혼 선교사들(Belle Menzies, Jean Perry, Mary

Fawcett)이 내한하여 초량과 부산진에 정주하면서 호주장로교회의 한국 선교가 계속된다. 이어 아담슨, 엥겔, 매켄지 등 후속 선교사가 파송되었는데 해방 전까지 78명의 선교사가 내한하여 부산과 경남지 방에서 활동하게 된다.

호주장로교회는 미국북장로교(1884)에 이어 한국에 선교사를 파송 한 두 번째 교회인데, 그 이후 미국 남장로교(1892), 캐나다장로교(1898) 가 한국에 선교사를 파송하였고, 주한 4개 장로교 선교부는 감리교 선 교부, 곧 미국북감리회와 미국남감리회와 더불어 선교지역 분담에 합 의하여 선교지역을 분담하였는데 호주장로교선교부는 부산경남지역 을 담당하게 된다. 1913년까지는 미국북장로교와 호주장로교가 함께 부산경남지방에서 사역했으나, 1913년 말 북장로교는 이 지역에서 완 전히 철수함으로 1914년 이후 부산경남지역은 전적으로 호주선교부 관할이 된다. 당시 부산과 경상남도의 인구는 약 150만으로 추산되는 데, 이 지역에서 효과적인 사역을 위해 호주장로교 해외선교부는 이른 바 '전진운동'(Forward Movement)을 전개하여 더 많은 선교사를 한국 으로 파송하게 된다. 따라서 이후 선교사역은 경상남도 전 지역으로 확 산된다.

호주장로교선교부는 처음에는 부산진과 초량, 곧 부산지부(1891) 중심으로 일했으나 곧 진주지부(1905)를 개척했고, 1911년에는 마산 지부가 설치되었다. 전진정책의 결과로 1913년에는 통영과 거창에 선 교지부가 설립된다. 그래서 호주선교부는 5개 지부를 중심으로 경남 지역 전역에서 사역하게 된 것이다(아래의 선교지부 분계도 참조).

호주선교부는 5개 지역 외에도 소수의 인력이 평양과 서울에서도 활동했는데, 그 첫 선교사가 엥겔 곧 왕길지(Rev. Gelson Engel) 목사였다. 모국어인 독일어 외에도 12개 언어를 통달했던 왕길지 목사는 1906년부터 평양신학교 강사로 시작하여 1919년부터 1935년 은퇴할 때까지 평양신학교 성경언어 및 교회사 교수로 봉사했다. 또 한 사람은 의료선교사 맥라렌(Dr. Charles McLaren), 곧 마라연 의사인데, 그는 한국에서의 유일한 신경정신과 의사였다. 그는 매년 3개월씩 세브란스에서 가르친 바 있으나 1923년부터 1938년까지 세브란스병원과 의전(醫專)에서 신경정신과 교실을 열고 진료와 교육을 담당했다.

호주장로교선교부도 전도, 교육, 의료 등 사도시대 이래의 선교의 3대 분야에서 활동하였는데, 이 모든 사역은 자선사업 혹은 자애정신과 깊이 관련되어 있었다. 전도사역은 목사선교사들과 미혼 여선교사들의 가장 중요한 사역이었다. 이 사역은 선교지부를 중심으로 관할지역을 순회하며 전도와 양육을 시행하고, 교회 돌봄과 동사(同事) 혹은 당회장 역할을 감당하기도 했다. 선교사들은 통상 6개월을 단위로 해 관할지역을 순회하고 양육과 교육, 성례를 담당했다.

호주선교부의 중요한 정책이 교육활동인데, 특히 부녀자와 아동 교육을 강조하였고, 여성교육에 특별한 관심을 기울였다. 경남지방은 경기 이북지방에 비해 보수적이었으므로 여성교육에 대해 상대적으로 무관심했다. 그래서 각 선교지부에 남·여 학교를 설립하였는데, 남자학교는 정상 궤도에 오르면 해당 지역 교회에 경영권을 넘겨주는 것을 고려했으나 여자학교는 선교부가 운영하도록 했다.

특히 호주선교부는 부산의 일신여학교(1895), 진주 시원여학교(1906), 마산 의신여학교(1913), 통영에 진명여학교(1914)를 설립하고 여성교육에 힘썼다. 일신(日新)여학교는 한강 이남에서 가장 오래된 여학교로서 명성을 얻었고, 지금은 동래 여자중고등학교로 존속하고 있다. 통영과 부산 동래에 실업학교(Industrial, Vocational 혹은 Farm school)를 설립하고 가난한 자, 장애인, 혹은 불우한 여인들의 생계를 위한 교육을 실시하였다. 호주 선교사들은 근대적 의미의 교육활동, 곧 교육은 특수한 일부만을 위한 것이 아니라 모두가 교육이 대상이며 교육받을 권리가 있다는 점, 또 그 교육의 목표는 과거급제나 공직에 나가기 위한 것이 아니라 건실한 사회인, 교양 있는 그리스도인의 인격을 함양하는 것이라는 점을 가르쳤다.

호주선교부의 의료 활동은 타 선교부에 비해 미진하였다. 해방 이전에 내한한 78명 중 목사 선교사는 20명에 달했으나 의료선교사는 11명에 불과했다. 당시만 하더라도 호주장로교회는 다방면의 의료 활동을 전개할 만큼 재정적으로 부유하지 못했다. 그래서 진주를 의료활동의 중심지로 삼고 그곳에 배돈(培敦)병원을 설립하였다. 이 병원은 경남지방의 유일한 선교병원이었다. 부산과 통영에는 아동건강관리소(Baby Welfare Center)를 운영하였다. 특히 통영지부에서는 작은 선박을 이용하여 위급한 섬사람들을 진주로 후송하여 치료받도록 배려하였다. 호주선교부의 의미 있는 의료 혹은 자선사업은 부산의 나환자 보호병원(Leprosy Asylum) 운영이었다. 이 일은 1910년부터 시행되었는데, 이 시설의 책임자가 매견시(JN MacKenzie)였다. 그는 간단한 의학교육을 받았던 목사였고, 후일에는 의사 자격을 얻기도 했다. 부산의 일신병원을 설립한 매혜란, 매혜영은 바로 매견시 선교사의 장녀와 차녀였다.

경상남도 지방

호주장로교의 5개 선교지부 분계도

호주장로교회는 해방 이후에는 45명의 선교사를 파송하였으므로 내한한 호주 선교사 총수는 126명에 달하는데, 이들은 경남지방 기독교 형성에 크기 기여하였다.

진주지부의 설치

호주장로교회는 부산지부에 이어 1905년에는 진주 지부를 열게 되는데, 이는 전적으로 커를 의사(Dr. Hugh Currell)의 주도적이 노력의 결과였다. 진주는 경상남도 지방에서의 중심 지역이었고 1925년 이전까지는 경상남도 지방 도청소재지였다. 부산에서 80마일 떨어진 이곳은 도청소재지라는 점 외에도 남도(南道) 제일의 양반고을이라는 긍지와 자부심이 강한 곳이었다. 사회 신분상의 계급의식 또한 강했고 외래적인 것에 대해서도 매우 배타적인 곳이었다. 그러나 이곳에도 복음이 전파되어야 하고 시료(施療) 활동이 필요하다고 보아 커를 의사는 이곳으로 이주하여 의료 활동을 시작했고, 곧 교회와 학교가 설립된다. 진주지방은 서부경남지방 중심 지역이므로 이곳의 복음화는 인접지역 선교를 위한 전략적 가치가 있다고 본 것이다.

거열휴라는 한국이름으로 널리 알려진 커를이 부산을 떠나 진주에 도착한 날은 1905년 10월 20일이었다. 이때 동행했던 한국인 조수 박성애(朴晟愛, 1877~1961)는 후일 진주지방 첫 한국인 목사가 되었고 진주교회 첫 한국인 목사가 된다. 커를 의사는 진주 성내면 4동(북안문)에 있는 초가집을 임시거주지로 얻었는데, 이곳에 곧 시약소(dispensary)를 설치했는데 후일 배돈병원으로 발전했다. 커를 부인은 자신의 집 정원에서 작은 여학교를 시작하였고(1906), 또 이어서 남자를 위한 초등학교 교육을 시작하였는데, 이 학교가 후일 시원(柴園)여학교와 광림(光林)학교로 발전했다.

후일 진주지방 호주선교부의 거점에 된 봉래동 지역 일대에 선교사관, 시원여학교, 배돈병원, 진주교회 등이 설립된다. 당시는 논과 밭이 있는 한적한 주변이었으나 지금은 상가와 고층아파트가 서 있고 진주교회만이 봉래동 구 선교지(Mission compound)에 위치하고 있다.

호주장로교선교부는 커를 이후 여러 선교사를 진주지부에 파송했는데, 특히 여성교육을 위해 1907년 2월 말 교육선교사로 쇼울즈(Miss. N. R. Scholes, 1907~1919)를 파송하였고, 지역 순회와 전도를 위해 부산에서 일하던 켈리(Miss. Mary J. Kelly, 1907~1911)를 진주로 보냈다. 또 남자학교 운영을 위해 1909년에는 리알 목사(Rev. DM Lyall, 1909~1916) 부부가 진주로 파송되었다. 또 전도사역과 지역 교회 관리를 위해 1910년에는 클러크(Miss. F. L. Clerke, 1910~1920)와 메크레(Rev. F. J. L. Macrae, 1910~1913) 목사가 보강되었다.

1911년에는 켐벨(Miss. A. M. Campbell, 1911~1922)과 맥라렌 의사(Dr. McLaren, 1911-1923, 1939~1942) 부부가 파송되었다. 그 외에도 켈리(Rev. J. T. Kelly, 1912~1913), 데이비스(Miss. M. Davies, 1913~1915), 랭(Miss. C. Laing, 1913~1932), 커닝햄(Rev. F. W. Cunningham, 1013~1927, 1929~1940), 알렌(Rev. A. Allen, 1913~1925), 에베리(Miss. E. Ebery, 1918~1919), 데이비스 의사(Dr. J. Davies, 1918~1941), 나피어(Miss. G. Napier, 1920~1935), 테일러 의사(Dr. W. Taylor, 1921~1938), 에디 커(Miss. E. Kerr, 1921~1924, 1927~1928), 알버트 라이트(Rev. A. Wright, 1924~1928), 엘리스 니븐(Miss. A. G. Niven, 1924~1927), 츄르딩거(Rev. M. Trudinger, 1925~1928), 딕슨(Miss. E. Dixon, 1925~1936, 1937~1938), 볼란드(Rev. F. Borland, 1929~1932, 1935~1939), 멕코기(Miss. J. McCauge, 1930~1940), 엔더슨(Rev. G. Anderson, 1933~1935), 코트렐(Rev. A. Cottrell, 1933-1935), 에드거(Miss. E. Edger, 1934~1941), 스타키(Rev. J. Stuckey, 1935~1940), 던(Miss. E. Dunn, 1936~1937) 그리고 아우만(Miss. V. Aumann, 1939~1941) 등이 진주지부에서 활동했다. 즉 진주지부에는 30명의 선교사가 일했는데, 해방 전에 한국에 파송된 78명 중 40%에 해당했다.

통영지부의 설치

1910년대는 호주장로교선교부는 새로운 도약기였다. 북장로교선교부가 부산, 경남지방에서 철수 의사를 밝혔으므로 호주선교부는 확대된 선교지역을 감당하기 위해서는 새로운 선교지부를 설치하지 않으면 안 되었다. 그래서 호주선교부는 부산, 진주, 마산에 이어 1913년에는 거창과 통영에 선교지 부를 설치하게 된 것이다. 여기서는 통영지방에서의 선교지부에 대해 소개하고자 한다.

현재는 충무로 불리는 통영은 한때 진남(鎭南)이라고 불리기도 했는데 선교사들은 칠암이라고 지명을 선호했다. 지금은 해안 도시로 변모되었지만 1910년 당시는 작은 어촌에 지나지 않았다. 그리고 이곳지역을 역을 중심으로 인접지역은 많은 섬들로 구성되어 있었다. 이런 지리적 위치 때문에 복음전파가 용이하지 않았다. 특히 섬 지방 사람들은 복음을 접할 기회가 많지 않았기 때문에 호주선교부는 거창지역과 함께 이곳에도 선교부의 설치가 시급하다고 판단했다. 그래서 1912년 부산진에서 모인 특별위원회에서 통영에 선교지부를 설치하기로 결의하였다. 이 결의에 의하여 선교지부 개척을 위해 파송된 이가 왓슨 목사 부부와 엘리자베스 무어 선교사였다.

왓슨 목사(Rev. R. D. Waston, 王大善) 부부는 1910년 12월 내한한 이래 마산에서 사역하였으나 호주선교부의 정책에 의하여 1913년 통영으로 이거하여 1928년까지 15년 봉사했다. 그는 이 지방 선교의 기초를 놓은 선교사라고 해도 과언이 아니다. 엘리자베스 무어(Miss. E. S. Moore, 牟以利沙伯)는 1892년 내한하여 부산진에서 사역하던 중 왓슨 부처와 함께 통영으로 이주하여 1918년까지 순회전도자로 일하고 1919년 은퇴하였다. 그 또한 통영지부 개척의 공로자라 할 수 있다. 두 선교사보다 조금 후에 통영지부로 파송된 선교사는 1913년 4월에 내한한 테일러 의사(Dr. W. Tayler, 魏大人)였다.

의사 테일러는 커를, 맥라렌 선교사에 이어 내한한 세 번째 의료선교사로서 통영지방 첫 의료 선교사였다. 그는 통영과 통영 지방 여러 섬들을 정기적으로 순방하면서 의료 활동을 전개하여 선한 의사로 칭송을 받았다. 간호사였던 그의 부인은 어린아이들의 위생, 건강, 치료를 위해 어린이 보건센터를 운영했다. 테일러 의사는 이곳에도 작은 병원을 설립하고자 했고, 나환자들을 위한 치료 보호시설(leper colony)을 설립하고자 했으나 성사되지 못했다. 왓슨 목사 부인은 무어와 함께 학교 교육을 시작하였는데, 후일 진명유치원, 진명 야간학교, 진명 강습소 등으로 발전하였다. 1914년 9월에는 스키너 선교사(Miss. A. M. Skinner, 愼愛美)가 내한하여 통영지부로 배속되는데, 그는 이 지역 기독교 교육에 큰 자취를 남겼다. 그 외에도 여러 선교사들이 통영지부에서 활동했는데, 통영에서 활동한 선교사들은 아래와 같다.

무어(Miss. E. Moore, 1913~1919), 왓슨 목사 부부(Rev. R. D. Watson, 1913~1928), 알렉산더(Miss. M. Alexander, 1918~1920, 1940~1941), 테일러 의사 (Dr. W. Taylor, 1913~1921), 스키너(Miss. A. M. Skinner, 1920~1940), 호킹(Miss. D. Hocking, 1932~1934), 맥코그(Miss. J. McCague, 1020~1925), 에디스 커(Miss. Edith Kerr, 1928~1935), 츄르딩거(Rev. M. Trudinger, 1929~1938), 던(Miss. E. W. Dunn,

1923~1928), 프란시스(Miss. A. L. Francis, 1927~1929), 엘리스(Miss. C. Ellis, 1925~1926), 레가트(Miss. D. Leggatt, 1928~1930), 에드가(Miss. E. Edgar, 1931~1933), 레인 목사(Rev. H. Lane, 1937~1941), 와킨스 (Miss. I. Watkins, 1940~1941) 등이었다.

2장

진주선교부

휴 커를
넬리 스콜스
찰스 맥라렌
캐서린 레잉
진 데이비스

휴 커를

Hugh Currell (1871–1943)

호주 빅토리아장로교회는 1889년 첫 선교사인 데이비스(J.H Davies)를 한국에 파송한 이래 1945년까지는 78명의 선교사를, 1980 년대까지는 126명의 선교사를 한국에 파송하였다. 이중 소수는 주한 장로교선교부의 연합사업에 참여하여 평양과 서울에서 활동했으나 거의 대부분의 선교사들은 부산과 경남지방에서 활동했다. 해방 전까지 내한한 78명의 선교사 중 19명은 선교사의 아내였고, 나머지 59명 중 24명은 해외선교회(FMC)가 파송한 선교사였고, 35명은 여전도회 연합회(PWMU) 파송 선교사들이었다.[1] 이들은 경남지방의 5개 선교 지부, 곧 부산(설치연도 1891), 진주(1905), 마산(1911), 통영(1913), 거창(1913) 지부에서, 전도, 교육, 의료, 자선사업 등에 종사하였다.

해방 이전까지 내한했던 78명의 호주 선교사 중 신학교육을 받은 목사 선교사는 20명이었으나,[2] 의료선교사는 10명에 불과했다. 이

---

1) 이상규, "호주장로교의 신학", 「역사신학논총」 5(이레서원, 2003), 131.

2) 내한했던 목사 선교사는 다음과 같다 (괄호 안의 수는 내한 연도임). J. H. Davies(1889), J. H. Mackay(1891), A. Adamson(1894), G. Engel(1900), D. M. Lyall(1909), J. N. Mackenzie(1910), F. J. L. Macrae(1910), R. D. Watson(1910), A.C. Wright(1912), J. T. Kelly(1912), F. W. Cunningham(1913), A. W. Allen(1913), F. J. Thomas(1916), M. Trudinger(1922), G. Anderson(1922), E. T. Borland(1929), A. T. Cottrell(1933), E. W. New(1934), H. W. Lane(1935), J. M. Stuckey(1935). 이중 15명은 호주빅토리아장로교회의 신학 교육기관이었던 오르 몬드대학(Ormond College)에서 신학교육을 받았는데, 이들이 Mackay(1891),

중 의사는 4명이었고 간호사는 6명이었다.3) 내한한 첫 의료선교사가
휴 커를(Dr. Hugh Currell, 1871-1943), 곧 거열휴(巨烈休)였다. 그는
부산(1902~1905)과 진주지방(1905~1915) 의료선교사로 활동했고
진주 배돈병원의 설립과 치료와 더불어 지역 교회 설립, 학교의 설립
과 운영 등 여러 영역에서 커다란 자취를 남겼다.

커를의 가정 배경, 교육, 의료활동

한국에서 커를 의사의 이력 혹은 내력은 거의 알려지지 않았으므
로 먼저 간단한 그의 가정 배경과 학교교육에 대해 소개하고자 한다.
커를은 1871년 2월 8일 아일랜드의 북부지방 안트림(Antrim)에 인접
한 칸라우(Carnlough)에서 출생하였다. 그곳에서 그는 그의 삼촌이
운영하던 학교에서 초등교육을 받았는데 당시 그의 삼촌은 훌륭한 교
육자로서 알려져 있었다. 그가 대학에 입학할 수 있는 중등교육을 받고
또 예비시험에 합격한 후 1892년 벨파스트(Belfast)에 있는 아일랜드
왕립대학교(Royal University of Ireland)의 퀸스 칼리지(Queen's
College)에 입학하였다. 벨파스트는 북아일랜드의 수도로서, 역사적
으로 프랑스의 위그노들이 피신했던 도시인데 북아일랜드의 교육 문

Lyall(1909), Watson(1910), Wright(1912), Kelly(1912), Cunningham(1913),
Allen(1913), Thomas(1916), Trudinger(1922), Anderson(1922), Borland
(1929), Cottrell(1933), New(1934), Lane(1935), Stuckey(1935)이다.
3) 4명의 의사는 Hugh Currell, Charles McLaren, William Taylor, Jean Davies 등이
었고, 간호사 6명은 Frances Clerke, Gertrude Napier, Mrs. E. V. I. Trudinger,
Ethel Dixion, Elsie T. Edgar, Mrs. Taylor(Nee Alice Main) 등이다. 매카이 목사
부인 Sarah도 간호사였으나 내한 6주 후 사망했다.

화 산업의 중심지였다. 이곳의 퀸스대학은 1845년에 설립된 명문학교였다.

그의 부모들은 그가 목회자의 길을 가도록 권유하였으나 본인은 해외 선교에 깊은 관심을 갖고 있었다. 커를은 목회자의 길을 갈 것인가, 아니면 의료 선교사의 길을 갈 것인가를 두고 오랫동안 고심하던 끝에 의료선교사의 길을 택하여 의과대학에 입학하게 된 것이다.

그가 선교에 관심을 갖게 된 것은 두 가지 이유 때문이었다. 첫째는 그의 누나를 통해 한국에서 일하던 매카이 선교사의 사역을 알게 되었기 때문이다. 1891년 10월 내한하여 짧은 기간 일했으나 부산 초량에 선교 부지를 마련하는 등 한국 선교 정초작업을 했던 매카이에 대한 정보는 해외선교에 대한 관심을 불러 일으켰다.

두 번째는 학생자원선교운동(Student Volunteer Missionary Union)의 영향이었다. 학생자원운동 순회총무였던 도날드 프레저(Donald Fraser)가 벨파스트를 방문하여 행한 연설에 감명을 받았기 때문이다. 선교동원가이기도 했던 도날드 프레이저는, 강연을 통해 해외의 그리스도를 모르는 세계가 선교지원자를 부르고 있다는 점을 강조했을 때 커를은 하나님께서 자신을 선교지로 부르고 있다고 확신하게 된 것이다. 그래서 그는 선교사로서의 길을 다짐하고, 선교헌신자로 서명하고 자기 생을 의료선교사로 바치는 것이 최상의 길이라고 확인하게 되었다.[4]

그 후에도 커를은 케직대회(Keswick, 1894. 7)와 1896년 1월 리버풀(Liverpool)에서 모인 영국 학생자원운동(SVM) 대회에 참석하여

---

4) *The Messenger* (21. Feb. 1902), 49.

선교에 대한 이상을 확신하고 자신의 선교사로의 길을 확인하게 된다.

그는 대학에서 첫 2년간은 문과계통에서 공부하였으나 의사로서 필요한 교육을 받았고 1897년 의과대학을 졸업한 후 일 년 반 동안은 잉글랜드와 웨일즈 지방에서 개업의로 활동했다.

그는 원래 만주지방에 선교사로 가고자 했다. 아일랜드장로교회가 만주지방에 선교사를 파송하고 있었고 그곳에 의료선교사를 필요했기 때문이다. 그러나 그의 주변 환경은 만주로의 길을 방해하고 있었다. 그래서 커를은 북아일랜드를 떠나 호주로의 이주를 결정하고 1899년 호주 빅토리아주로 이거하였다. 일단 그는 멜버른에서 약 150km 떨어진 멜버른 서부에 위치한 벤딩고(Bendingo)라는 도시에서 멀지 않은 키아브람(Kyabram)에 정착했다. 그는 이곳에서 15개월간 의사로 일했고, 다시 루더글랜(Rutherglen)으로 옮겨가 약 2년간 일반의로 일했다. 루더글랜은 빅토리아아 북동쪽의 작은 도시로서 뉴사우스 웰즈 주 경계에 인접한 도시였다.

이곳에서 의사로 활동하며 교회를 위해 봉사했으나 첫 번째 아내 앤 네스빗(Anne Nesbitt)이 결핵으로 사망했다. 인간적인 아픔을 경험했으나 선교에 대한 이상을 버리지 않았다. 그가 이곳에서 일하는 어간 1899년 호주를 방문했던 한국 선교사인 아담슨(A. Adamson)을 만나게 되었고, 그를 통해 한국 특히 부산지방에서 일할 의료선교사를 찾고 있다는 사실을 알게 되었다. 부산지방에서 사역할 의료선교사 확보가 시급하다는 보고를 들은 커를은 빅토리아장로교 해외선교부 토마스 케언즈(Rev. Thomas Cains)에게 한국 선교사를 자원하게 된다.

한국으로 가는 길이 하나님이 이끄시는 '환경적 섭리'라고 인식한 것이다. 그의 자원은 신속하게 처리되어 1902년 3월 18일 멜버른 북노회와 남노회(Presbyteries of Melbourne North and South)에 의해 한국 선교사로 임명되었고, 빅토리아주 장로교 청년연합회는 그를 파송하고 후원하기로 했다.

청년연합회는 매카이 선교사를 파송한 이후 1892년부터 의료선교사 파송을 위해 노력했는데 이로부터 꼭 10년이 지난 1902년 커를 의사를 파송하기에 이른 것이다. 이때 커를의 나이는 31세였다. 한국 선교사로 지명된 그는 루더글랜감리교회에서 만나 교제하던 여성 루시에델 앤스티(Lucy Ethel Anstee, 1881-1969)와 결혼했다. 앤스티는 1881년 8월 3일 생으로 커를보다 10년 연하였다. 후에 이들은 3남매를 두었는데, 두 딸 사라(Sarah Ethel Currell, 1903. 2. 9일생)와 프란시스(Francis Annie Margaret, 1904. 10. 12일생)는 부산에서 출생했고, 아들 휴 다니엘(Hugh Daniel)은 1911년 9월 20일 진주에서 출생했다.

내한과 부산에서의 선교활동

선교사로 임명된 그는 1902년 4월 3일 아내와 함께 한국으로 출발하여 일본 나가사끼에 잠시 머문 후 5월 19일 부산에 도착했다. 그의 봉급은 월 280파운드였다. 일단 부산 초량의 아담슨의 집에 거주하며 부산 생활을 시작했고, 이후 1905년까지 부산에서 활동하게 된다. 언제 누구에 의해 그의 한국어 이름이 작명되었는지는 알 수 없으나

Hugh Currell을 한국식으로 성(姓)을 먼저 칭할 경우 Currell Hugh가 되는데 이를 한국어로 적당히 취음하면 '거열휴'가 된다. 성(姓)만 호칭하여 '거열 의사'라고 호칭한 경우도 있다.

그는 호주장로교의 첫 의료선교사였으므로 그에 대한 기대가 높았다. 1894년 이래로 부산에서 일하고 있던 아담슨 선교사는 이런 기록을 남겨두고 있다. "커를 의사의 내한은 한국의 그리스도인들에게는 저들을 향한 하나님의 사랑의 또 다른 실례로 받아들여지고 있지만 우리에게는 말로 표현할 수 없는 그 이상의 의미를 지니고 있다."5)

부산에 도착한 커를은 한국어를 공부하기도 전에 시약소를 설치하고 진료를 시작했어야 할 만큼 부산에서의 의료사역은 시급하고도 긴급한 요청이었다. 커를 의사는 부산에서 도착한 1902년 5월부터 9월까지의 사역 보고서(Report of Medical Work in Korea, May to September, 1902)에서 한국 부산에 도착한 다음 날부터 진료를 시작하였다고 했고, 몸이 심히 아픈 경유를 제외하고는 하루도 빠짐없이 매일 환자들을 돌보아야 했다고 한다.

이렇게 진료 때문에 공부할 시간을 얻지 못해 오후 2시 이전에는 환자를 돌보지 않기도 했다고 적었을 만큼 의료선교는 긴박한 요청이었다. 처음에는 시약소로 쓸 만한 공간이 없었으므로 부산진 일신여학교의 작은 교실 하나를 빌려 사용했으나 학교 교실도 부족한 상태에서 서로 불편하기만 했다. 그러나 1902년 7월 일신여학교는 약 24파운드의 기금으로 또 하나의 작은 학교 건물을 신축하였기 때문에 커를 의

---

5) "His coming means to us more than words can express, while the native Christian perceive in it another instance of God's loving regard for them." 14th. Annual Report of the PFU, 1902-03, 3.

사는 이전의 학교 교실 한 칸을 시약소이자 간이치료소로 계속 사용할 수 있게 되었다.

커를 자신의 보고처럼 1902년 9월까지의 사역은 의료선교를 준비하고 앞으로의 사역을 예비하는 기간이었다고 볼 수 있다. 그러나 이 기간 동안 매일 평균 20여 명을 치료해주거나 약을 나누어 주었다고 했다. 물론 시약소를 찾은 사람은 어떤 날은 30명이 넘기도 했다. 어떤 날은 10여 명에 지나지 않았지만 평균 하루 20여 명이 시약소를 찾아왔다고 보고하였다.

당시 한국인들에게 흔한 병으로 커를이 치료했던 병은 종양에서 나병에 이르기까지 다양했지만 특히, 피부병, 안질이 흔했고 치과계통이 가장 많았다고 한다. 피부병이란 외상으로 입은 상처나 병이기도 했지만 버짐(白癬, tinea)이 흔했다. 충치나 결치는 예외 없이 모든 사람에게 다 있는 것이었다. 썩은 이빨을 발치하는 일은 매우 흔했고 치아관리에 대한 교육은 시급했다고 썼다. 그 외에도 흔한 병으로는 소화불량(indigestion), 설사(diarrhoea), 옴(itch), 습진(eczema) 등이었고, 어린이들에게는 홍역(epidemics of measles)과 백일해(whooping-cough)가 많았다고 한다. 또 어른에게는 편도선염(tonsillitis)과 이질(dysentery)의 발병율이 높았다고 한다.6)

당시 외과적 환자가 많았으나 수술할 수 있는 시설이나 장비가 없었으므로 극히 제한된 수술만이 가능했다. 커를이 한국에 온 지 4개월이 채 되지 않았던 1902년 9월에는 부산과 인근지방에는 콜레라가 발생하여 많은 희생자들이 있었다. 일본을 통해 유입된 이때의 콜레라

---

6) 이상규, 『부산지방 기독교 전래사』(서울: 글마당, 2001), 216.

때문에 많은 인명피해가 있었다.

　당시 초량에는 800명의 인구가 살고 있었는데 이중 300여 명이, 부산진(Old Pusan)과 고간, 영선고개 인근의 2,800명에서 3,000명의 인구 중 700여 명이 콜레라로 사망했으므로 이때의 전염병은 커다란 위협이 아닐 수 없었다. 이러한 상황에서 커를은 약품과 소독약을 분배하고, 오전에는 부산진에서 오후에는 초량에서, 아침부터 밤늦게까지 주사를 놓아주며 치료에 임했다고 했다. 이와 같은 그의 노력은 당시로서는 상당한 공헌이었고 한국인들에게는 큰 위로가 되었다. 이런 현실에서 그가 부산에 선교병원을 설립하고자 했으나 기금이 없어 성사되지 못했다.

　부산에서 의료활동을 하던 커를은 지역 교회 순회에 동참하여 순회 치료 활동을 전개하기도 했다. 예컨대, 1903년 11월 30일 커를은 왕길지(Rev. Gelson Engel) 선교사와 함께 경남 동부지역을 순회하던 중 안평에 간 일이 있는데, 이때의 사역에 대한 왕길지의 일기가 남아 있다.

　　커렐 의사(Dr. Currell)와 내가 오늘 아침에 안평으로 출발하여 세 시간 반 만에 거기 도착했다. 우리가 보니 박 생원은 염려했던 것보다 상태가 좋았는데, 타박상은 많았지만 최소한 내상은 없었다. 커렐 의사가 바르는 연고를 한 개 주었고, 다른 약들을 더 보내기 위해 그 집의 심부름꾼 한 명을 대동하고 돌아왔다.[7]

---

7) 이상규, 『왕길지의 한국선교』 (서울: 숭실대학교 한국기독교문화연구원, 2017), 277,

커를은 왕길지 목사와 함께 기장, 기찰, 안평, 서창, 언양, 병영, 울산지역으로 의료 순례 여행을 다녔고, 아담슨과는 양산지역으로 순회하며 치료와 시약을 베풀었다. 처음에는 무료로 약을 분배하고 환자들을 돌보았으나 한국인들에게 독립심을 길러주고 보다 효과적인 사역을 위해서 일정액의 최소한의 치료비를 받기도 했다. 그러나 당시 치료비를 낼 수 없을 만큼 가난한 사람들에게는 치료비를 강요하지는 않았다. 커를 의사의 부산에서의 사역은 매우 적절한 것이었고 유구한 기여를 한 것이 사실이다. 당시에 100리 밖에서 약을 구하러 오는 일은 빈번한 일이었고, 심지어는 300리 밖에서 서양 의사 소문을 듣고 약을 구하고 치료받기 위해 방문하는 이들도 있었다고 했다.

당연한 일이지만 부산에 체류하던 커를은 왕길지 선교사가 담임으로 있던 부산진교회에 출석했고, 심취명이 1904년 5월 27일 장로 장립을 받게 되자 부산진교회는 당회를 조직하게 되는데, 첫 당회록에는 이런 기록이 있다.

장로공의회와 경상도 목사들이 심취명으로 부산교회 장로로 택한 것이 좋다 하고 또 경상도 위원들이 심취명의 교회법과 성경요리문답 아는 것을 족하다 한 후에 장로의 직분을 세우기를 허락하였으니 부산교회 주장하는 왕길 목사가 주 강생 일천구백사년 오월 이십칠일에 심취명을 교회법대로 장로로 삼았더라. 그리한 즉 마침내 왕길 목사의 공부방에 목사와 장로와 거렬 의원 장로로 모여서 목사가 기도하여 교회법대로 온전하고 참된 당회를 세웠느니라.

476.

왕길지 목사의 서재에서 왕길지 목사와 심취명 장로 그리고 '거렬 의원(醫員)'이 모여 당회를 조직하게 되는데, 여기서 말하는 거렬 의원 이 바로 커를 의사였다. 그가 부산진교회 장로였다는 점을 아는 이들 이 많지 않다.

진주지방으로의 이동

커를은 부산에서 의료활동 외에도 부산진교회를 돕고 지역 교회를 순회하는 등 열정적으로 봉사했다. 그러나 부산에 북장로교선교부가 1903년 전킨기념병원을 설립하게 되고, 또 일본인 의사가 진료하는 '공립의원'이 있었으므로 커를은 시약소마저도 없는 경남지방의 다른 곳으로 가서 봉사하는 것이 보다 뜻 있는 일일 것이라고 판단하였다.[8]

이런 현실이 그를 타지로 이끄시는 '환경적 섭리'라고 이해한 것이 다. 그래서 그는 먼저 진주로의 이전을 결정한 후 해외선교부에 진주 로의 이전을 요청했다. 사실 본국 선교부는 탐탁지 않게 생각했으나 본인의 강력한 요청에 따라 1905년 4월 18일 진주로의 이전을 허락했 다. 공식적인 허락을 얻은 커를은 조사인 박성애(朴晟愛, 1877~1961) 부부와 함께 진주로 이사했다. 이것이 진주에서의 의료 및 교육 사업 의 시작이 된다.

당시 진주는 남도(南道) 제일의 고도(古都)로서 신분 계급의식이 강했고 외래적인 것에 대해 배타적인 보수적인 도시였다. 그래서 부산 이나 마산과는 달리 1900년까지 외국인이 거주하지 않았던 도시였다.

---

8) 이상규, "호주장로교회의 의료선교", 「연세의사학」 14/2 (2011. 12), 42, 43.

1901년에 가서야 겨우 중국인 두 사람이 살았고,9) 일본인이 이곳에 처음 들어온 때는 1902년이었다. 그가 미곡상을 운영하던 요시무라 (吉村)라는 상인이었는데 오래지 않아 진주를 떠난 것으로 알려져 있다. 1900년대 이곳의 인구는 약 4만 명으로 추산되는데,10) 경상남도의 중심 지역이었다. 1925년 이전까지는 경상남도 도청소재지이기도 했다. 이곳에는 병원은 말할 것도 없지만 시약소나 어떤 형태의 서양 의술도 소개되기 전이었으므로 부산보다 긴급하게 의료사역이 요구되는 곳이었다. 그래서 커를은 진주로의 이전을 결정하게 된 것이다.

1905년 10월 20일 늦은 저녁 박성애 조사 부부와 함께 진주에 도착한 커를은 진주 땅을 밟은 첫 서양인(외국인)이자 첫 의사였다. 동시에 그의 진주로의 이주는 진주지방 첫 교회인 진주교회 설립과 첫 근대학교인 안동학교와 정숙학교 설립의 배경이 된다. 1906년 4월 15일 설립된 안동학교는 후일 광림학교로, 정숙학교는 후에 시원여학교로 불리게 된다.

커를 일행은 9월 초에 답사차 진주에 와서 매입해 두었던 진주 성 내면 4동(북안문)에 있는 정경철 소유 초가 한옥에 거주하며 전도, 교육, 의료사업을 시작했는데, 이것이 호주장로교의 두 번째 선교지부 (mission station)를 여는 계기가 되었다. 그는 도로변의 방 한 칸을 시약소로 사용하였는데 이것이 진주지방에서의 의료사역의 시작이었다.11)

9) 부산일보 편, 『영광과 오욕의 비사, 경상남도 백년』(부산: 부산일보사, 1991), 30.
10) The Chronicle (Jan. 1. 1907), 3.
11) Currell's Report of Medical Work in Korea, May to Sep. 1902.

진주에 도착한 커를은 의료활동과 함께 전도활동을 개시하였는데 이것은 진주지방에서의 교회설립의 시작이 된다. 1905년 12월, 곧 진주에 도착한 지 약 2개월 후에 쓴 보고서를 보면 이 당시 상황을 헤아려 볼 수 있다.

이곳에서의 저의 사역은 실로 많은 관심을 얻고 있습니다. 그래서 처음부터 큰 격려를 받고 있으며 전망은 매우 밝습니다. 복음을 전할 때 상당한 관심을 보이고 있으며, 믿는 자의 수가 꾸준히 성장하고 있습니다. 매 주일마다 3차례의 예배를 드리고 있는데 평균 20여 명의 남자와 7명의 부녀자들이 예배에 참석하고 있습니다. 노방전도(Street preaching)와 쪽 복음서를 판매하고 매서 전도도 좋은 반응을 얻고 있습니다. 우리가 거주하는 한옥이 이 지방 중심지에 위치하고 있으므로 이일을 적절히 수행할 수 있는 좋은 여건입니다.[12]

진주지방 첫 교회인 진주교회가 설립된 것은 1905년이라고 하지만 조직적인 집회가 시작된 때는 1906년이었다. 커를 부부와 박성애 부부가 전도하여 얻은 첫 신자들은 이 지방 교회 회중이 되었고 이들의 영향력 하에서 진주교회를 비롯하여 하동교회, 삼천포교회 등 여러 교회가 설립되었다.[13]

---

12) *Messenger* (June 15. 1906), 330.
13) 진주지방에서 첫 세례식이 있었던 때는 1907년 6월 23일이었다. 이날 10명의 성인과 3명의 어린이가 세례를 받으므로 진주지방에 첫 수세자가 되었다. 이날 첫 세례를 받은 사람은 김성숙(도식), 김경숙, 문종성, 문덕인, 박은실, 서선명, 서윤보, 이암전, 이영숙, 천수인 등이었다. 그리고 이 해에 약 30여 명이 학습을 받고 진주교회 학습교인이 되었다.

커를 부인은 진주지방에서의 서구식 교육의 필요성을 인식하고 자기 집 정원에서 작은 여학교를 시작하였고(1906), 또 이어서 남자를 위한 초등학교 교육을 시작하였는데 이 학교가 후일 시원(柴園)여학교와 광림(光林)남학교로 발전하였다. 커를 부인은 진주에서 현대식 학교를 개교한 첫 인물이 되었다. 이렇게 되어 1905년 이래로 진주지방에서는 전도, 의료, 교육의 3대 선교사역이 시작된다. 커를의 조수였던 박성애는 후일 전도사로(1907) 장로로(1915) 봉사하였고, 1918년에는 경남지방 첫 목사가 되어 커를에 이어 알란(Arthur W Allen, 安蘭愛) 선교사와 함께 진주교회 제2대 목사로 일하게 된다.

배돈병원의 설립

진주에 정착한 커를은 임시 거주지 한옥에서 의료 봉사를 시작하였는데 지역민으로부터 충심의 환영을 받았다는 보고가 중심을 이루고 있지만, 서양의학에 대한 이해 부족으로 이를 거부하는 이들 또한 없지 않았다.[14] 무엇보다도 유능한 의료 조수를 구하지 못해 어려움을 겪기도 했다.

그런 중에서도 1908년 6월에는 3칸짜리 한옥을 매입하여 진료소 겸 전도소로 사용하였다. 이곳을 거점으로 의료, 보건 증진을 위해 봉사하였는데 비록 시설과 장비가 미약했으나 많은 환자를 치료하였다. 병원이 설립되기 이전 곧 1912년까지 연간 7,000명이 의료혜택을 받

---

14) William Taylor, "Paton Memorial Hospital", *Korea Mission Field* (July, 1934), 142.

은 것으로 보고되었지만,[15] 이는 약간의 과장인 것으로 보인다. 그러나 1912년에는 3,200명, 1913년에는 4,100명이 치료받았다는 기록이 있다.[16] 당시 이 지방에서 흔한 병이 피부병, 눈병, 종양, 폐결핵 등이었는데, 비위생적 환경이 질병의 원인이라고 보아 위생교육과 검역에도 관심을 쏟았다.

이러한 상황에서 커를은 병원설립의 필요성을 느끼고 1906년부터 이를 추진하였다. 빅토리아주 장로교여전도회(PWMU)가 1906년 6월 825파운드를 후원한 이후 호주 교회의 계속적인 지원으로 1908년에는 1,100파운드를 모금하였다. 병원건립안을 추진하는 중인 1909년 안식년을 맞게 된 커를은 호주 멜버른으로 돌아갔고 건축가 켐프(HH Camp)에게 의탁하여 병원설계도를 작성하여 해외선교부에 승인을 요청했다.[17] 후에 이 설계안은 2층 규모의 병원으로 재조정되었으나 해외선교부의 승인을 받았는데 소요예산은 1,841파운드로 계상했다.

이렇게 되어 1910년 10월 진주시 봉래정(蓬萊町) 38번지 부지에 일본인 건축업자에게 맡겨 병원 건축을 시작하였으나 예상 못한 화재로 500파운드 이상의 손실과 더불어 병원건축이 지체되기도 했고, 건축회사의 부도로 어려움을 겪었으나 1913년 11월 4일에는 50개 병상의 경남지방 최초의 선교병원을 개원하게 되었다.[18] 이 병원은 배돈병원(Mrs. Paton Whitecross Memorial Hospital)으로 명명되었다. 호

---

15) E. Kerr, 75; 이만열, 『한국 기독교 의료사』(서울: 아카넷, 2002), 451.
16) 정병준, 『호주장로교선교사들의 신학사상과 한국선교』(서울: 한국기독교역사연구소, 2007), 370.
17) E. Kerr, 75; 이만열, 222.
18) E. Kerr, 76,

주장로교회가 뉴 헤브리디즈에 파송했던 탁월한 선교사 페이튼 목사의 부인을 기념하기 위한 뜻으로 페이튼 부인 기념병원이라고 불렀는데, 이 페이튼(Paton)을 적당히 취음하여 '배돈병원'(培敦病院)으로 명명한 것이다.

Mrs. J. G. Paton

배돈병원이 개원될 당시 전국에는 약 30여 개소에 선교병원이 있었는데, 북장로교의 경우 강계, 선천, 평양, 재령, 서울, 청주, 안동, 대구, 부산 등 9개 처에 병원을 운영하고 있었다. 반면에 남장로교선교부는 4개 처 곧 군산, 전주, 목포, 광주, 순천에, 캐나다장로교는 성진, 함흥에, 북감리교는 영변, 평양, 해주, 원주, 공주에, 남감리교는 원산, 송도, 춘천에, 감리교여선교회는 평양과 서울에, 성공회는 제물포와 진천에, 안식교는 순안에 선교병원을 운영하고 있었다. 이런 상황에서 호주장로교회는 경남 진주에 첫 선교병원이자 유일한 선교병원을 개원하게 된 것이다.

개원 당시 배돈병원의 직원은 커를 외에 마라연 의사(Dr. Charles McLaren), 한국인 의사 1인, 간호 선교사 1인(FL Clark), 한국인 간호사 3인, 약제사 1인, 한국인 전도사 1인, 병동 관리인 2인 등이었다.[19]

병원설립이 준비되고 있을 때인 1910년 3월 간호사인 클러크(Miss. FL Clerke, 哥佛蘭西)가 내한하여 진주로 배속되어 커를을 도왔

19) Sang Gyoo Lee, *To Korea With Love: Australian Presbyterian Mission Work, 1889-1941* (Melbourne: PCV, 2009), 261-2.

는데, 그는 이때부터 1929년까지 간호부장으로 일했고, 그의 뒤를 이어 내피어(G. Napier, 1929~1934), 에드가(Elsie Edgar, 1934~1941)가 봉사했다.

마라연

1911년 10월 30일 내한한 신경정신과 전문의 마라연(Dr. C. I. McLaren, 馬羅連)은 배돈병원 의료진으로 가담했다. 한국명 마라연으로 더 잘 알려진 그는 당시 한국에서 유일한 신경정신과 의사였다. 1911년부터 1923년 그리고 1939~1941년은 진주배돈 병원에서, 1923~1938년까지는 서울 세브란스 병원과 의전에서 교수로 봉사하였다.[20]

배돈 병원은 각종 환자를 치료했지만 피부병, 안과 질병, 산부인과 질병, 결핵, 농사일을 하던 중 외상을 입은 정형외과 환자 등 다양했고 심지어는 절름발이, 나병환자 등도 치료했다고 한다. 커를 의사가 배돈병원 원장으로 일한 1912~1915년의 진료 실적은 다음과 같다.[21]

---

20) Sang Gyoo Lee, 262-263; 연세대학교 백년사 편찬위원회, 『연세대학교 100년사 3, 연세학술사』(연세대학교 출판부, 1985), 369.
21) 이만열, 452.

연도	1912	1913	1914	1915
입원환자			120	209
외래환자	3,200	4,100	5,795	5,947

이처럼 1905년 진주에 정착한 이래로 교회개척과 순회 전도, 학교 설립 그리고 의료사업을 관장했지만, 의료 활동에 대한 과중한 업무로 1908년 이후 다른 활동은 제한적일 수밖에 없었다. 그럼에도 불구하고 거열휴는 1912년 제4회 경상노회에서 선교사들에게 관할지역을 분배했는데, 왕길지(부산진 당회, 부산부 동편, 언양, 울산 서북편), 손안로(거제, 용남, 함안, 의령, 마산포), 매견시(울산병영당회, 기장 안평당회, 기장군, 울산 동남편), 라대벽(하동, 곤양, 남해), 왕대선(진해, 고성)과 더불어 커를은 진주, 사천교회 당회와 삼가, 고성지역을 관장하도록 책임을 부여받았다. 1907년 독노회가 창립될 때 그리고 1912년 조선예수교장로회 총회가 조직될 때 총대로 참석하는 등 한국의 장로교회 형성기에 한국교회를 위한 봉사자였다.

그 외에도 그는 서울 세브란스의학교에서 가르쳤다. 이 학교 교수진은 1913년부터 각 선교부가 파송한 선교사들로 구성하였는데, 커를은 마라연(Dr. Charles McLaren)과 더불어 1913년부터 세브란스에서 각기 3개월간 근무하며 의학교육을 지원하였다. 커를은 산과학, 안과학, 이비인후과학을 가르쳤고, 마라연은 신경학과 아동질병을 가르쳤다.[22] 1913년 봄 학기 강의로 상경했던 커를은 그해 4월 2일 남대문교회에서 개최된 세브란스 제3회 졸업식 때 '기념사'를 하기도 했다.[23] 이때의 졸업식 사회자가 세브란스 1회 졸업생이자 한국에서의

---

22) "Severance Hospital Medical College", *Korea Mission Field* (June, 1913), 170.

안과학의 개척자인 홍석후(洪錫厚, 1883-1940) 의사였다.

1902년 내한하여 부산과 진주에서 13년간 일했던 커를은 한국에서의 사역을 마감하고 1915년 은퇴하였고, 맥라렌(1915-1923), 테일러(1923-1938), 진 데이비스(1938-1941)가 의료 사업을 계승했다. 배돈병원은 경남지방 유일의 근대병원이었으나 1938년 이후 경영의 어려움을 겪게 되고, 1941년 4월 선교사들은 병원에서 철수한 이후 한국인 의사 김준기 씨가 병원장으로 취임했지만 병원은 곧 폐쇄되고 만다. 1913년 이후 28년간 경남 유일의 선교병원으로 존속했던 배돈병원과 의료봉사는 따지고 보면 커를 의사가 남긴 열정의 열매였다.

커를은 추진력 있는 의사였고 정한 목표를 위해서도 전력투구하는 그런 성격의 소유자였다. 때로 본국의 해외선교부와 마찰을 빚기도 했으나 사심으로 일한 인물이 아니었다. 그는 선교 현지에서 현실적 필요에 부응하여 일하다 보니 현장감이 부족한 선교본부와 대립하기도 했다. 부산에서 일하도록 배속된 그가 부산을 떠나 진주로 이동할 때도 선교부가 처음부터 허락한 것이 아니었다. 본인이 주도적으로 추진하여 성사시켰고, 배돈병원 설립과 건축도 자신의 주도와 강력한 추진력으로 얻는 결실이었다.

그의 부인 에델 앤스티는 남편을 따라 부산과 진주에 거주하며 자녀를 양육하였고, 특히 진주에서는 여성들을 위한 주일학교 운영, 학습 및 세례자 준비교육, 성경공부 혹은 사경회 인도, 남편과의 지역 교회 순방 외에도 진주에서의 근대학교인 시원여학교와 광림학교 설립과 교육애 크게 기여하였다.

---

23) 이만열, 336.

은퇴와 호주에서의 생활

1902년 내한하여 13년간 봉사했던 커를은 44세 때인 1915년 선교사의 직분을 사임하고 호주 빅토리아주 멜버른으로 돌아갔다. 그의 은퇴의 중요한 이유는 자녀교육 문제와 부인의 건강이었다. 앞에서 말했지만, 부산에서 태어난 두 딸 사라와 프란시스는 북중국 지푸에 있는 선교사 자녀 학교에서 공부한 바 있으나 어린 나이에 부모와 오래 떨어져 있을 수 없었고, 아들 다니엘의 교육도 부모가 감당해야 하는 숙제였다.

멜버른으로 돌아간 커를은 멜버른 시내 켄싱톤(Kensington)에 주택을 구입하고 이곳에서 개인 병원을 개업했다. 호주에서 흔한 일이지만 자신의 주택이자 병원이었다. 켄싱톤은 멜버른 대학교가 있는 파크빌(Parkville)에서 멀지 않은 곳이었다. 한국에서 얻은 세 자녀와 함께 살며 인술을 베풀었던 그는 67세가 되던 1938년에는 의사인 사위와 동업을 시작했지만 서서히 사위에게 병원을 인계하는 시작이었다. 일생 동안 선한 의사로 살았던 커를은 1943년 3월 10일 72세의 나이로 하나님의 부르심을 받았다. 그리고 박스 힐(Box Hill)에 있는 공동묘지에 묻혔다.

후일 그의 부인과 세 자녀 그리고 두 딸의 자녀도 이곳에 묻혀 가족묘지가 되었다. 나는 1980년대 3년간 박스 힐 공동묘지에서 멀지 않는 박스 힐 노스(Box Hill North)의 엘가로드 684번지(684 Elgar Rd)에 살았고, 그 묘지에도 가 보았으나 커를 의사가 거기 묻혀 있다는 점은 그 후에 알게 되었다. 그는 75년 전에 그곳에 묻혔으나 그가 남긴

헌신의 흔적이 오늘의 부산 경남 지방 교회 현실에 아름다운 열매로
꽃피고 있다.

넬리 스콜스

Nellie Scholes(1881~1919)

1906년 12월 10일 빅토리아장로교회 총회 강당에는 두 명의 선교사를 위한 모임이 있었다. 그중 한 명은 길슨 엥겔 목사로 그를 환영하는 자리였고, 또 한 명은 넬리 스콜스로 그녀를 한국으로 환송하는 모임이었다.

이 자리에서 앤더슨 여사는 스콜스를 위하여 환송사를 하였고, 금화가 들어 있는 지갑을 여러 친구들의 이름으로 선물로 주었다. 스콜스는 후원자인 친구들에게 감사하였고, 지금까지의 길을 인도하신 하나님께도 감사하였다. 또한 이날 함께 기도해 준 것이 큰 힘이 되었다고 하였고, 앞으로도 본인의 건강과 언어 학습을 위하여 계속 기도하여 달라고 당부하였다.

스콜스의 소명

스콜스는 빅토리아주 칠턴의 한 국립학교 교장의 딸로 1881년 출생하였다. 그녀는 후에 교육학을 전공하고 아버지가 가르쳤던 학교를 비롯하여 이 지역에서 교생을 하게 된다. 그리고 그 지역에서 커를 의사와 결혼하는 커를 부인 에셀을 만나면서 해외선교에 대한 관심이 커졌으며, 커를 부인이 한국에 있을 때 정기적으로 편지를 하며 연락을 한다. 스콜스는 이미 자격증을 가진 정교사가 되었고, 어느 곳이든 선교사로 나갈 생각을 하고 있었다.

1906년 스콜스가 한국으로 떠나기 두 달 전 빅토리아 여선교연합회 총회에 다음과 같은 보고가 있었다.

3년 전만 해도 스콜스는 해외선교에 관하여 관심이 없었습니다. 그런데 커를 부인의 편지를 받았습니다. '만약에 당신이 하나님의 부르심을 느낀다면 해외선교사로 나가십시오. 즉시 하십시오. 당신이 그 기회를 놓치면, 영원히 가난할 것입니다'라고 커를 부인은 말하였습니다. 그리고 스콜스는 그날 밤 순종하기로 결정하였고, 한국으로 가기로 하였습니다(크로니클, 1919년 6월 2일, 5).

스콜스는 선교사훈련원에서 1년 동안의 선교사 준비교육을 받았는데, 행복하고 유익한 시간이었다고 한다. 프레이저 목사의 보고에 따르면 해외선교위원회는 스콜스의 사역 준비에 대하여 완전히 만족하였고, 한국의 진주로 가게 되어 기쁘다고 하면서 기도로 함께 할 것이라고 말하고 있다. 스콜스는 이사야서 하나님의 약속에 의지하여 가족을 떠나 낯선 곳으로 떠난다고 심정을 밝히고 있다(크로니클, 1907년 1월 1일, 3).

나는 주 너의 하나님이다. 내가 너의 오른손을 붙잡고 있다. 내가 너에게 말한다. 두려워하지 말아라. 내가 너를 돕겠다(이사야서 41장 13절).

첫 보고서

스콜스는 한국의 겨울이 아직 끝나지 않은 1907년 2월 27일 부산에 도착한다. 당시 그녀의 나이 26세였다. 그녀는 그때의 감상을 다음과 같이 적고 있다.

나는 처음 보는 한국 땅의 산에서 해가 떠오르는 모습을 보았다. 이번 항해에 함께해 주신 나의 하나님으로 인하여 내 가슴은 은혜로 충만하였다. 이 시간이 나에게는 거룩한 순간이자 기쁜 순간이다. 이 땅에 내가 살며 일하도록 부르심을 받았고, 나는 그 부르심과 책임이 얼마나 엄숙한지 깨닫고 있다(크로니클, 1907년 5월 1일, 8).

커를 선교사 부부가 진주에서 내려와 스콜스를 환영하였고, 아담슨 선교사의 집에 임시로 머물렀다. 그리고 부산에서 스콜스를 환영하는 예배가 있었는데 새 예배당에는 여성들로 그리고 구 예배당에는 남성과 어린이들로 가득 찼다고 한다. 멘지스 선교사의 통역으로 참석한 여성들과 대화를 하였는데, 한국 여성들은 여성 선교사가 와서 좋다고 하며 환영하였다 한다. 스콜스는 즉시 한국어 문법 공부를 시작하였다.

스콜스는 4월에 가서야 진주에서 처음으로 보고서를 쓰고 있다. 그녀는 커를 부부와 함께 부산에서 진주로 이동을 하였는데, 나귀를 타고 나귀 등 위에 짐도 싣고 흥미롭게 여행한 경험을 적고 있다. 여인숙에 머물 때는 많은 한국인이 모여 자신을 구경을 하였고, 산을 넘고

강을 건너기도 하였다. 그리고 마침내 아름다운 진주에 도착하여 스콜스는 정착하기 시작한다.

진주에 도착하여 스콜스가 첫째로 시작한 것은 한국어 선생과 한국어 회화를 배우는 일이었다. 그녀는 하루에 다섯 시간씩 열심히 공부하였다. 또한 커를 부인 에셀과 한국인 집을 종종 방문하며 한국문화를 익히기 시작하였다. 처음에 스콜스는 한국인 집을 방문할 때 방에서 나는 냄새에 습관 되지 못하여 고생하였다고 한다.

스콜스는 그녀의 편지에 한 할머니에 관한 이야기를 적고 있다. 이 할머니는 에셀과 가까운 사이였고, 80이 넘은 아픈 몸으로 교회에 출석하고 있었다. 그녀는 며느리와 두 손주와 살고 있었다. 하루는 열이 너무 나고 아파서 할머니는 수의로 갈아입고 방에 누워 죽기를 기다렸다. 에셀은 매일같이 영양식으로 할머니를 돌보았지만 회복될 것으로 보이지는 않았다. 그러나 간절한 기도로 할머니는 다시 일어났고, 주일에 교회에도 나와 이웃을 놀라게 하였다는 이야기이다.

당시 진주에는 만여 채 집에 인구 수는 알려지지 않고 있다고 스콜스는 기록하고 있고, 일본 여성들을 제외하면 본인과 커를 부인 그리고 브라운 부인이 최초의 외국인 여성일 것이라고 적고 있다. 그녀가 길거리에 나서면 흰 피부와 파란 눈 등으로 사람들의 이목을 끌었으며, 때로 거리의 사람들은 여선교사들을 '저것들'이라고 지칭하기도 하였다. 그럼에도 불구하고 스콜스는 오히려 마음이 더 단단하여졌고, 본인의 외모로 인하여 마음이 위축되지 않았다고 한다(크로니클, 1907년 9월 1일, 3-4).

진주교회 오르간

1907년 6월 23일 주일에는 진주교회에 6명의 남성, 4명의 여성 그리고 3명의 어린이가 세례를 받았으며, 15명이 요리문답을 받아들였다고 적고 있다. 수세자 중에는 스콜스의 한국어 교사 가정도 포함되어 있었다.

같은 해 9월 19일자 스콜스의 편지에는 호주의 한 무명인이 진주교회에 오르간을 기증하기로 하였다는 소식을 전하고 있다. 이 소식을 들은 교인들은 기쁨의 함성을 질렀고, 그들의 기도가 하나씩 이루어지는 경험을 하게 되었다고 한다. 스콜스는 호주의 후원자들에게 감사하고 있고, 고향교회의 이러한 지원이 격려가 된다고 언급하고 있다. 오르간은 새 찬송가를 배우는 데 큰 도움이 될 것이었다.

진주교회의 여성들을 위하여 여성선교사들은 성경공부반을 운영하였는데, 커를 부인은 성경을 읽을 수 있는 여성들을 위하여, 켈리는 요리문답을 읽지 못하는 여성들을 위하여 그리고 스콜스는 소녀들을 위한 공부 반을 진행하였다. 당시 교회 안에 능력 있는 여성들이 있었지만, 그들 중에 아직 성경부인으로 임명되지는 못한 상황이었다. 스콜스는 어서 성경부인이 임명되어 가가호호 방문하며 전도할 수 있도록 기도해 주기를 호주교회에 요청하고 있다. 그리고 다음 해인 1908년 3월호 크로니클 편집자는 그 요청에 곧 응답하기를 희망한다고 적고 있다. 성경부인을 임명하기 위해서는 먼저 후원교회나 단체를 찾아야 했고, 재정이 확보되어야 하였기 때문이다.

스콜스는 한국에서의 첫 성탄절 경험을 흥미 있게 보고하고 있다.

불과 3~4년 전만 해도 그리스도의 생일을 모르던 사람들이 이제 그 날을 축하하며 즐거운 시간을 갖게 되었다는 것이다. 특히 부산항을 거쳐 호주에서 온 오르간이 나흘 길을 거쳐 진주에 도착하였을 때의 기쁨은 말로 다 할 수 없었다. 성탄절 예배 시 커를 박사는 오르간을 공개하며, 호주 빅토리아의 한 후원자가 선물로 보내준 것이라고 소개하였다. 오르간에 맞추어 찬송을 부르는 여성들과 소녀들의 얼굴에 기쁨과 감사가 넘쳤고, 남녀 사이를 가른 커튼 저쪽 편에서 들려오는 남성들의 찬송소리도 더 크고 힘 있게 느껴졌다고 스콜스는 적고 있다 (크로니클, 1908년 4월 1일, 4).

성탄예배 후에 교인들은 여러 오락과 운동 경기로 친목을 나누었고, 오후 4시경에 호주 선교사들이 준비한 음식을 제공하였다. 성탄절에 서양 음식을 접한 교인들의 즐거움은 한층 더 고조되었다. 교회 안팎은 사람들로 넘쳐났고, 구경꾼들은 창문을 통하여 들여다보고 있는 성탄 광경이었다. 당시 한국의 전통이나 관습에 있어서 기독교인이 된다는 것은 굉장한 용기와 결단이 필요한 것이었다. 자신이 교회에 나오므로 때로 가족과 친척 관계에 금이 가거나 배척당할 수 있음에도 이들은 교인이 된 것이다. 스콜스는 진주교회 교인들의 용기에 하나님께 감사하였고, 이들이 진주의 희망이라고 믿었다. 그녀는 이 사역을 위하여 장차 진주에 더 많은 선교사가 오기를 고대하였다.

또한 당시 진주에는 많은 환자들이 있었다고 스콜스는 증언하는 바, 그중 소문을 들은 사람들이 진주교회에 와 커를 박사를 찾았다. 그중 14살의 한 소녀가 3주 전 심하게 다친 다리로 인하여 소경인 어머니와 함께 찾아왔는데, 처음에는 가망이 없어 보이다가 점차로 회복되었다고 한다. 상처가 회복되기 시작하자 그 소녀의 어머니는 크게 감사하였는데, 스콜스는 하나님의 축복과 사랑이 의사를 통하여 나타났다는 것을 그 모녀가 알게 되기를 바란다고 하였다. 그리고 진주에 어서 빨리 병원이 세워지기를 소망하였다.

1908년 초가을에 가서야 스콜스는 또 다른 소식을 호주선교부에 전하고 있다. 진주의 젊은 사람들 특히 교회 청년들이 상투를 잘라 현대식 머리를 하기 시작하였는데, 어른들은 그 모습에 화도 내고 슬퍼하고 있다고 하였다. 그러나 결국 청년 세대의 문화로 인하여 한국은 더 이상 '상투의 나라'라고 불리지 않을 것임을 스콜스는 예견하고 있다.

이해 6월 13일 진주교회에서는 첫 기독교 결혼 예식이 거행되었다. 신랑은 손 박사라는 의사였고, 신부는 교회의 세례문답 과정에 있는 청년이었다. '예수 교회'의 의식으로 결혼식이 있다는 소문은 빨리 전파되었고, 진주의 여성들은 이 예식에 큰 관심을 보였다. 결혼식 당일에 큰 무리가 교회당에 모여들었고, 대부분이 구경하러 온 사람들이었다. 스콜스는 어쩔 수 없이 남녀를 가르는 커튼을 남자 쪽으로 더 밀어 여성들의 자리를 확보하여 주었고, 그제야 기존 여성 교인들도 자리를 잡고 앉을 수 있게 되었다. 예식은 아름답게 잘 마치었고, 후에 신부는 가마를 타고, 신랑은 커를의 큰 말을 타고 신랑 집으로 가는데 그 행렬이 논밭을 지나 거리를 지나 대로로 나가는 모습을 스콜스는 상세히 적고 있다(크로니클, 1908년 9월 1일, 5).

1908년 12월의 크로니클은 한국의 호주선교부에서 사역하는 직원들의 명단을 보고하고 있다. 여선교연합회에서 임명한 선교사는 스

콜스를 포함하여 7명, 친교연합회에서 임명한 아담슨 부부, 해외선교
위원회에서 임명한 커를 부부 등이다. 한국인 직원들의 명단도 공개하
고 있는데, 1893년 임명된 심취명 장로를 비롯하여 1908년 가장 늦게
임명된 성경부인 박계실까지 총 13명이다. 이들은 교사, 전도자, 매서
인, 성경부인 등 다양한 직책을 가지고 호주선교부 소속으로 일하고
있었다(크로니클, 1908년 12월 1일, 12).

진주에도 드디어 성경부인을 임명하게 되었는데 특히 켈리 선교사
와 짝을 이루어 순회전도를 하게 된다. 그녀의 이름은 강은혜 라고 호
주후원자들에게 소개하고 있고, 10월 1일부터 일을 시작하였다고 한
다. 강은혜는 일을 시작한 지 한 달 만에 복음서 51권을 팔았으며, 주
일에는 여성반을 가르쳤다.

정숙학교 – 진주의 첫 여학교

당시 커를 부부가 호주로 휴가를 가면 교인들과 특히 환자들은 많
은 염려와 걱정을 하였다. 그들 없이 예배는 어떻게 하며, 아픈 환자들
은 누가 돌볼까. 커를이 언제 돌아올지 다들 기다릴 수밖에 없었다. 이
럴 때면 스콜스의 업무가 더 커지게 되는데 그녀는 특히 남학교와 여
학교에 애정을 가지고 가르치고 있었다. 아직 학교 건물이 없는 상태
이므로, 한 반은 교회당에서 다른 한 반은 진주의 한 낡은 교실에서
돌아가며 공부하고 있었다. 그마저도 앉을 공간이 부족하였고, 전깃
불과 통풍이 잘 안 되고 있었다. 당시 학생 수는 합하여 약 100명이
있었다고 한다. 스콜스는 특히 여학교를 위하여 집을 지을 수 있게 후

원할 사람이 있는지 호주에 호소하고 있다.

우리는 진주에 여학교를 원합니다. 이 글을 읽는 누구라도 예수님을 위하여 이 상황을 도울 수 있다면 도와주시기 바랍니다. 만약 우리의 소녀들이 사랑스럽고 예배하는 성인으로 성장할 수 있다면, 그리고 예수님을 주님으로 고백할 수 있다면, 이것보다 더 위대한 일이 어디 있겠습니까? 하나님께서 기도를 들어 주실 줄 믿습니다(크로니클, 1909년 1월 1일, 4).

당시 한국 여성들은 남성공동체에 의하여 하대당하고 있었는데, 여성을 어리석고 교육을 받을 수 없는 사람들로 여겼다고 스콜스의 동역자인 켈리도 말하고 있다. 그러나 선교부의 여학교에서 공부하고 있는 소녀들을 보면 그것이 얼마나 오랫동안 잘못된 생각이었는지 알 수 있다고 적고 있다.

이 여학교의 이름은 원래 정숙학교로 후에 발전하여 시원여학교가 되는데 여기에 관한 기록은 현재 한국의 독립기념관 사료에서도 발견할 수 있다.

1906년 9월 진주군 대안면 2동에 사립 정숙학교라는 이름으로 개교하였고, 1909년 8월 남학교인 안동학교와 통합하여 사립 광림학교로 인가 받아, 광림학교 부속 여자부, 광림여학교로 불리었다. 1924년 11월 5일 광림학교로부터 분리되어 여학교로 인가를 받아 시원여학교로 교명을 변경하였다.

1925년 1월 옛 광림학교 운동장 부지에 목조 2층 120평짜리 교사를 신축하고 다시 개교하였다. 그 이름은 정숙학교 초대교장으로 1919년 사망한 시넬리를 기리어 시넬리의 정원이라는 뜻으로 지은 것이다 (시원여학교 터 신사참배 거부 운동지, 국내독립운동-국가수호사적지, 독립기념관, 2019).

여기에서 말하는 시넬리가 바로 스콜스 선교사이다. 그녀는 이 학교 교장으로 이후 학교 발전에 큰 공을 세우게 된다.

1909년 초 진주에 또 한 쌍의 호주 선교사 부부가 도착한다는 발표가 있었다. 데이비스 라이얼 목사 부부이다. 당시 진주교회에는 거의 300명의 성도가 있었고, 교회당이 좁아 교회 뜰에도 앉아 예배를 드리고 있었다. 커를 박사가 장기 휴가를 떠나면 당장 목사가 없어 교회는 여러 어려움을 겪었는데, 목사인 라이얼이 부임한다는 소식에 교인들은 기뻐하고 있다.

스콜스는 당시 남학교와 여학교를 교육기관으로 정부에 등록하는 일로 바빴다. 일본 당국은 그해 3월 말까지 등록을 하도록 하였지만, 이 학교들은 적정한 건물이 없기에 정식 학교로 승인되기가 어려웠다. 또한 한국인이 아닌 외국인이 운영한다는 것에도 일본 당국은 달가워하지 않았다. 이 여학교는 이해 2월 8일 다시 개교하였고, 43명 등록에 39명이 출석하였고, 당시 진주에 유일한 여학교였다.

한편 호주에서는 스콜스의 요청인 여학교 건물을 위한 비용 마련에 고심하고 있었다. 빅토리아 여선교연합회는 이해 11월 13일에 큰 바자회를 개최하기로 하고, 어떤 물건들을 준비할지 각 선교밴드와 협의하였다. 공예품, 케이크, 생산품, 꽃, 사탕, 어린이 놀이, 카드와 책, 음식과 음료, 과일, 아이스크림, 성탄 나무 등이 준비할 품목들이었다 (크로니클, 1909. 6. 1. 13).

1909년 4월 30일의 스콜스 보고서에는 아담슨 선교사의 안내로 라이얼 선교사 부부가 진주에 드디어 도착하는 장면을 이야기하고 있다. 교회의 남성과 소년들이 3, 4 마일이나 걸어나가 그들을 마중하였는데, 그때가 밤이라 등을 든 남성들은 찬송을 부르며 선교사들을 맞이하였다. 또한 토요일에는 그들을 환영하는 소풍이 남강 가에서 있었는데 200명이 참석하였다고 한다. 라이얼 부인이 가져온 이동 오르간은 켈리와 스콜스가 순회전도를 나갈 때 유용하게 사용될 것이었다.

한 가지 역사의 흥미로운 사실은 정숙여학교 학생이었던 천연희라는 학생은 당시 유행이었던 하와이 사진 신부로 미국 하와이로 떠났고, 후에 '하와이 사진 신부 천연희 이야기'를 책으로 펴내기도 하였다.

백정과 양반

이 당시 진주교회에는 계층 간의 긴장이 커지고 있었다. 진주의 백정 몇 가정이 기독교인이 되어 교회에 나오면서 양반 가정들은 점점 불편하게 여기고 있었던 것이다. 그들은 급기야 백정들이 진주교회 예배에 참석하지 말 것을 요청하였지만 호주 선교사들은 그것에 동의하지 않았다. 이에 반발한 몇 양반 가정이 교회를 나가 따로 모임을 갖기 시작하였던 것이다. 그들 중에 몇이 스콜스에게 다음과 같이 하소연하였다.

교회가 참 잘 성장하고 있습니다. 많은 양반 남성과 부자들이 나오고 있습니다. 그런데 그들에게 어떻게 백정들과 함께 앉으라고 할 수 있겠습니까? 백정들은 좀 더 나중에 교회에 나오면 안 되겠습니까?(크로니클, 1909년 9월 1일, 2-3)

스콜스는 이런 말을 들을 때마다 마음이 아프고 지친다고 하였다. 어떻게 하면 백정들도 지금 교회에 나와 하나님 말씀을 들을 권리가 있다는 것을 그들이 이해할 수 있을까. 또한 양반인 그들도 교회로 다시 돌아와 예전처럼 한 가족으로 예배드릴 수 있을까. 스콜스와 켈리의 고민은 점점 깊어만 갔다.

이런 모습을 본 백정들은 오히려 교인들이 모두 동의하여 본인들을 받아 줄 때까지 기다릴 수 있다고 하였다. 그러나 스콜스는 그들이 성경 말씀을 듣고 즐거워하는 모습을 보면서, 지금 당장 그들도 참석할 수 있어야 한다고 주장하였다(앞의 책, 2-3).

호주 선교사들이 백정들의 목소리를 듣고 그들을 지지하자, 몇 양반 가정들이 감정을 가지고 교회와 대립하였고, 그들의 영향력으로 청년 교사와 여성들도 교회를 나오지 않자 교회 안에는 큰 긴장과 염려가 증대하고 있었다.

그러나 시간이 지나면서 교회를 떠났던 여성들이 다른 곳에서는 설교를 제대로 들을 수 없다며 다시 돌아왔고, 청년들도 한 명 두 명씩 다시 교회에 나오기 시작하였다. 양반 가정들도 교회에 다시 나올 의사가 있다는 것을 간접적으로 전하였다. 그러나 계급 간의 근본적인 갈등은 여전히 교회 안에 있었고, 교회 출석률은 예전 같지 않았다.

백정들과 함께 예배드린다는 것에 큰 수치심을 느끼고 그로 인하여 드는 거부감이 여전히 그들 중에 존재하였던 것이다.

스콜스와 켈리는 이들의 이야기를 듣고 고민 중에 신앙적으로 권면하기 위하여 모임을 소집하였다. 1909년 7월 22일 양반 가정들이 모였다. 양반들은 백정들과 함께 하므로 그들이 느끼는 감정을 격정적으로 쏟아냈다. 이 사회에서 그들이 가지고 있는 체면에 대하여도 이야기하였고, 다른 사람들이 보는 시선에 대하여도 이야기하였다. 스콜스는 예수님은 당시 낮은 계층이었던 어부들의 친구가 되는 것을 부끄러워하지 않으셨다고 하며 설득하였다.

이날의 이야기를 전해 들은 백정들은 양반들이 다시 돌아오도록 몇 주만이라도 그들이 교회를 불출석 하겠다고 하였다. 남성 양반들도 그 제안을 받아들였고, 완고한 교인들을 설득하여 보겠다고 하였다.

그리고 그다음 주일 교회를 떠났던 가정들이 다 돌아왔다. 교회는 다시 꽉 찼다. 백정 교인들의 부재로 켈리나 스콜스는 슬펐지만, 그들도 곧 다시 나와 온 교인이 함께 하리라는 것을 확신하였다. 그리고 얼마 뒤 여선교사들이 일본으로 휴가를 떠나게 되었는데, 그들이 떠나기 바로 직전 양반 가정 중 대표되는 어른이 저녁 시간에 이들을 찾아왔다. 스콜스와 켈리는 긴장하였다. 그 어른은 보통 한국인이 그렇듯이 말을 계속 돌려가며 뜸을 들였다. 그리고 한참이 지난 후에야 뜻밖의 본론을 이야기하였다.

우리가 백정에 대한 편견을 이제야 다 깨닫게 되었습니다. 내일 그들이 다 교회에 나오기를 초청합니다. 그래서 목사님과 부인들이 휴가를 떠나기 전 우리 교인들이 하나된 것을 보는 기쁨을 가지게 되시기를 바랍니다.

스콜스와 켈리는 뛸 듯이 기뻐하면서 하나님께 영광을 돌렸다. 이 사회에서 가장 약하고 가난한 사람들을 교회가 환영하고 품어주게 되어, 앞으로 진주교회는 더 성장할 것임을 그녀들은 확신하였다(크로니클, 1909년 10월 1일, 2-3).

스콜스는 그 후 양반과 백정이 함께 모여 예배드렸을 때의 소감을 다음과 같이 쓰고 있다.

이날 우리의 가슴을 채웠던 감동은 말로 다 할 수 없습니다. 우리의 창조자를 함께 고백하며, 사랑과 기쁨 그리고 경외와 감사가 우러나 왔습니다(크로니클, 1909년 12월 1일, 2).

진주지역의 복음화

당시 진주의 호주선교부에는 성경부인과 매서인이 있어 진주 부근의 지역을 다니며 전도하고, 복음서를 팔며, 세례문답 학습을 인도하며, 예배를 드리고 있었다. 하동, 곤양, 소실, 두개, 차골, 악용, 배다리 등의 지명을 스콜스 언급하고 있으며, 강은혜, 윤순진의 어머니 등이 성경부인으로 함께 순회전도를 하였다고 한다. 특히 하동에서는 11명의 여성과 3명의 소녀가 요리문답을 받아들이고, 세례를 받을 준비가 되었다고 알리고 있다(크로니클, 1910년 3월 1일, 4).

같은 해 4월 30일에 스콜스는 또 한 명의 동료인 클러크 선교사가 진주에 도착하였음을 보고하고 있다. 그러므로 진주에는 스콜스, 켈리, 클러크 여성 독신 선교사와 라이얼 선교사 부부 그리고 커를 선교사 부부가 주재하게 되었다. 라이얼 선교사를 위한 집도 완성이 되었고, 또한 세 여성 선교사를 위한 새 집은 6월 말에 완성이 되기를 기대하고 있었다. 세 명의 여성 독신 선교사들의 봉급은 당시 백 파운드였고, 부부로 온 선교사들의 봉급은 그보다 좀 더 많았다. 스콜스는 빅토리아의 플린더스 노회, 깁슬랜드 노회, 마세돈 노회 등에서 재정지원을 받았다.

스콜스의 숙원사업인 여학교 건축 설계도는 위원회의 승인을 받았고, 예산 157파운드도(타일 지붕은 168파운드) 허락되었다. 여학교 안에 들어갈 가구 비용 등을 포함하여 스콜스는 200파운드를 신청하였는데, 여선교연합회는 승인하여 바자회 수익금에서 송금하기로 동의하였다(호주장로교 여선교연합회 회의록, 1910년 6월 21일). 스콜스는 9월 말에 새 학교 건물이 완공될 것으로 기대하고 있지만, 실제로는 그 다음해 초에나 가서야 입주를 하게 된다.

스콜스의 여학교에는 이제 학생이 60명이 넘어가고 있었다. 그녀는 그 중 '판이'라는 한 학생에 대하여 적고 있는데, 여학생을 통하여 부모가 교회에 나오게 되는 한 사례로 언급하고 있다.

13세 살쯤 되어 보이는 반짝이는 눈을 가진 작은 소녀가 하루는 나를 찾아왔다. 그리고 하는 말이 어머니가 더 이상 학교에 나가지 말라고 하였다는 것이다. 그러면서 나에게 집을 한번 방문하여 줄 수 있는지 물었다. 나는 원거리에 있는 학생 집을 방문할 시간이 없지만 가겠다고 대답하였다.

지난 토요일 오후 커를 부인과 나는 거리와 복잡한 골목들을 지나 30여 분 후 판이의 집을 찾을 수 있었다. 판이의 어머니는 마침 작은 마당을 가로지르는 대나무 위에 빨래를 널고 있었다. 어머니는 말하기를 판이는 이제 17살이니 바느질과 요리를 배워 결혼할 준비를 하여야 한다는 것이었다. 나는 키가 작은 판이가 아무리 한국 나이라도 17살이라는 것에 놀랐다. 그러나 결혼이 교회 다니는 것을 멈추게 하는 것은 아니라고 우리는 대답하였다.

어머니는 말하기를 판이는 항상 교회에서 배운 것을 집에 돌아와 말한다고 하고, 어머니도 그것을 좋아하고 교회에 나가고 싶다고 하였다. 또한 어린 아들 둘도 그래서 교회에 보낸다고 하였다. 그러나 남편이 없는 그녀는 일을 하고 집을 돌보아야 한다고 하였다. 판이는 자기가 주일 오후에는 집에 있을 테니 어머니가 교회에 나가라고 하였다. 그리고 새 학교가 세워지면 산수교실에도 어머니가 나오겠다고 약속하였다. 진주에는 이런 방법으로 부모가 교회에 나오게 되는 경우가 많이 있다(크로니클, 1910년 7월 1일, 2-3).

1909년 12월 1일의 편지에 스콜스는 막 입주한 새 집에서 첫 손님들을 맞는 이야기를 쓰고 있다. 손님들은 빅토리아장로교총회 해외선교부 대표단이었는데 페이튼 목사를 비롯하여 이제 막 부임한 매크레 목사까지 수 명의 일행이었다. 이들은 부산에서 마산포, 삼천 그리고 하동에 있는 교회들을 방문하고 진주에 도착을 하는데, 강 건너부터 진주교회 청년들은 마중을 나와 찬송을 부르며 기다리고 있었다.

스콜스와 클러크는 대표단을 맞이하여 분주히 봉사하였고, 손님들 모두 새 집에 대하여 찬사를 보내었다. 여선교회연합회의 모금과 기도로 편안하고 아름다운 집이 세워지게 되어 스콜스는 감사하였고, 호주에서 온 대표단과 친구들과 함께 한 시간에 대하여 행복해하였다. 동료였던 켈리는 매켄지 선교사와 약혼하고 결혼하게 되어 이제 부산으로 임지를 옮기게 되었다.

1911년 진주에는 홍역이 대유행되었다. 매 가정마다 한 명 이상씩 병을 앓았고, 스콜스가 운영하는 학교의 학생들도 고통을 당하였다. 홍역으로 아이를 잃은 부모들은 상심하였는데, 그중 한 어머니는 다음과 같이 말하였다. "내가 만일 기독교인이 아니면 하나밖에 없는 아들을 잃고 머리를 뜯으며 울겠지만, 아들이 안전한 하늘나라에 간 것을 믿습니다." 그리고 그녀는 무언가 유익한 일을 하기 원한다며 여학교에 출석하여 공부를 하기 시작하였다.

스콜스는 진주지역에 질병과 같이 퍼져있는 가난에 대하여도 언급하고 있다. 특히 추수 때가 되면 일본인들이 지주들로부터 대부분의 곡물을 구입하여 해외로 반출하기에, 가난한 가정들은 더 궁핍하여 배를 곯을 수밖에 없었다. 장터에 시장이 열리면 곡물을 구입하기 위하여 경쟁이 일어나고 종종 싸움으로 끝난다고 하였다. 이런 상황이 교회에도 영향을 미치고 있었고, 여성 선교사들의 사역을 더욱 어렵게 하였다.

한편 1911년 5월 31일 편지에 스콜스는 드디어 여학교 건물이 완전하게 건축되었음을 보고하고 있다. 그리고 그녀의 동료인 부산의 고아원 출신 순복이 교사와 학생들이 함께 학교 마당에 나무와 꽃을 심었는데, 각 반마다 경쟁적으로 아름답게 꾸미고 관리하였다. 학생들은 처음으로 자신이 책임 맡은 땅에 꽃씨를 심었다고 하며, 곧 색색의 꽃들이 얼굴을 내밀기 시작하였다.

스콜스는 이 해에 평양에서 열렸던 선교사대회에 참석하였는데, 특히 교육선교에 관한 부분이었다. 일제의 정책 하에 미션 여학교와 남학교를 운영할 때 다른 선교 기관들은 어떻게 하는지 알 수 있는 좋은 기회였으며, 어려운 점을 상의하며 해결책을 찾는 모임이었다. 스콜스는 교육을 제대로 시행하기 위해서는 인가받은 중학교를 운영하는 것이 시급하다고 생각을 하였고, 호주의 교회에 기도를 요청하고 있다.

1912년에 들어서면서 진주에도 신사참배가 진행되고 있었다. 일제의 현존이 스콜스의 학교 커리큘럼에도 영향을 미치고 있었다. 일본인 교사들이 정기적으로 여학교에서 일본어 등을 가르치기 시작하였는데, 한국어를 전혀 모르는 일본인이 한국 어린이들에게 일본에 관하여 가르치는 모습이 연출되었다.

스콜스는 이 해에 호주에서 휴가를 보내고 있었다. 호주에서 휴가를 가진다는 의미는 가족을 만나고 쉰다는 의미도 있지만, 무엇보다도 의료 검진을 통하여 건강을 추스르는 일정과 또 빅토리아의 후원교회들을 방문하며 보고회 겸 모금하는 일도 중요하였다. 스콜스는 1912년 8월에만 더함 리드, 발라렛, 케인함, 린톤, 스트릿함, 클룬즈, 록우드, 폭스하우, 크레시 그리고 콜락까지의 일정이 잡혀 있었다.

순회전도 수첩

1913년 2월 말에 스콜스는 다시 진주로 돌아왔다. 이 해에 진주의 여학교에 여러 가지 변화가 생기게 된다. 여학교에 기숙사가 생겼고, 아그네스 캠블이 사감을 맡았다. 그리고 다음해 그녀는 여학교의 교장이 된다. 스콜스는 순회전도의 책임을 맡아 진주 부근의 여러 지역을 다니며 전도 활동을 펼치게 되었다.

데이비스 선교사의 5월 31일 편지를 보면 스콜스가 순회전도를 다니면서 보통 어떤 일을 하는지 짐작할 수 있다. 그녀는 동료 선교사나 성경부인과 동행하여 한 마을에 도착을 하면 통지를 받은 그 지역 여성들과 먼저 만난다. 그들은 함께 식사를 하기도 하고 또한 이동식 오르간을 사용하여 찬송을 반복하여 가르치기도 하였다.

스콜스는 수첩과 연필을 꺼내어 모인 여성들의 이름을 일일이 기록하였는데, 노인 여성은 종종 누구누구의 엄마로만 평생 불렸기 때문에 때로 본인의 이름을 모르고 있기도 하였다. 또한 세례자인지 요리문답 학습자인지 초신자인지도 구분하여 표시하였다. 그리고 더 나아가 다음에 알아볼 수 있도록 키가 큰지 작은지 이가 빠졌는지 어떤 자녀가 있는지 등 개인 프로필까지 적었다고 한다. 스콜스의 순회전도 수첩은 많은 흥미로운 당시의 정보를 담고 있었다.

다음 날 다시 모이면 예수님의 비유들을 두루마리 그림으로 보여주며 이야기를 들려주었는데 하동에서는 특히 '탕자의 비유' 이야기를 좋아하였다고 적고 있다. 또한 여름이면 파리와 모기로 인하여 순회전도는 특히 어려웠는데, 선교사들은 모기장을 가지고 다니기도 하였다

(크로니클, 1913년 8월 1일, 3).

한 마을에서 다른 마을로 이동할 때 스콜스는 동행한 성경부인과 그리고 나귀를 끄는 마부 등과 함께 움직였는데, 제일 지나기 어려운 곳이 장터였다고 한다. 많은 구경꾼들이 스콜스 주변에 모여 갖가지 말을 하며 구경하기 때문이었다.

"영국인이다!"
"남자인가 여자인가?"
"남자와 같이 말을 타네!"
"양산을 좀 올리면 얼굴을 자세히 볼 수 있을 텐데!"

시장을 지나 보리밭 길에 다다르거나 언덕을 오르게 될 때 비로소 스콜스는 긴장을 풀며 우산을 접을 수 있었다고 한다.

또한 한국 여성들과 조용한 시간에 만나면 신앙적인 이야기 외에도 많은 사적인 질문들을 스콜스는 받았다.

"호주가 어디에 있어요?"
"몇 살이세요?"
"아이가 있습니까?"
"결혼을 안 하셨다고요?"
"세상에!"

한국 여성들은 그녀를 불쌍하고 흥미롭게 쳐다보았다.

"왜요. 결혼 안 한 중년 여성을 처음 봅니까?"

"네. 만약에 결혼하기 전에 먼저 죽으면 어떻게 됩니까? 부모님은 살
아 계십니까?"

"우리도 그런 머리를 하면 매일 손질하지 않아도 될 텐데요."

스콜스는 이때쯤에 본인이 어떤 이유로 한국에 왔고, 하나님의 사
랑이 무엇인지 설명하기 시작한다고 하였다. 자신의 서양 외모에 관심
을 갖는 사람들에게 기회를 놓치지 않고 전도를 시작하는 열정적인 스
콜스의 모습을 상상할 수 있다.

같은 해 11월 말에 스콜스는 네피어와 함께 남해와 창선도 순회하
였다. 두 개의 섬에는 이미 9개의 교회가 있었는데, 어떤 교회는 부흥
하고 있었고, 어떤 교회는 박해를 받아 흩어졌으며, 어떤 교회는 너무
약하여 운영이 어려운 상황이었다.

스콜스는 교회를 방문하면서 교인들을 초청하여 성경공부를 인도
하며 그들을 격려하였고, 네피어는 의료품을 가지고 다니며 다치거나
아픈 사람들을 돌보아 주었다. 스키너는 특히 이 지역의 섬과 바다 그
리고 산의 아름다움을 칭송하고 있으며, 전도여행 다니는 즐거움을 표
현하고 있다(크로니클, 1914년 4월 1일, 3).

또한 여성 선교사들은 보통 그들의 음식을 조리하여 휴대하여 다
녔는데, 원치 않는 식중독이나 질병을 피하기 위해서였다. 그러나 가
지고 간 음식이 소진될 경우에는 지역 음식을 먹기도 하였는데, 남해
에는 특히 바다에서 나는 각종 어패류를 식자재로 사용하는 것에 관심
이 있었다. 한번은 한 교인이 문어를 가지고 와 먹어 보라고 하였는데

이들은 문어를 먹어 본 경험이 없어 겁을 내었다. 그러자 그 교인은 다시 가져가 김이 펄펄 나게 삶아서 다시 가지고 왔다. 스콜스는 칼로 조금 잘라 맛을 보았는데 의외로 맛이 있어 먹기 시작하였다고 하였다.

변화하는 진주선교부

스콜스는 1913년 8월의 크로니클에 '새 한국'이란 제목의 글을 신고 있다. 그녀는 진주에 처음 왔을 때 '귀신 섬기는 소리'를 곳곳에서 들을 수 있었다고 하였다. 그런데 이제 그러한 소란스러운 미신 섬김은 점차로 사라지고 있다고 하였다. 그 자리에 무관심과 무례함 그리고 세속적인 가치들이 들어오고 있다고 하였고, 어린이 같은 순수함이 점차로 없어지는 것 같다는 의견을 피력하고 있다. 그리고 젊은 사람들은, 특히 학교에 다니는 학생들은 본인들의 부모보다 더 넓은 삶의 지평을 가지기 시작하였고, 전통 신앙과 타 종교에 대하여 많은 질문을 한다고 하였다. 스콜스는 한국이 변화의 시기에 있다고 하며, 젊은 이들이 특히 기독교 신앙과 가치를 가질 수 있도록 기도해 달라고 요청하고 있다(크로니클, 1913년 8월 1일, 9).

진주선교부는 점차로 확장하고 있었다. 배돈병원이 1913년 11월 4일 완공되어 공식적인 개원식을 가졌고, 많은 환자들이 계속하여 원근에서 찾아오고 있었다. 커를 선교사 외에도 찰스 맥라렌 선교사가 이미 부임하여 의료 선교를 확장하고 있었다. 배돈병원 지붕 위에 새로 디자인된 깃발이 나부꼈는데, 빨간 바탕색에 하얀 십자가가 있었고 각 모서리에 배돈병원이라 적혀 있었다.

또한 앞으로 순회전도로 많은 사역을 진행할 퀸즐랜드 출신 캐서린 레잉 선교사가 부임함에 따라 진주에만 11명의 선교사가 주둔하게 되었다. 그럼에도 여선교사가 더 필요하다는 목소리가 높았고, 특히 경상남도 전체를 이제 호주선교부가 주관하게 됨으로써 일꾼이 더 많이 필요하게 된 것이다.

이해 9월 7일부터 11일까지 서울에서는 조선기독교 총회가 열렸다. 스콜스는 이 총회에 참석하고 있는데, 마침 호주의 엥겔 선교사가 총회장으로 회의를 주재하였고, 스콜스는 그 모습을 흥미롭게 보았다고 적고 있다. 특히 평양 쪽에서 온 총대들의 발언은 격한 한국어 발음으로 인하여 회의 진행 내용을 좇아가기 어려웠지만, 한국인 목사들과 총대들의 적극적인 참여 모습을 보며 그녀는 하나님께 감사하였다(크로니클, 1913년 12월 1일, 3).

다음 해인 1914년 세계 1차 대전이 발발하게 된다. 전쟁이 진주의 호주선교부에 큰 영향은 미치지 못하지만, 한국인, 일본인, 영국인 그리고 호주인 들은 전쟁의 진행 상황에 촉각을 세우며 뉴스를 기다리게 되었다. 진주에는 당시 도쿄나 고베에서 발행되는 영자신문이 있어 선교사들은 비교적 신속히 전쟁 진행 소식을 들을 수 있었다고 한다. 또한 미션학교에 있던 일본인 교사를 통하여도 소식을 접할 수 있었는데, 학생들과 교사들은 전쟁이 끝나 평화가 오도록 기도를 하기도 하였다.

새 예배당

1914년 11월 22일 주일은 진주의 호주선교부에 중요한 날이었다. 9명의 여성과 4명의 남성이 학습을 받고, 또 다른 9명의 여성과 2명의 남성이 세례를 받기 때문이다. 세례받은 여성 중의 한 명은 여학교 학생이었는데, 교육을 통하여 좋은 기독교인이 되는 과정이 선교사들에게는 매우 중요하였다. 또한 82세의 할머니는 9년 전 커를 부인을 자신의 집으로 초청하였고, 이제야 비로소 세례를 받고 성찬식에 참여하게 되었다. 사역의 열매가 맺어지고 있는 것이다.

또한 진주교회에서는 유아세례도 베풀고 있었는데 1915년 초에는 몇 개월부터 두어 살까지의 11명의 아기들이 세례를 받았다. 이 아이들의 부모들은 아기를 품에 안고 하나님 앞에 신앙으로 키우겠다고 약속하였고, 온 교인들은 기뻐하였다.

또한 연초에는 남성과 여성들을 위한 성경공부반이 진주교회에서 열렸다. 이 해에는 외지에서 120명의 남성과 소년들 그리고 약 50명의 여성들이 모였다. 진주의 교인들까지 합하면 200명에서 300명의 사람들이 공부에 참석한 것이다. 진주 인근 20개의 교회에서도 46명이 대표로 참석하였다. 그러므로 이 성경공부 집회의 영향력은 대단하였다. 남성 반은 교회와 남학생 기숙사에서 열렸고, 여성 반은 여학교에서 진행되었다.

주일 아침에는 모든 참가자와 교인들이 함께 예배를 드렸는데, 교회당이 작아 교회 앞뜰에 의자를 놓고 또 남성과 여성의자 가운데 칸막이를 설치하고 예배를 드렸다. 스콜스는 이 모습을 다음과 같이 쓰고 있다.

칸막이 너머 남성들의 상투가 가끔 보였지만, 여성들의 칸에는 젊은
여성들의 색색의 아름다운 옷을 볼 수 있었고, 나이든 여성들은 흰색
과 검은색 계열의 한복을 입고 있었다. 이들은 동서남북에서 모였으
며, 며칠 전만 해도 서로 모르는 사람들이었지만 지금은 하나님의 자
녀로 함께 예배를 드리고 있는 것이다. … 이날의 예배는 모든 이에게
영감적이었고 힘을 주었다(크로니클, 1915년 6월 1일, 3).

스콜스는 이 해 3월에 거창에 가 여성 성경공부반을 인도하기도 하
였다.

진주교회가 수적으로 성장함에 따라 교회당은 비좁게 느껴졌고,
특히 여성 칸은 다리도 아프고 숨도 제대로 쉴 수 없을 정도로 비좁았
다. 교인들은 호주선교가 시작된 지 10주년이 되는 이 해 새 교회당
건축을 희망하였지만, 10월이 되었는데도 모금이 반 정도밖에 되지
않았다.

시내 중심부에 더 넓은 새 교회당이 완공되면, 새롭고 더 적극적인
선교가 진행되어 이 도시와 사람들 속에 완고하고 강하게 존재하는
사탄의 세력을 부술 수 있기를 우리는 기도한다(크로니클, 1915년
10월 1일, 3).

스콜스는 그녀의 9월 말 편지에 건축은 아직 시작도 되지 못하고

있음을 알리고 있지만 가난한 교인들이 최선을 다하여 헌금하고 있다고 하였다. 그리고 교회당이 완공되어 앉을 자리가 있다면 교회에 나오겠다고 하는 여성들이 꽤 있음을 밝히고 있다. 당시에는 250~260명이 주일날 교회에 출석하고 있었다.

새 교회당은 다음 해인 1916년 중순 완공되어 7월 1일 입당예배를 드린다. 진주선교부의 오른쪽 언덕에 교회당이 건축되었고, 400명이 앉을 수 있는 넓은 공간이었다고 한다. 총 건축 비용은 124파운드로 그중 대부분인 90파운드를 진주교회 교인들이 헌금하였다.

스콜스의 건강

1915년경부터 스콜스의 건강이 좋지 않다는 소식이 보고되기 시작하였다. 그리고 그 다음해 2월의 크로니클은 스콜스의 몸의 병이 더 심각함을 알리고 있다. 맥라렌 선교사는 그녀의 순회전도를 일단 보류시켰으며, 스콜스의 방문예정지 두 곳을 캠벨이 대신 가기도 하였다. 스콜스의 와병은 진주선교부에 큰 타격이었다고 말하고 있는데, 여성들과의 관계에 있어서 그녀의 영향력이 크고 꼭 필요한 사람이었기 때문이다(크로니클, 1916년 2월 1일, 2).

스콜스는 병으로 인하여 본인이 시골의 여성들을 방문하여 만나지 못함을 매우 슬프게 생각하였으며, 그럼에도 조금씩이라도 일을 할 수 있음에 감사하고 있다. 그녀는 성경부인들을 계속 만나 시골의 교회 사정을 듣고 그들을 통하여 사역을 이어 나갔다. 그리고 1916년 4월부터 스콜스는 다시 여학교를 책임 맡게 되는데, 지방을 다녀야 하는 순회전도는 더이상 무리였기 때문이다.

스콜스는 온전치 못한 몸으로 여학교를 계속하여 책임 맡았다. 1917년 4월 그녀의 편지에는 남학교와 여학교의 연례 모임에 관하여 적고 있다. 일 년에 한 번 이날만큼은 여학생과 남학생 사이에 가름막 없이 함께 진주교회당에서 모였고, 많은 진주 지방 정부 인사들이 참석을 하였다. 이날 여학교에서 3명의 학생이 8년의 과정을 마치고 졸업을 하게 되었다고 한다. 그중 한 명은 계속 공부를 하기 위하여 서울로 가고, 또 한 명은 집안일을 당분간 돕는다고 하였고, 다른 한 명은 교사로 취업을 하기 위하여 준비하고 있었다. 이들은 모두 동시에 야간반이나 주일학교 교사 일을 하고 있었다.

스콜스는 이들이 8, 9년 전에 입학하여 어엿한 졸업생이 되어 사회에 나가는 모습에 자긍심을 느끼고 있었고, 이들이 보고 싶을 것이라고 하였다. 스콜스는 또한 자신의 건강이 작년에 비하여 많이 나아졌다고 하며, 호주의 친구들이 보내 준 격려의 편지와 기도가 큰 힘이 되었다고 쓰고 있다(크로니클, 1917년 7월 2일, 3).

당시 진주에는 가난이 만연하여 있었고, 특히 이 해에는 쌀값이 천정부지로 올랐다. 가뭄으로 인하여 보리도 흉작이었다. 대부분의 사람들이 충분히 먹지 못하여 어려움을 당하기도 하였다. 그럼에도 여학교는 계속 성장하고 있었고, 당시 90명이 등록을 하였으며, 75명이 출석을 하고 있었다.

한국인 교사들은 정식 교사자격증을 받기 위하여 공부하고 있었는데, 박덕순은 곧 받을 수 있을 것 같았고, 박덕실은 어느 정도 가능성이 있었다. 박순복은 일본어를 계속 공부하였고, 그의 남편인 박성애 장로는 당시 평양신학교에서 신학공부를 하고 있었다. 그가 이달 졸업을 하면 진주교회가 아마 그를 담임목사로 청빙하는 과정을 밟게 될 것이라고 스콜스는 밝히고 있다(크로니클, 1917년 8월 1일, 5).

당시 배돈병원의 커를 부부는 건강상의 이유로 이미 호주로 귀국하였고, 1917년 말 맥라렌도 전쟁에 참여하고자 의무관으로 프랑스로 떠나게 되었다. 당시 교회당에서 환송식이 있었는데 많은 교인들과 정부 관료들이 참석을 하였다. 강당에는 당시 호주 국기인 유니언 잭과 교회 깃발이 있었는데, 맥라렌의 송별사는 이 두 깃발에 빗대어 연설을 하면서 충성과 사랑을 이야기하였다. 맥라렌 부인은 진주에 남아 유치원 사역을 계속하였다.

맥라렌이 떠났던 이 해말, 스콜스의 남동생도 참전하였다가 프랑스에서 사망하게 된다. 그리고 당시 보고서에는 스콜스의 건강이 점점 나아지고 있었다고 말하고 있지만 정확하지 않은 사실이었다. 배돈병원에 갓 부임한 의사 데이비스 선교사의 견해는 달랐다. "스콜스는 전혀 건강하지 않았다." 이 한 마디가 스콜스의 심각한 건강상태를 잘 말해주고 있었다.

그리고 스콜스는 1918년 중반까지 보고서도 못 쓰고 있었다. 그녀는 연초에 다른 일들도 있었지만 편지 쓰기도 힘들 정도로 몸이 아프고 연약해 있었다고 5월에 가서야 밝히고 있고, 정확히 병명이 무엇인지는 공개적으로 말하지 않고 있지만 심장에 문제가 있는 것으로 전하여졌다.

스콜스와 레잉은 7월 초 호주로 휴가를 떠날 계획이었고, 브리즈번에 8월 8일 도착 예정이었다. 그녀는 그곳에서 그녀의 언니를 만나고,

9월쯤에 빅토리아주의 고향에 도착하여 가족과 친구들을 만날 생각에 들떠 있었다. 이윽고 스콜스는 휴가를 떠나게 되고 동료인 캠벨이 스콜스가 떠난 진주선교부의 적막함을 보고하고 있다. 캠벨은 스콜스의 업적에 관하여 말하는데, 그녀를 진주선교부의 개척자라고 하며 이곳 사람들의 사랑을 크게 받는다고 하였다. 특히 그녀의 이타주의적 봉사는 누가복음 6장의 성경구절을 떠 올리게 한다고 하였다. "남에게 주어라. 그리하면 하나님께서도 너희에게 주실 것이니, 되를 누르고 흔들어서, 넘치도록 후하게 되어서, 너희 품에 안겨 주실 것이다"(크로니클, 1918년 9월 2일, 4).

그러나 동료들도 그리고 진주의 교인들도 호주로 떠난 스콜스를 더 이상 볼 수 없게 된다는 사실은 전혀 예측하지 못하고 있었다.

시넬리 정원

스콜스는 계획한 대로 브리즈번을 경과하여 고향인 멜버른에 도착하였다. 스콜스의 아버지는 그녀의 얼굴 모습에 놀랐다고 한다. 그만큼 쇠약해져 있었던 것이다. 그녀의 많은 친구들은 어서 그녀를 만나고 싶었지만, 그녀에게는 휴식이 필요하였고, 또 병원 치료가 시급하였다. 가족과 주위 사람들은 모두 의사의 진단결과를 기다렸다. 그리고 의사는 스콜스에게 완전한 휴식을 하도록 하였으며, 시골 지역으로 가 요양하도록 권고하고 있다.

그리고 1919년 4월 1일의 크로니클은 스콜스의 건강에 관한 만족할 만한 의사 보고서가 나왔다고 적고 있다. 그녀의 건강이 많이 회복되었다고 하면서도 1920년 초까지는 한국에 돌아가지 말 것을 권고하고 있는 것이다(크로니클, 1919년 4월 1일, 8).

그러나 크로니클 5월호에는 충격적인 소식이 알리고 있다. 스콜스가 갑자기 사망한 것이다. 그녀는 요양 중에 가족의 집으로 돌아왔고, 후원자들을 만나면서 심장이 나아질 것이라고 기대하였다. 그러나 그녀는 곧 감기에 걸렸고, 폐렴까지 겹쳐 짧은 시간 앓다가 4월 14일 그녀의 심장이 멈추었던 것이다. 그녀의 임종을 지켜본 친구들은 스콜스가 숨을 거두기 전 한국의 친구들과 책임 맡은 학생들에 관하여 언급하였다고 한다. 그리고 그녀의 작은 무덤은 박스힐에 모셔졌다.

스콜스의 사망 소식은 전보로 한국에도 전하여졌다. 부산의 호킹은 사랑하는 친구 스콜스가 자신들보다 조금 먼저 하나님께 갔다고 하며, 그녀의 일생은 영감이자 축복이었다고 하였다. 진주의 여학교와 교인들도 이 소식을 들을 준비가 전혀 되어 있지 않았다. 캠벨은 그녀의 편지에 진주의 교인들이 얼마나 슬퍼하였는지 적고 있다. 진주교회에서 추모예배와 성찬식이 거행되었고, 스콜스가 창립하고 휴가 떠나기까지 회장을 맡았던 여선교사협의회에서도 추모를 하였다.

빅토리아 여선교연합회는 다음과 같은 추모사를 남기고 있다.

우리는 이 여인으로 인하여 하나님께 감사한다.
열정적이고 상식적이고 유머가 넘치는 가치 있는 일꾼이었고, 무엇보다도 진실한 우정과 넘치는 사랑의 소유자였다.
한국에서뿐만 아니라 이곳에서도 하나님을 알고 따르는 데 쉬워진 것은 이 여인을 통하여 비추어진 주님을 볼 수 있기 때문이다.

그녀는 떠났다.

그러나 눈물이나 통곡은 소용없다.

가슴을 치거나 약해지거나 치욕도 없다.

헐뜯거나 혹은 원망도 없다. 충분하고 그리고 공정하다.

그녀는 많은 사랑을 하였다.

(크로니클, 1919년 9월 1일, 4-5).

여선교연합회는 후에 스콜스의 이름으로 추모기금을 조성하여 사업을 진행하였고, 특히 빅토리아 디커니스훈련소의 건물 한 동을 새로 건축하며 넬리 스콜스의 이름으로 명명하였다. 또한 참나무로 된 강대상과 의자 세 개를 특별히 서울에서 주문하여 진주교회에 기증하므로 스콜스를 기념하고 있다. 그리고 여학교에는 자랑스러운 교장이었던 스콜스의 초상화를 전시하였으며, 추모 동판에는 다음과 같이 적었다.

그녀의 그리스도와 같은 생애와 헌신된 봉사로 인하여, 우리는 하나님께 감사드린다.

에필로그

스콜스가 그토록 사랑을 부었던 진주의 여학교는 1924년 11월 5일 광림학교로부터 분리되어 여학교로 인가를 받아 시원여학교로 교명을 변경하였다.

1925년 1월 옛 광림학교 운동장 부지에 목조 2층 120평짜리 교사를 신축하고 다시 개교하였다. 그 이름은 정숙학교 초대교장으로 1919년 사망한 시넬리(스콜스)를 기리어 시넬리의 정원이라는 뜻으로 지은 것이다.

일제 말 신사참배가 강제되기 시작하자 선교사와 관련된 기독교계 학교에도 압박의 수위가 높아졌다. 그러나 지속적으로 신사참배를 거부하였던 시원여학교의 선교사와 교장 정성록은 결국 1939년 6월 신사참배거부로 조선총독부로부터 학교를 자진 폐교하라는 통보를 받았다.

호주선교부는 1939년 7월 31일 조선총독부에 폐교신청서와 기독교의 자유에 관한 탄원서를 함께 제출하고 학교를 폐교하였다. 시원여학교는 신사참배를 거부하다가 폐교처분을 받은 첫 미션계 학교이다. 1939년 폐교 후 교사는 1940년 진주사범학교 기숙사로 활용되었고, 6.25전쟁 중 미군폭격으로 전소되었다(시원여학교 터 신사참배 거부 운동지, 국내독립운동-국가수호사적지, 독립기념관, 2019).

찰스 맥라렌

Charles McLaren(1882~1957)

호주 빅토리아장로교 여선교연합회 선교지 「더 크로니클」은 찰스 맥라렌 박사의 목사 안수식을 1911년 9월호에 예고하고 있다. 그리고 9월 7일 오후 7시 반 멜버른 시내 스코트교회에서 안수예배가 열린다. 그리고 이 안수예배는 동시에 맥라렌 부부를 한국으로 파송하는 자리이기도 하였다.

청년 시절

맥라렌은 1882년 8월 23일 일본 동경에서 태어났다. 찰스 맥라렌의 부친 사무엘 맥라렌은 영국에서 장래가 촉망되는 법조인이었으나 기독교 선교의 사명을 가지고 아내와 함께 일본으로 와 한 학교에서 교수로 일하였다. 이곳에서 브루스, 메리 그리고 찰스가 차례로 태어났다.

아버지 맥라렌의 건강이 안 좋아지자 그들은 일본을 떠날 결정을 하게 되는데 추운 스코틀랜드로 가기보다 호주로 가기로 결정을 한다. 이때 찰스는 4살 정도이었는데 앞으로 호주 멜버른에서 자라고, 공부하며, 성장하게 된다. 찰스 맥라렌에 있어서 부모와 형제들과의 관계가 특별히 중요하였고, 장차 찰스의 일생은 그들과의 관계에서 큰 영향을 받게 된다.

그의 누나 메리는 찰스를 회상하기를 진지하고 행복한 그리고 나이를 뛰어넘을 정도로 동정적이고 이해심 있는 매력적인 소년이라 하였다. 그는 근본적으로 착했는데, 다른 아이들이 유치원에서 말썽을 일으키는 것을 이해하지 못할 정도였다.
'찰스는 이해심이 깊었는데, 태어날 때부터 성령이 그의 안에 있는 것 같았다'라고 그의 아버지가 말할 정도였다(뉴와 맥라렌, 37).

무엇보다도 찰스는 부모의 영향 아래 깊은 신앙심을 가지게 되었는데, 그의 동료 에스몬드 뉴는 말하기를 "요즘 말로 하면 한번 회심한 영혼으로 다시는 회심이 필요 없는 그런 사람 중에 한 명 같았다"고 할 정도였다. 그는 학생 시절에 호주학생기독연맹의 활동에 적극 참여하였고, 멜버른 의대에서 외과 전공의로 졸업하였다.

멜버른의 그 바쁜 병원 복무 중에서도 어느 곳인지는 아직 모르지만 하나님이 자신을 선교사로 부르고 있다고 느끼고 있었다. 그는 이미 1903년 초, 아직 학사과정을 밟고 있을 때, 해외에 자원봉사자로 나가는 것이 그의 목적이라고 자신의 어머니에게 쓰고 있다(앞의 책, 44).

찰스 맥라렌은 1910년 헌신하던 병원을 떠나 호주학생기독운동을 위하여 호주와 뉴질랜드를 순회하였다. 이때 그는 평생의 동반자가 될 제시를 만나 그 다음해 결혼을 하였다. 그리고 그해 9월 멜버른의 스코트교회에서 선교목사로 안수를 받은 것이다. 당시 의료선교사들에게 목사 안수를 베풀었는데, 그들도 교회를 돌보도록 하기 위함이었다.

진주로 부임하다

맥라렌 부부는 1911년 10월 30일 부산에 도착한다. 그들은 하얀 겉옷을 입은 한국인들과 먼저 온 선교사 친구들의 환영을 받았고, 그 중에는 호주 수상인 멘지스 경의 이모 벨라 멘지스도 있었다. 그들은 마산을 거쳐 앞으로 오랜 시간 인연을 맺을 진주에 도착을 하였다.

진주는 호주빅토리아교회의 세 번째 선교거점이 있던 경상도 남쪽의 오래된 수도였다. 호주선교부의 선교사 휴 커를 박사가 이곳의 첫 선교사였는데, 그는 임기 한 기간을 이미 이곳에서 보냈으며 수천 명의 환자를 돌보았고, 배돈병원의 건축도 거의 끝나가고 있을 때였다. 커를 부부는 맥라렌 부부를 두 손 벌려 환영하였다.

맥라렌의 주 임무는 병원에서의 의료활동이었지만, 그와 그 아내는 시골에 있는 교회를 방문하는 것을 좋아하였다. 1912년 1월 9일에 있었던 일이 그 한 예이다.

라이얼 부인과 맥라렌 부인이 순회전도를 하는 중 장마당을 지나게 되었다. 그들은 그곳에서 더러운 쓰레기 더미를 보았는데, 곧 그들은 그것이 사람인 것을 알고 놀랐다. 그들은 가까이 갔고, 한 남자임을 보았다. 얼굴과 손을 제외한 모든 부분이 가려져 있었고, 드러난 부분은 병에 걸려 있었다. 일행은 즉시 문둥병으로 생각하였다.

라이얼 부인이 말을 걸자 그 남자는 새해 첫날부터 이곳에 누워있었다고 대답하였다. 밤에는 어떻게 견디느냐고 묻자, 그는 자루 하나를 꺼내어 얼굴에 덮어 보였다. … 음식은 어떻게 하느냐고 묻자 주변에서 밥을 가져다준다고 하였다. 라이얼 부인이 외국인 의사를 만나 보겠느냐고 묻자 그는 절망적으로 대답하였다. '나는 돈도 없고 걸을 수도 없습니다.' 선교사 부인 일행은 대답하기를 돈은 필요 없고, 의사가 이곳으로 올 수 있다고 하였다. 모여든 구경꾼들이 흩어지면서 감사하다고 하였다.

얼마 후 맥라렌이 도착하였다. 그는 즉시 중한 나병이라고 진찰하였고, 그 환자를 진주의 병원 마당으로 데리고 왔다. 그리고 그곳에 임시 거처를 만들어 주었다. 그 후 두어 주 지나 그 나병환자는 부산의 나병 환자촌으로 이송하였는데, 180리의 먼 거리를 들것으로 옮겼다고 한다(크로니클, 1912년 4월, 1일, 2).

이해 2월 21일에는 거의 완성되어가는 배돈병원 건물에 알 수 없는 이유로 불이 났다. 비가 조금 내리는 날이었지만 불길은 거셌고, 손을 쓸 수 없을 정도였다고 한다. 건물의 오른쪽 부분만 제외하고 지붕과 나무로 된 내부 등 대부분 소실되었지만, 다행히도 비 때문에 인근 학교나 초가지붕들은 무사할 수 있었다. 당시 피해액이 500파운드 정도였다고 하니 큰 규모의 화재였다(크로니클, 1912년 5월 1일, 4-5).

이 소식을 전보로 전해들은 호주교회들은 더욱 열심히 모금을 하였고, 그 결과 피해를 복구할 수 있는 500파운드 이상이 다시 모금되어 병원을 재건하기 시작하였다. 그러나 후에 보고되기는 배돈병원의 재건축으로 600파운드 정도 빚이 남게 되었고, 여선교연합회는 그 빚을 갚기 위하여 눈물겨운 노력을 하게 된다.

맥라렌 부부는 5월에 가서야 자신들의 저택으로 입주할 수 있었고, 진주선교부는 화재의 악몽에도 불구하고 점점 성장하고 있었다. 병원에는 두 명의 의사 커를과 맥라렌 그리고 수간호사 클러크까지 튼실한 팀을 이루고 있었고, 한국인 직원들도 늘어나고 있었다.

연말에 가서는 배돈병원 재건축도 거의 완성되고 있었는 바, 클러크는 보고하기를 환자들을 받으려면 좀 더 세밀히 준비되어야 한다고 지적하고 있다. 그러면서 수건, 붕대, 탈지면, 베게 속, 담요, 튼튼한 옥양목, 헌 침대보 등을 보내줄 것을 호주교회에 호소하고 있다(크로니클, 1912년 10월 1일, 4).

당시 맥라렌과 커를은 진주와 서울을 오가며 세브란스의과대학에서 3개월씩 돌아가며 강의를 하고 있었다. 맥라렌의 과목은 신경정신학과와 소아과였으며, 커를은 산부인과와 이비인후과였다. 그곳 학생 기숙사는 100명을 수용할 수 있었지만, 교수진이 완성되지 않아 당시 60명 정도의 학생이 있었다고 한다(크로니클, 1913년 8월 1일, 2).

배돈병원의 공식 개원

마침내 배돈병원은 1913년 11월 4일 공식 개원을 하게 된다. 경남 지역의 일본 총독을 비롯하여 많은 정부 관리들이 참석을 하였고, 페이튼 부인의 조카 라이얼 목사가 호주 여선교연합회를 대표하여 참석하였으며, 부산과 마산 등 각 호주선교부 대표들도 참석하였다. 다음 날에는 여성 기숙사도 개원되었다(앞의 책, 1914년 1월 1일, 5).

배돈병원 개원에 맞추어 병원 깃발도 제작되었다. 깃발은 빨간색 바탕에 하얀 십자가가 있었고, 깃발 각 모서리에는 한문으로 '배돈 기념'이라고 쓰여 있었다(크로니클, 1914년 2월 2일, 8).

병원 건물은 매우 훌륭하고 아름다웠으며, 이곳에서 이미 많은 일이 되어지고 있었다. 두 명의 호주 의사와 간호사의 명성은 널리 퍼졌고, 환자들도 원근 각처에서 오고 있었다.

"이곳에 병원을 운영하는 것은 위대한 인류애적인 것이며, 자연적인 병으로 인한 고통 외에, 불필요한 고통까지 감당해야 하는 한국인들에게 꼭 필요한 것이다." 동료 선교사 스콜스의 말이다(1913년 7월 1일, 5).

진주선교부에는 이제 병원, 학교, 네 개의 사택 그리고 새 저택을 또 짓기 위한 기초들이 우뚝 서게 되었다. 후에 기록된 진주선교부의 모습은 이러하다.

동네의 변두리에서 진주선교부를 올려보면 건물들이 순서대로 서 있는 모습을 볼 수 있다. 일렬로 된 것은 아니지만 부지의 구성에 맞추어 서 있다. 맨 뒷줄 원편에는 교회당이 있고 그리고 공터가 있고 그리고 커닝햄의 사택, 알렌의 사택, 커를과 맥라렌이 있었던 아름다운 나무가 서 있는 사택이 있다.

아래 줄 왼쪽에는 남학교와 기숙사가 있고, 여학교는 알렌의 사택 앞에 서 있다. 그리고 그 아래 병원이 있고, 맥라렌 사택 앞에 여성의 집과 여학생 기숙사가 있다.

전체를 조망하여 보면 건물들의 정렬이 굉장히 인상적이고, 넓은 타일로 된 지붕은 시내 어디서나 먼저 보인다(크로니클, 1921년 3월 1일, 15).

배돈병원은 의술만 시행하는 곳이 아니었다. 매년 성탄절이 되면 배돈병원은 서양식의 성탄 행사를 하였다. 선물, 캐럴 송, 흰 눈, 성탄 예배, 아기 예수와 구유 등등 모두가 당시 한국인들에게는 낯선 문화였다. 그중에서도 산타클로스 할아버지는 더욱 신기하였지만 병원의 아이들에게는 즐거운 만남이었다. 산타 할아버지로 분장한 맥라렌을 처음에는 아이들이 무서워하였지만 곧 맥라렌 의사 아저씨임을 알고 좋아하였고, 병원은 선물을 준비하여 나누어주기도 하였다.

당시 진주선교부에는 호주선교부의 봉급을 받는 한국인 직원들도 증가하고 있었다. 성경부인으로는 윤 마르다, 윤복이, 김수은이 있었고, 학교 교사로는 박순복, 김영애, 오현주 그리고 병원 간호사로는 이평안, 김재봉, 박동내가 일하였다. 맥라렌과 맥라렌 부인은 때로 성경부인과 함께 진주 인근에 순회 전도를 나가는 것을 기꺼이 하였다.

호주의 한 후원자는 맥라렌을 매년 후원하고 있었다. 이 후원금 10파운드를 맥라렌은 임의로 사용할 수 있었는데, 그는 이 돈으로 성경부인을 임명하여 형편이 어려운 아이들을 찾아 돌보고 교육시키는 일을 하게 하였다. 어느날 그 부인이 두 명의 어린아이를 데리고 왔는데 고아였다. 그리고 그 아이 삼색이는 맥라렌 가족의 일원이 된다. 이렇게 하여 그는 세 명의 여아를 차례로 입양하여 교육도 시키고 돌보게 된다. 이 입양 이야기는 당시 진주지역에 큰 화제가 되기도 하였다.

1915년 말에 커를과 그의 가족은 진주를 떠나 호주로 귀국하였다. 커를 부인의 질병으로 호주로 돌아가게 된 것이다. 진주의 개척자이자 진주교회와 배돈병원을 계획하고 설립하고 운영하였던 커를이 떠나자, 진주선교부는 큰 변화를 겪게 된다.

배돈병원의 책임은 이제 맥라렌이 전적으로 담당하였고, 뿐만 아니라 서울 세브란스의과대학 강의도 그가 호주선교부를 대표하여 책임을 맡게 되었다. 다행히 진주교회에는 알렌이 있어 그가 교회 목회를 책임을 지고 있었고, 진주지역 교회들은 커닝햄이 돌보게 되었다.

프랑스 전선에서

1917년 말, 맥라렌이 진주를 떠난다는 소식이 들려왔다. 그는 영국 정부에 일차 세계대전 군복무를 신청하였고, 프랑스 전선의 의료장교로 임명이 되어 떠난다는 것이다.

사실 맥라렌은 이 당시 행복하지 않았다. 그의 형 브루스의 죽음이 그를 비통하게 하였던 것이다. 부르스는 영국에서 한 대학의 교수로 있었는데 일차 대전에 참전을 하였고, 전투 중에 전사한 것이다. 맥라렌은 형과 계속하여 연락을 하고 있었고, 아버지 맥라렌이 사망하였을 때 브루스는 편지에 동생이 아버지의 사역을 승계하고, 아버지의 시계와 목걸이를 간직하도록 하였던 것이다.

결국 맥라렌은 자신도 참전하기로 결심을 한 것이다. 주변 사람들은 그가 한국에 남아있기를 권하였으나, 참전은 하나님의 뜻으로 맥라렌은 생각하였다.

그리고 12월 11일 맥라렌을 환송하는 모임이 진주교회에서 있었다. 남학교의 학생들은 교회를 장식하였고, 강단 앞에는 호주의 유니온 잭과 교회 깃발이 걸렸다. 박 장로는 한국인들을 대신하여 그동안의 맥라렌 사역을 사랑과 감사의 마음으로 치하하였으며, 은메달을 선물로 주었는데 메달에는 금으로 된 십자가가 새겨져 있었다.

맥라렌은 강단 앞에 있는 두 개의 깃발을 가리키며 충성과 사랑의 상징이라 하였다. 맥라렌은 진주지역의 일본인들에게도 관심을 가졌는데, 관료들과 좋은 관계를 유지하였었다. 일본인이었던 경상남도 도지사는 맥라렌에게 장검을 선물로 주었는데, 이백여 년 된 것이라 하였다. 일차대전 당시 일본은 영국과 동맹이었던 것이다. 맥라렌이 떠날 때 한국인 일본인 할 것 없이 많은 사람이 따라와 그를 배웅해주었다(1918년 4월 1일, 3).

그 후 배돈병원은 당분간 클라크 수간호사와 한국인 의사에 의존하여 운영되게 된다. 그리고 얼마 안 있어 1918년 초 또 한 명의 의사 선교사가 진주에 도착을 한다. 진 데이비스는 여성 환자들에게 특별히 환영을 받게 되는데, 데이비스는 여성 의사였기 때문이다. 당시 호주 의사가 한국에서 의술 활동을 하려면 일본 정부의 자격시험을 통과해야 하였고, 데이비스도 일본 동경에서 그 시험을 보아야 하였다.

35살의 맥라렌은 일본을 거쳐 캐나다로 갔다. 이곳에서 중국에서 온 지원자들과 합류하여 영국으로 향할 계획이었다. 그리고 그는 영국을 통과하여 프랑스에 도착하였다. 이곳에서 그는 중국에서 일하던 호주인들로 구성된 대대의 군의관으로 복무를 하기 시작하였다.

그곳 후방병원에서 그는 독일군과 대치하고 있는 최전선으로 나가기를 자원하였고, 결국 본인의 의사대로 최전방에서 복무하게 된다. 그는 그곳에서 전투원들을 만나는 것을 기회라고 생각하였다.

대다수가 신경과민으로 고통을 받고 있었고, 참으로 안쓰러웠다. 대부분이 청년들로 억지로 이곳까지 밀려와 전쟁에 참여하게 되었다. 어떤 청년들은 남자의 역할을 해낼 수 있도록 냉혹한 압력이 필요하였고, 다른 청년들은 동정과 위로가 필요하였다. 불쌍한 청년들도 있었고, 존경할만한 이들도 있었고, 그들 속의 가능성을 보려고 나는 노력하였다(뉴와 맥라렌, 65).

그리고 맥라렌은 프랑스에 있던 그의 형 브루스의 무덤을 방문하였다고 자신의 어머니에게 편지를 쓰고 있다. 그의 마음속에 큰 아픔으로 남아있던 형의 죽음을 이제 내려놓을 수 있었다. 맥라렌은 그의 형이 다시 살 것을 확신하였다.

뉴는 맥라렌의 전쟁 경험을 다음과 같이 평가하고 있다.

찰스는 전쟁의 압박감 속에 강한 남자가 울거나 전체 부대가 지쳐서 반응하는 모습을 보았다. 그리고 그는 한국으로 돌아오는데, 정신의학의 선구자가 될 더 나은 자격을 갖추게 되었다(앞의 책, 67).

다시 한국으로

호주 빅토리아교회의 여선교연합회는 맥라렌 부부를 다시 한국으로 파송한다. 1920년 3월 2일 총회 회관에서 환송예배가 있었는데, 적은 인원이 참석하였지만 좋은 연설이 있었다고 기록되고 있다. 그리고 맥라렌이 한국으로 다시 입국한 것은 그 다음달 4월이었다. 진주는 이미 맥라렌 가족이 도착한다는 소식을 전보로 듣고 있었고, 모두들 높은 기대감으로 기다리고 있었다. 진주에 도착하였을 때 300여 명의 인파가 나와 그를 환영하였다. 맥라렌 부부는 자신들의 사역이 가치 있었음을 확인하며 하나님께 감사드렸다.

당시 배돈병원은 한국인 의사를 구하지 못하여 통영의 의사 테일러가 종종 방문하여 데이비스를 돕고 있었다. 그러나 이제 맥라렌이 복귀하였고, 그는 병원의 원장이 되어 일상으로 들어간다. 맥라렌 부인 제시는 본인이 교장이었던 야간학교를 다시 책임 맡게 되었다.

맥라렌이 복귀할 즈음 호주장로교 총회 방문단도 한국의 호주선교부를 방문하고 있었다. 해외선교부 총무였던 프랭크 페이튼의 주관으로 마산에서 호주 선교사 공의회가 열렸는데, 그곳에서 맥라렌을 서울의 세브란스병원으로 보내기로 제안하였다. 그럼에도 진주에서 그의 역할을 대신할 사람을 찾을 수 없었고, 맥라렌은 1923년 서울로 완전히 이사하기까지 매년 일정 기간 세브란스로 출장 강의를 나갔다.

배돈병원의 원장이라는 자리는 환자를 보는 것 외에도 병원 경영을 해야 하였다. 맥라렌은 임상병리사, 엑스선 기사 등 병원의 한국인 직원들이 세브란스 의전 또는 다른 곳에서 공부를 하도록 돕기도 하였다. 한때 병원 내에 급여 문제로 파업의 움직임이 있기도 하였다. 맥라렌은 전체 직원회의를 소집하였고, 그들 스스로 어떤 수준의 봉급이 적당한지 토론하게 하였다. 그 결과 직원들은 자신들의 생각보다 호주 선교부에서 제시하는 봉급의 수준이 더 적정하다고 결론을 내었다(뉴와 맥라렌, 69).

> 병원선교도 지속되었다. 전도사 한 명과 전도부인 한 명이 입원환자 전도를 책임지고 있었다. 전도인들은 병원에서 입원환자 명단을 받아 병실로 그들을 방문하도록 하였으며, 퇴원 후에도 집까지 방문하기도 하였다. 그들은 매일 대기실에서 기다리는 사람들에게 말을 걸고 전도하였고, 심지어 집을 찾아가며 전도하였다. 그들은 병원 내에서 성경과 찬송가 기타 기독서적들을 파는 서점을 경영하였다(민성길, 46-47).

당시 진주선교부의 고민은 점차로 노골화되고 있는 일제의 간섭이었다. 일제 식민지 정부는 호주선교부의 활동과 영향력이 확대되는 것은 달갑지 않게 생각하였다. 호주선교부의 교육활동은 물론 목회활동 그리고 의료 활동까지도 점차로 일제 간섭의 표적이 되고 있었다.

> 맥라렌에게도 이런 일이 일어났다. 1920년 9월, 경찰이 진주교회 교인 6명을 체포하고 감금하였다. 그중에는 교회지도자 대장장이 강씨도 포함되었다. 맥라렌은 그 이유를 이해할 수 없었다. 그는 일본 정부가 잘못되었다고 결론지었다. 배돈병원에도 경찰 한 사람이 배치

되어 병원과 교회에서 일어나는 모든 것을 감시하기 시작하였다. 그는 맥라렌이 한 때 병원에서 생명을 구해주던 사람이었다(민성길, 47).

뿐만 아니었다. 그가 출강하고 있는 서울 세브란스에서도 갈등이 일어나고 있었다. 졸업생이 의사면허를 취득하기 위해서는 교수진 중에 일본인 교수가 포함되어야 한다고 일본 정부가 주장하기 시작한 것이다. 세브란스대학의 교수는 원래 기독교인이어야 한다는 교칙이 있었는 바, 기독교인이면서 일본인 교수를 구하기는 거의 불가능하였다.

한 가지 흥미로운 사실은 맥라렌이 초창기 한국에서 사역을 하였을 때는 일본 관리들과 우호적인 관계를 맺었었다. 그가 프랑스 전선으로 떠날 때 일본 도지사로부터 오래된 장검을 선물 받을 정도였고, 호주에 돌아가서는 두 가지 정책에 근거해서 한국 선교가 진행되어야 한다고 하였는데 하나는 예수 그리스도에 충성하는 것이고, 또 하나는 일본 정부에 충성하는 것이라고 하기도 하였다(크로니클, 1916년 12월 1일, 2).

그러나 이즈음에 일본에 대한 맥라렌의 생각은 바뀌고 있었고, 그 증거는 곳곳에서 발견되고 있다. "맥라렌은 점차 일본이 한국에 대해 나쁜 짓을 하며, 약속을 지키지 않고, 비도덕적이라 생각하기 시작하였다"(민성길, 47).

맥라렌은 1923년 서울의 세브란스병원으로 영구 부임하게 된다. 진주의 배돈병원은 통영의 테일러가 책임 맡게 되었다. 그 후 배돈병원은 테일러와 여의사 데이비스에 의하여 운영된다.

서울로 이사하다

맥라렌이 서울의 세브란스의과대학에 출강하기 시작한 것은 1913년부터였다. 그의 전공과목인 '정신의학' 학점이 그 다음해 졸업하는 4학년 학생들부터 부여되었다고 한다.

1915년 세브란스의 연합화 정책에 따라, 세브란스 연합의학전문학교가 공식적으로 호주선교부에 맥라렌을 신경정신과 전임교원으로 파견해줄 것을 요청하였다. 이에 호주선교부는 신경정신과 설립을 위하여 의료진 한 사람과 년 150파운드의 운영비를 부담함으로 연합운동에 참여하기로 결의하였다(앞의 책, 49).

그러나 이 결정이 여러 가지 이유로 즉시 시행되지 못하였음은 주지의 사실이다. 그리고 1923년 초에 와서야 드디어 맥라렌은 그의 아내 제시와 갓 태어난 딸 레이첼 그리고 입양한 세 명의 한국인 딸 일행과 함께 서울로 이사하였다.

맥라렌 가족은 북한산과 경성의 성벽이 올려다 보이는 사직동에 살집을 마련하였다. 동네 사람들은 이 집을 '영국인의 성'이라 불렀다 하지만, 맥라렌은 병원이 가득 찰 경우 치료를 위하여 환자를 집으로 데리고 오고는 하였기에 성의 엄숙한 분위기는 아니었다고 한다. 뿐만 아니라 때로 숙소를 찾지 못한 선교사들이 이 집을 방문하기도 하여 종종 손님들로 붐비기도 하였다.

맥라렌 가족은 이곳에서 행복하였다. 제시는 이화여전에서 봉사할 수 있는 좋은 기회를 가질 수 있었고, 꽃을 열정적으로 사랑한 그녀는 그 대학의 정원을 설계하고 잔디와 나무를 심는 명예관리사로 임명되기도 하였다. 뿐만 아니라 제시는 한국 YWCA를 창설하는 데 도움을 주었으며, 1925년에 이 연합회의 명예고문이 되기도 하였다.

한국 정신의학 선구자

세브란스 연합의학전문학교 신경정신과 교실은 1917년 창설되었다. 그러나 그 교실에서 강의를 해야 할 맥라렌은 당시 진주에 있었다. 맥라렌은 여전히 진주선교부 소속으로 되어 있던 것이다. 앞서 언급한 것 같이 그는 배돈병원 소속으로 서울을 오가며 세브란스에서 강의를 하였던 것이다.

1923년 맥라렌이 서울로 이주함으로 세브란스 연합의학교 신경정신과 교실로서의 활동이 본격적으로 시작되었다. 교수직에 맥라렌이 임명되었다. 맥라렌이 처음 한국에 왔을때부터 그는 한국에 있는 유일한 서구 신경정신과 의사였다. 그런 점에서 세브란스에서는 맥라렌에 대한 기대가 컸다(민성길, 55).

세브란스병원은 맥라렌을 두 손 벌려 환영하였다. 병원은 그에게 작은 사무실을 제공하였지만 나머지는 그가 스스로 알아서 찾아야 하였다. 맥라렌은 호주선교부와 친구들에게 지원을 호소하였고, 후에 8개의 침대가 있는 병동을 마련하게 된다.

'한국 어느 병원에서의 토요일 오전 일과'라는 글에서 맥라렌은 그가 세브란스병원에서 하는 일들을 기록으로 남기고 있다. 그는 병원에 도착하여 재정 담당자를 만나 대화하고, 자신의 사무실 우편물을 읽고 그리고 그는 인턴과 함께 회진을 돌며 환자를 만났다. 그러고 나서 외래진료도 보았는데 다양한 종류의 정신병, 신경쇠약증, 불면증환자들을 보았고, 다른 교수들과 대화하며 열정적으로 일하고 있다.

맥라렌은 그의 또 다른 글에 정신과 의사는 과학자이자 의사라고 하였다. "그는 신앙을 가진 기독교인 정신과 의사는, 사회로부터 버림을 받고 이성에 눈이 멀어져 영혼이 끌어내려져 있는 정신병 환자를 돌보고 치료하는 사명을 받고 있다고 하였다. 그러므로 정신과 의사는 눈을 똑바로 뜨고, 모든 물질적 및 영적 자원을 동원하여 뇌와 마음의 치료에 임하여야 한다고 하였다"(민성길, 57).

맥라렌은 약으로 병이 나았다고 해서 그 병이 치유된 것은 아니라고 보았다. 정신의학은 일반적인 정신치료에 더하여 신앙과 공감에 기초하여 기독교적이고 영적인 정신 치료가 필요하다고 하였다. 그리고 그 영성 정신치료가 근본적인 정신치료라고 믿고 있었다. 이것은 후에 한국에서 '영성 정신학'의 길이 열리는 데 중요한 시발점이 되었다.

뉴는 당시 맥라렌의 세브란스병원 사역의 주목적은 한국인을 훈련시키는 것이었다고 하였다.

서양의 전문가 2세가 기독교 교육을 더 이상 하지 못할 것이라는 것이 몇 가지 이유로 점차로 분명해지고 있었기 때문이다. 그러므로 이 사역이 계속되려면 한국인들이 가능한 빨리 훈련이 되어야 하였다.

그는 본인의 조수 이 박사가 비엔나 가기를 희망하였지만, 그 자신이 경비를 제공할 수 없었다. 그는 기도하였고, 결국 호주에서 300파운 드의 헌금이 들어왔다(민성길, 81).

신사참배

세브란스에서의 마지막 시절, 맥라렌은 '한국의 교회가 처한 위기' 라는 제목의 글을 발표하고 있다. 그는 크게 세 가지를 지적하고 있는 데 첫째 위기는 일제의 신사참배 강요이고, 둘째 위기는 일부 한국교 회 노회가 그 압박에 순종하여 의식을 행하는 것이고 그리고 마지막 세 번째는 개개인 성도가 감시와 핍박을 견디지 못하고 의식을 따르는 것이라고 통탄해 하였다(크로니클, 1938년 10월 1일, 14-15).

한국의 호주선교부는 2차례에 거쳐 신사참배에 대한 입장을 밝혔 는데, 1936년과 1939년이었다. 1936년 모임에서는 맥라렌이 사회를 보며 신사참배 반대에 대한 입장을 주도하였으며, 1939년 모임에도 같은 결론으로 맥라렌의 영향력이 컸던 것이다(크로니클, 1939년 3월 1일, 15-16).

맥라렌은 명치정부 하의 일본에서 출생했고, 일본 식민지 조선에서 선교활동을 하였음으로, 일본의 국가주의와 신도주의, 곧 신도주의 의 본질과 신사참배 강요의 깊은 의도를 알고 있었다. 맥라렌은 세브 란스에 있을 때부터 일본의 위협을 감지하고 있었다(민성길, 163).

다시 진주로 그리고 구치소의 11주

1938년 10월경 세브란스를 완전히 사임한 맥라렌의 소식은 그 다음해 1월에나 가서야 호주에 전해졌다. 그리고 크로니클은 사임의 이유를 '나쁜 건강'이라고만 언급하고 있으며, 계속 그는 한국에 거주하며 배돈병원을 도울 것이라고 전하고 있다(크로니클, 1939년 1월 2일, 11).

맥라렌이 세브란스를 떠난 이유에 관하여 연세대학의 여인석은 '스스로의 문제, 즉 그가 앓고 있던 조울증' 때문이었다고 말하고 있다. 그러나 같은 학교 민성식은 그 의견에 동의하지 않으며, "학교 내 문제로 당국자들과 갈등 관계에 있었으며, 같은 문제로 이중철이 사임하였기 때문에, 자신이 지난 20년간 애쓴 세브란스 사역이 허사가 될지 모른다는 실망감과 분노 그리고 억압감이 문제"였음을 지적하였다(민성식, 76).

당시 배돈병원은 테일러 원장이 1938년 9월 갑자기 사망하고, 데이비스가 원장으로 임명되어 혼자 일하다가 휴가를 떠났다. 그리고 맥라렌은 1939년 9월경 다시 진주로 돌아왔다. 호주선교부가 진주 배돈병원에서 다시 임시 과제로 일해주기를 그에게 요청하였던 것이다. 그의 나이 57세였다. 당시 배돈병원은 지난 일 년 동안 9,803명의 환자가 진료를 받았고, 400명의 환자가 입원 치료를 받았다고 전하고 있다(크로니클, 1939년 4월 1일, 8).

1941년 4월 16일 호주장로교 해외선교부와 여선교연합회의 공동회의에서는 중요한 결정을 하고 있다. 한국의 호주 여선교연합회 선교사들을 한국에서 철수시킨다는 결정이었다. 그리고 그들에게 호주로 귀국하라는 전보를 홈즈 회장 명의로 보내고 있다. 한국주재 영국대사 관은 이미 그전 해 10월에 호주 선교사들에게 철수를 권고한 바 있었 다(1941년 5월 1일, 1-2).

맥라렌 가족도 호주로 돌아갈 것을 심각하게 고려하고 있었다. 제 시도 그렇고 딸 레이첼도 학교를 마치고 계속 교육을 받을 계획이었지 만 전쟁의 기운이 감도는 한국 땅에서 더 이상 있을 수 없었다.

그러나 맥라렌의 생각은 확고하였다. "나 자신은 돌아갈 생각이 없 다. 나의 특별한 선교사역과 공헌을 보건대, 지금은 내가 이곳에 있어 야 할 때이다"(크로니클, 1941년 3월 1일, 2).

맥라렌은 한국을 떠나는 것을 완강히 거부하고 있었다. 서울에 살 던 그의 아내 제시와 딸 레이첼은 짐을 꾸려 3월 호주로 귀국하였고, 다른 선교사들도 이미 떠났거나 속속히 배를 타고 있었다. 진주에는 이제 맥라렌만 남았다. 그리고 배돈병원은 김준기 박사에게 명목상의 세만 받고 빌려주었으며, 병원을 계속하여 기독교 정신에 바탕으로 하 는 병원으로 운영하여 달라고 간곡히 부탁하였다.

그리고 맥라렌에게 운명의 날이 찾아왔다. 12월 8일 일본이 하와 이 진주만을 폭격함으로 태평양전쟁이 발발되었고, 그 날 저녁 8시경 한국인과 일본인 경찰 6명이 맥라렌 집에 찾아왔다.

처음에 나는 인터뷰를 위하여 방문한 줄 알고 집으로 들어오라고 하 였다. 그러나 그들의 태도와 행동은 곧 진짜 상황을 드러내었다. 나는 폭력 없이 체포되었고, 기다리던 차로 이송되었다. 친절한 한 한국인 경찰은 나에게 미안하다고 하였으나, 현재는 전쟁 중이었다(뉴와 맥라렌, 97).

그들은 맥라렌을 진주경찰서로 데리고 갔고, 그곳 구치소에서 그는 앞으로 11주 동안 감금되게 되었다. 이 당시의 상황을 맥라렌은 '일본 경찰 구치소에서의 11주'라는 제목의 글로 남겼고, 후에 이 글은 호주 멜버른에서 소책자로 제작되어 판매되는데, 당시 이 책자는 호주에서 빠르게 천 부가 팔려 나갔다고 한다.

최근 『호주 선교사 찰스 맥라렌』이라는 책에 그 소책자의 전문이 한국어로 번역되어 출판되었으므로, 본 글에서는 지면의 한계로 맥라렌의 11주 동안의 구치소 생활에 대해서는 언급하지 않는다.

가택연금과 추방

맥라렌은 진주 경찰구치소에서 1942년 2월 23일 석방된다. 그리고 그는 다른 4명의 호주선교부 동역자 즉 레인 선교사 부부와 라이트 선교사 부부가 연금되어 있는 부산의 집으로 안내되었다.

내가 처음으로 한 영광된 일은 뜨거운 물로 목욕을 하는 것이었고, 교도소에서는 꿈도 꾸지 못할 옷을 입는 것이었다. 그리고 상처 난 나의 몸은 나의 동료 레인 부인의 숙련된 간호로 치료를 받았다. 벌레 이로 인한 가려움으로 특히 발목 부근을 계속 긁었으며, 발톱 같은 나의 손톱에는 염증이 좀 있었다.

또한 덥수룩하게 길어버린 나의 수염을 다듬기만 하여 트로피처럼 간직하려고 했지만, 가위와 면도칼은 그것을 전부 밀어버리는 유혹에 넘어가게 하였다. 레인 목사는 아마추어 이발사와 같은 기술이 있었다. 라이트 목사 부부의 친절함도 언급할 수 없을 정도였고, 이렇게 이들 동료들과 가택연금을 시작하게 되었다(뉴와 맥라렌, 137).

당시의 연금 생활에 관하여서는 맥라렌의 글을 포함하여 후에 레인의 '한국에서의 마지막 날'과 '가택연금 경험' 그리고 라이트 부인의 '가택연금 비망록'에 잘 기록되어 있다. 가택연금은 3개월 가까이 계속되었고 그리고 결국 1942년 6월 2일 마지막까지 남아있던 맥라렌을 비롯한 호주 선교사 5명은 한국에서 추방된다.

추방되다

그들은 우리를 호주로 추방하였다
그곳은 우리의 가족이 먼저 간 곳
그곳은 전쟁의 어두움이 가까이 드리운 곳
침략의 위협이 명백한 곳
그러나 우리는 그들에게 승리를 말해줄 것이다
믿음과 사랑이 이겼다고
그리고 그들은 호주에서 믿음을 지킬 것이다
하나님의 아들이 다시 올 때까지(뉴와 맥라렌, 141)

맥라렌과 동료선교사들이 부산을 떠나려고 준비할 때, 그 소식을 들은 한국여성들이 그들을 보려고 한걸음에 달려왔다. 그들은 맥라렌과 레인 그리고 라이트에게 비단 양복을 선물로 주었고, 그 옷은 그들이 밤새도록 앉아 바느질하여 완성한 것이다. 맥라렌은 이 선물을 귀하고 보물같이 여겼다. 경호 속에 그들이 집 앞 문으로 나올 때 여성들은 밖에서 기다리고 있었다.

그들은 선교사들과 같이 걸었고, 그들과 경호원들이 탄 같은 전차에 올라탔다. 그 여인들 중 한 명은 허밍으로 찬송가를 부르고 있었는데 전차에 탄 사람들이 모두 쳐다보았다. 여성들은 항구로 입장하는 규정을 피하여 맥라렌과 선교사들을 태운 증기선을 환송하였다.

맥라렌과 일행은 일본 고베로 보내어졌고, 그곳에서 다른 선교사들과 함께 포로 교환선 타즈타 마루호로 동아프리카의 포루투칼령 로렌코 마키스까지 갔다. 그곳에서 전쟁 포로교환 조건으로 풀려나, 다른 배를 타고 호주로 돌아갔다.

호주에서의 맥라렌

드디어 호주다! 얼마나 풍요로운가! 얼마나 놀라운가! 얼마나 부와 환영의 따뜻함으로 차 있는가! 여행은 가족들과의 만남으로 끝이 났다. 이 여행은 끝까지 은혜와 축복이었다. (중략)
우리는 지금 호주로 정말 돌아왔고, 이 모든 혼란으로 이루어진 세상에서 더 나은 세상을 위하여 우리의 역할을 하기 원한다. 우리가 그렇게 하기 원한다면 이 진통에서 더 나은 인류가 탄생할 수도 있을 것이다(뉴와 맥라렌, 156).

맥라렌을 포함한 다섯 명의 일행이 호주 멜버른 항에 도착한 날은 1942년 11월 16일이었다. 호주장로교회는 총회장과 빅토리아주 주 회장이 참석하여 총회 차원에서 그들을 환영하는 모임을 스캇츠교회 에서 가졌다. 총회장 버튼의 환영사 후에 찬양이 있었고, 레인과 라이 트 그리고 맥라렌이 차례로 보고하였다. 한국의 마지막 선교사들이 적 의 땅에서부터 무사히 자신들의 품으로 돌아온 것을 회중은 기뻐하며 감격하는 모습이었다.

그러나 당시 호주는 국가적으로 두려워하고 있었다. 일본의 아시 아 침략으로 그들의 군대가 남하하면서 호주 대륙도 위협을 받고 있었 기 때문이다. 호주 북부에 있는 다윈 시가 폭격을 맞기도 하였다. 호주 군은 일본어를 알고 있는 맥라렌이 필요하였다. 그가 다시 군 복무를 할 수는 없었지만, 교육교원으로 군 지도자들에게 일본어를 가르치거 나 일본에 대한 교육을 하였다.

맥라렌은 또한 호주의 여러 지역과 교회들을 다니면서 한국과 일 본 그리고 아시아 상황에 관하여 강연을 하고 다녔다. 동시에 그는 왕 성한 저술활동을 하며 그의 말년을 보냈다. 그가 출판한 소책자 「일본 과의 평화를 위한 서문」에는 당시 호주 수상이었던 멘지스 경이 서문 을 쓰기도 하였는데, 맥라렌은 인간 문제의 근원을 해명하고 있으며, 참된 평화는 인간의 마음과 영혼에 있는 그 어떤 것이라는 점을 정확 히 인식시켜주고 있다고 하였다.

그리고 전쟁이 끝난 후에도 맥라렌은 한국으로 돌아가지 않았다.

그 이유를 민성길은 다음과 같이 추측하고 있다.

실제로 진주 배돈병원은 문을 닫았고, 세브란스에서는 신경정신과가
이미 없어졌다. 뿐만 아니라, 과거 세브란스에서 신경정신과가 받던
빈약한 지원을 생각하면, 다시 혼자 힘으로 재건하기 엄두가 나지 않
았을지 모른다(민성길, 176).

당시 맥라렌의 관심사는 호주의 백호주의 반대운동이었다. 그는
호주 정부의 뿌리 깊은 유색인종 차별정책을 항의하는 활동을 벌였으
며, 교회 안과 밖에서 할 수 있는 대로 의견을 피력하였다. 맥라렌의
입장에서 백호주의는 일본의 식민지 정책과 다름이 없었다. 하나님의
형상으로 지음받은 인간이 인종이나 피부색으로 차별을 받아서는 안
된다는 그의 신앙이자 신학이었다.

맥라렌은 자신의 주장을 입법 활동을 통하여 실현하기 위하여 의
회 진출까지 시도하였다. 1949년 연방의회 진출을 위하여 멜버른에서
무소속으로 출마하였다. 그러나 결과는 낙선이었다. 호주사회와 일부
교회는 여전히 호주에서 백인들의 사회와 문화를 지켜야 한다고 생각
하고 있었던 것이다.

그렇다고 맥라렌은 한국이나 선교활동을 전혀 잊은 것은 아니었
다. 자신의 제자였던 이봉은을 1950년 호주로 초청하여 멜버른의과대
학 정신과에서 유학하도록 도와주기도 하였고, 인도의 의과대학과 병
원을 돕는 후원회의 대표가 되어 지원하기도 하였다.

그리고 1957년 10월 9일 맥라렌은 이 땅에서의 모든 사명을 마감

하고 멜버른 큐에 있는 그의 집에서 75세의 일기로 세상을 떠났다. 그가 출판하기 원하였던 '예수 그리스도의 부활' 원고를 교정보던 중이었다고 한다. 그는 박스 힐 공동묘지에 묻혔다.

제임스 스터키 선교사는 장문의 맥라렌 추모사를 남기고 있는데 그는 서문에 다음과 같이 말하고 있다.

찰스 맥라렌의 생애와 사역의 모든 면을 말하기는 나에게 불가능하다. 나와 많은 사람들에게 하나님 안에서 진실한 아버지였던 한 남자에 관하여 간결하고 신실한 추모사를 남기는 것이 나의 희망이다. (중략)
그는 하나님의 위대한 사람이었고, 시간의 시작부터 인류를 당혹하게 하는 많은 문제들과 씨름하였고, 그에 대한 진실 된 대답을 가져왔다(크로니클, 1957년 12월, 10).

에스몬드 뉴는 그의 책 '한국의 한 의사'에 다음과 같이 맥라렌을 추모하고 있다.

만약 누가 가장 주목할 만하고 사랑스러운 찰스의 일생을 한마디로 정리한다면, 찰스 자신의 말 속에 있다.

"하나님 없는 사람은 어디에도 갈 수 없다.
하나님과 동행하는 사람은 어디에나 갈 수 있다"
(뉴와 맥라렌, 92).

에필로그, 맥라렌 콜렉션

맥라렌의 부인 제시는 1968년 사망하여 박스힐의 남편 곁에 묻힌다. 그녀도 크게 주목할 만한 호주 선교사이자, 선생이자, 번역가이자, 정원사이자 그리고 책 수집가이다. 제시는 30년 동안 한국에서 살았는데, 그곳에서 그녀는 오래되고 희귀한 한국어 책을 많이 모아 도서실처럼 발전시키었다.

한국에서 태어난 그의 딸 레이첼은 1984년 그 도서 중 136권의 책을 '맥라렌–휴먼 컬렉션'이란 이름으로 캔버라에 있는 호주국립도서관에 기증하였다. 연세대학교에서는 2017년 맥라렌 서거 60주년을 맞아 '한국인의 영혼을 치료한 파란 눈의 의사'라는 제목으로 기념학술대회를 개최하였다.

필자는 맥라렌의 단편 소책자들과 제시의 글 몇 편을 엮어 『호주 선교사 찰스 맥라렌』이란 제목의 단행본으로 2019년 중반 출판하였다. 그리고 같은 해 10월로 예정된 '한호선교 130주년 기념대회'의 일환으로 호주 멜버른을 방문할 예정이다. 이때에 박스힐 공동묘지를 찾아 맥라렌 부부 묘지 앞에 이 도서를 헌정할 준비를 경건히 하고 있다.

캐서린 레잉

Catherine Laing(? ~1967)

1913년 8월 1일 「더 크로니클」 선교지의 퀸즐랜드 뉴스 레터 란에 캐서린 레잉(한국명: 양요안)의 사진이 등장한다. 호주 빅토리아장로교회 퀸즐랜드 주에서 처음으로 해외에, 그것도 한국으로 선교사를 파송한다는 놀라운 소식이었다. 그동안 한국으로 파송되는 선교사는 호주 남부 빅토리아 주 출신이었는데 이번에는 호주 북부 지방에서 선교사가 파송된다는 것이었다.

　　「더 크로니클」은 언제부터인가 퀸즐랜드 뉴스 레터 란을 마련하여 빅토리아와 퀸즐랜드 교회의 여선교연합회 연대를 이루고 있었다. 퀸즐랜드 여선교연합회 회원들은 호주 국내 원주민 선교를 주로 하고 있었지만, 「크로니클」을 통하여 빅토리아교회의 한국 선교 진행사항도 매달 접하고 있었던 것이다.

　　이제 우리는 한국에 관하여 읽을 때마다 한국에서 일하는 레잉을 항상 생각할 것이고, 한국인들을 더 가까이 느낄 것이다. … 이 작은 시작을 통하여 우리는 여선교연합회의 한 지부가 된 것을 영광스럽게 생각한다(크로니클, 1913년 8월 1일, 10).

　　레잉의 출생년도는 정확하지 않다. 그녀는 스코틀랜드에서 태어나 몇 개월이 되었을 때 부모와 함께 호주로 왔다. 젊은 여성으로 그녀는 페이튼 목사나 마가레트 데이비스 선교사 그리고 매크레 선교사 등의 강연을 들으며 선교사에 대한 비전을 가지게 되었다고 한다.

레잉은 빅토리아의 디커니스 훈련소에서 2년간의 교육을 받아 디커니스가 되었다. 그리고 그곳 여선교연합회에 의하여 선교사로 임명을 받았지만, 퀸즐랜드 여선교연합회가 전적으로 지원을 하였다. 그녀는 한국으로 떠나기 전 그곳 퀸즐랜드 여선교연합회를 위하여 일하였고, 타운스 빌이나 메케이 등의 교회를 다니면서 인사도 하고 강연을 하기도 하였다. 특히 레잉의 어린 시절 고향인 찰스 타워스에서 그녀는 따뜻한 환영을 받았다.

퀸즐랜드 여선교연합회는 레잉의 환송식을 8월 6일 브리즈번의 샌 앤드류스교회당에서 개최하였고, 이틀 후 윌리엄 테일러와 동행하여 한국으로 떠났다.

퀸즐랜드에서 온 선교사

레잉은 호주 북부 타운스빌과 써스데이 섬을 거치고 필리핀과 홍콩을 통과하여 9월 4일 한국 부산항에 입국하였다. 그곳에는 왓슨, 니븐 그리고 알렉산더가 기다리고 있었고, 레잉은 곧 부산진으로 가 멘지스와 엥겔 그리고 매켄지를 만난다. 부산진에서 그녀는 미우라고아원과 여학교 학생들도 만나고, 마침 열리고 있던 호주 선교사 공의회에도 참석하였다. 그녀는 순회 전도자로 진주에 배속되었던 것이다.

부산에서 마산포로 그리고 진주로 가는 여정에는 배, 차, 마차, 지게, 나귀 등이 동원되어 선교사와 선교사의 짐을 날랐다. 진주에 도착한 레잉의 방은 선교부 건물 2층에 있었는데 그곳에 짐을 내렸고, 브리즈번에서 받은 일과 생활에 필요한 선물들을 풀었다. 그녀는 먼저 한국말을 배우기 시작하였고 맥피의 한국어 선생에게서 모음 발음 연습부터 시작하였다. 그리고 그녀는 진주선교부의 모습을 하나씩 관찰하기 시작하였다.

우리 선교부는 이곳 여성들에게 큰 관심을 끌고 있다. 가깝고 먼 곳에서 온 이들은 우리 선교부지 안까지 들어 와 구경을 한다. 우리 외국인들의 집과 그 안에 있는 것들 모두가 그들에게는 관심거리이다. 베란다까지 와 문 안을 들여다보기도 하고, 가구를 만져보기도 하고, 거울에 비친 자신들의 모습을 보기도 한다. 우리를 유심히 보고 나서 밖에 가서는 '좋은 구경하였다'고 한다(크로니클, 1913년 12월 1일, 11).

진주선교부의 여성선교사들은 이런 기회를 놓치지 않고 구경 온 여성들을 교회에도 초청하여 풍금소리를 들려주기도 하고 찬송을 불러주기도 하였다. 그리고 성경을 읽어주어, 전도를 하였다.

당시 진주에는 커를 부부, 라이얼 부부, 맥라렌 부부, 알렌, 커닝햄, 스콜스, 클러크, 데이비스, 캠벨이 있었고, 다른 호주선교부에 비하여 선교사의 수가 제일 많았다. 선교사마다 맡은 고유의 업무가 있었고, 또 협력하여 하는 일들이 있었는데 크게 진주교회, 배돈병원, 여학교와 남학교 그리고 진주지역 순회 전도 등이었다.

레잉은 주로 여성 사역을 담당하였는 바 진주지역을 다니면서 전도를 하거나 지역 교회들을 돌보는 사역을 하였다.

나는 매일 한국을 더 사랑하게 됩니다. 이제 조금씩 이곳의 여성들과 여학생들을 개인적으로 알기 시작하였고, 그들에게 관심이 높아지게 되었습니다. 진주는 정말 아름답습니다. 우리 선교부에서 보면 진주 시가 내려다보이고, 강이 보이며, 논과 밭 그리고 유교 성전도 볼 수 있고, 또 이곳은 가을이라 붉은색과 황금색의 언덕들이 보입니다(크로니클, 1914년 2월 2일, 10).

레잉이 말하는 진주교회의 모습은 이러하였다. 교회당은 단순한 한국식 집이었고, 미닫이문에다 모든 벽에는 창문이 있었다. 내부에는 남성과 여성을 나누는 가림막이 있었고, 앞에는 작은 강단이 있어 목사는 예배시간에 양쪽을 다 볼 수 있는 구조였다. 문 옆에는 신발장이 있었는데, 보통 짚신이 놓여 있었다. 남자와 여자는 바닥에 앉아 예배를 드렸고, 보통 성경과 찬송책을 가지고 있었다. 레잉은 자신이 호주에서 부르던 익숙한 찬송가를 한국어로 들으니 처음에는 이상하게 들렸다고 하고 있다.

레잉은 한국어를 배우는 데 모든 힘을 쏟고 있었고, 선생의 이름은 김숙산으로 배돈병원의 성경부인 김수은 남편이었다. 그는 매일 아침에 선교부 건물로 와 오후까지 머물며 레잉에게 한국어를 가르쳤다. 한국어 선생의 한국어 발음을 따라하는 것이 크게 어려웠다고 그녀는 쓰고 있다.

순회 전도

1913년 성탄절 전의 토요일에 레잉은 클라크와 성경부인 한 명과 함께 진주에서 10마일 정도 떨어진 마을을 방문하였다. 마부가 끄는 나귀의 등위에 음식 등 필요한 물품을 싣고, 또 다른 나귀의 등위에는 이불을 싣고 그 위에 레잉이 탔다. 가는 길에 레잉은 처음으로 강이 얼은 모습을 보았다고 하는데, 열대지방인 퀸즐랜드 주에서 온 그녀에게는 처음 접하는 풍경이었다.

마을에 도착하였을 때 작은 교회당이 보였고, 교인들은 선교사들을 맞을 준비를 하고 있었다. 일행은 이곳에서 이틀을 머물렀다.

우리가 묵던 방에는 네 개의 작은 문이 있었는데, 창문으로도 사용되었다. 그런데 주일 아침에 일어나보니 창문에 구멍이 나 있는 것을 보고 놀랐다. 밤에는 밖에서 이 구멍들을 통하여 촛불의 불빛을 볼 수 있었을 것인데, 종이로 된 창문이라 손가락으로 쉽게 뚫릴 수 있었다. 이 일 후에 우리는 종종 검은 눈이 구멍을 통하여 우리를 보고 있다는 것을 알 수 있었다(1914년 4월 1일, 13).

그들은 함께 주일예배를 드렸고, 성경부인과 클라크는 그림 두루마리를 이용하여 교인들에게 성경 이야기를 가르쳤다. 또한 새로운 찬송가도 가르쳤다. 레잉은 월요일 진주로 다시 돌아와 다음과 같이 말하였다.

말씀은 전하여졌고, 씨는 뿌려졌다. 그 열매는 추수의 주인인 주님께 달렸다(앞의 책, 13).

레잉은 진주지역을 순회하며 전도를 하기 시작하였는데 역시 초행 길이라 어려움이 많았다. 1914년 초 그녀는 통영을 방문하다가 사고를 당하였다. 한겨울의 미끄러운 길에 넘어져 도랑으로 굴렀다. 오른쪽 팔 위의 뼈가 부러진 것이다. 통영에는 다행히 테일러 박사가 있어 그곳에 머물며 치료를 받았다. 테일러는 그녀가 잘 회복되고 있다고 걱정하고 있을 퀸즐랜드 여선교연합회에 보고하고 있다.

매해 5월은 진주 호주선교부의 남녀학교와 진주교회 교인들의 소풍이 있는 달이었다. 레잉은 이 해의 소풍 풍경을 소상히 보고하고 있는데, 특별히 여학교 학생들과 교회의 여성들이 함께 소풍을 간 모습이다. 여학교에서 아침 경건회를 드리고 대나무 숲을 지나 강가로 행진하여 갔다고 한다. 그곳에서 그들은 정오까지 게임을 하였고, 점심에는 남성들이 밥과 국 그리고 반찬을 날라다 주었다. 놋그릇과 놋수저로 식사하는 참가자들이 모습을 레잉은 인상 깊게 보고 있었다.

오후에는 배를 타고 모래사장이 있는 강 하류까지 갔다. 그곳에서 그들은 더 놀다가 다시 배를 타고 집으로 돌아가는데, 어린이들과 여성들은 찬송을 신나게 불렀다. 강가에서 빨래하던 여성들은 노래 소리에 잠시 방망이질을 멈추고 이들을 쳐다보기도 하였다. 남학생들은 라이얼 부부의 인도하에 마산포까지 가 그들의 소풍을 즐겼다(크로니클, 1914년 8월 1일, 5).

그러나 무엇보다도 레잉의 주된 사역은 순회전도였다. 당시 데이비스는 진주 부근의 곤양과 송준을 방문하고 있었고, 레잉도 합류하게 되었다. 당시는 이미 날씨가 더워지고 있어 음식을 준비하여 가지고 다니다가는 상할 수 있었다. 레잉은 한국 여성 한 명과 함께 진주에서 90리 떨어진 한채로 음식을 나귀에 싣고 가지고 가 데이비스 일행과 합류하였다.

한 40리쯤 걸어가 일본인 주막에서 점심을 먹고 다시 출발하는데 세찬 비가 내렸다. 레잉은 피할 수도 없이 그 비를 흠뻑 맞았고 신은 진흙으로 뒤덮였다. 다행이 그들은 해가 지기 전에 한채에 도착을 하였는데, 데이비스 일행은 레잉을 보고 깜짝 놀랐다고 한다. 데이비스와 성경부인 준수 모친은 레잉 일행에게 수건과 마른 옷을 내어 주었고, 따뜻한 음식도 준비해 주었다.

다음 날 그들은 배다리로 향하였는데 30리 정도의 멀지 않은 거리였다. 그러나 문제는 어제의 비로 시냇물마다 물이 불어나 있었고, 길도 좋지 않았다. 마부의 얼굴에는 근심이 있었다. 아니나 다를까 그들은 곧 넘쳐나는 시냇물을 만났는데, 한 마부가 용감히 노새를 끌고 물을 건넜다. 그 모습을 본 다른 마부들도 곧 선교사들과 짐을 태운 채 무사히 건너편에 다다를 수 있었다. 배다리교회는 소독을 막 마치었는데, 그 이유는 한 나병환자가 그 교회당에서 얼마동안 잤다고 하였다.

우리는 그곳에서 똑똑한 한 여성을 만났다. 그녀는 두루마리 그림을 통하여 본인이 배운 성경 내용이 있는 곳마다 색칠해 놓았다. 후에 그녀는 한 무리의 여성들과 앉아 있었는데 그들에게 그 성경이야기를 들려주고 있었다. 그 여성은 우리에게 '내 생명 모두 드리니' 찬송을 불러달라고 하였고, 그 찬송을 여성들도 배우게 하였다(1914년 8월 1일, 5-6).

레잉은 늦은 저녁에 여성들과 신앙상담을 하기도 하였는데, 교회에 오고 싶어도 시어머니 때문에 못 온다는 여성들이 있음을 알았다. 그리고 이것이 한국문화 속의 한 현상임을 알았고, 레잉은 한국 여성들에게 점점 측은한 마음을 갖기 시작하였다.

다음날 그들은 진주로 돌아오는 길에 왕새교회를 잠시 방문하고, 먼 길을 되돌아 왔다. 돌아오는 길에 거리의 사람들은 이들의 모습을 구경하려고 모여들었는데, '외국인이다' 혹은 '전도부인이다'라는 목소리를 이제 레잉도 구분하여 들을 수 있었다.

"아주 좋은 경험이었다. 가고 오는 길 위의 풍경은 말로 다할 수 없이 아름다웠다. 깎아지른 산과 계곡, 긴 산맥, 물로 넘쳐나는 강 그리고 멀리 보이는 섬들을 말로 다 표현할 수 없다. 또한 누렇게 익어서 고개를 숙인 보리밭의 풍경도 기억에 생생하다"(앞의 책, 6). 그러면서 레잉은 시골에서 그리스도의 복음을 전하는 사람들을 만나고 알게 되어 큰 특권이라고 언급하고 있다.

남해를 가다

1914년 가을 레잉과 스콜스 일행은 남해로 순회전도를 떠나고 있다. 진주에서 30리를 걸어 바닷가에 다다랐고, 그곳에서 배를 타고 남해 섬으로 들어갔다. 한때 호주선교부는 남해에 남해선교부를 설립할 생각도 하였지만 실행되지는 못하였다. 다만 그곳에 순회 선교사들이 머무를 수 있는 집을 한 채 구입하였다.

레잉 일행은 먼저 그곳의 한 교회를 방문하였는데 그 교회 지도자가 신실하지 못하고 일을 위하여 집을 자주 비우는 바람에 교인들의 수가 거의 없게 되었다. 그럼에도 몇 여성들은 정기적으로 모였는데 글을 읽을 줄 몰라 성경도 읽지 못하고, 가르쳐주는 사람도 없었다. 대부분 가난한 여성들이었다.

레잉 일행이 왔다는 소식에 하루종일 밭에서 일을 한 여인들은 밤에 이들을 찾아왔다. 피곤함 속에서도 배우려고 하는 그들을 보고 레잉은 동정심을 느꼈고, 안타까운 마음이 들었다고 한다. 그 여성들은 성경을 가르쳐주는 사람이 없다며, 어떻게 했으면 좋을지를 물었다.

그 다음 방문한 교회들도 비슷한 사정이었고 슬픈 소식들이 있었다. 한 마을에서 꼭 방문하여 달라고 연통을 보내 왔는데, 돌아가는 길에 들르겠다고 하였다. 그 마을에 몇 기독교인들이 매주 모여 예배를 드리며 교회를 시작하였는데, 그 사실을 안 마을 촌장이 그들을 박해하기 시작하였던 것이다. 그 촌장은 예배에 참석하는 사람들을 일일이 방문하며 방해를 놓았고, 나쁜 소문을 퍼뜨리기도 하였다. 그럼에도 여인들은 예배를 계속 드리고 있었던 것이다.

레잉 일행이 그 마을 어귀에 다다랐을 때 여성들이 마중을 나와 환영해 주었다. 그들은 한 여인의 집에 있던 교회를 방문하였고, 곧 그들을 구경하기 위한 사람들이 모이기 시작하였다. 스콜스가 연주하는 아코디언 소리가 그들에게 큰 구경거리였다. 기독교에 대하여 잠시 설명을 하고, 함께 간 전도부인이 한국어로 설교를 하였다. 당시 전도부인의 모습은 특별하였는 바 흰 옷에다 머리에는 두건을 쓰고, 한 손에 성경을 들고 사람들을 둘러보며 복음을 선포하였다. 구경하러 왔던 사람들은 잠시 무슨 말인가 듣는 모습이었다.

보통 순회전도 도상에서 먹을 음식을 여선교사들은 준비하여 다녔는데, 음식이 떨어질 때도 있었다. 그럴 때면 그들은 지역 주민들의 음식을 먹게 되는데, 그 섬에서 제일 맛있다는 음식들이 여선교사들에게는 낯선 재료들이었다. 교인들은 굴, 게, 장어, 문어 등을 제공하였는데, 호주 여선교사들은 그런 음식을 먹어본 적이 없어 고생하였다. 그러나 장어를 구워 맛을 보니 맛이 좋았다고 말하고 있다. 문어도 삶아 먹는 방법으로 끼니를 때웠지만, 그들은 주로 생선, 밥, 고구마, 밤 그리고 감 등을 즐겨 먹었다(크로니클, 1915년 1월 1일, 4).

남해에서는 특히 복음서를 가지고 다니며 판매를 하였고, 거부하는 사람들도 많았지만 관심을 갖는 사람들도 있었다. 어떤 사람들은 돈이 없어 사지 못하다가 바구니나 감, 쌀 혹은 달걀 등으로 물물교환을 하기도 하였다. 레잉은 이런 방법으로 뿌려진 씨가 잘 자라기만을 기도한다고 하였다.

1915년 4월에는 레잉이 한국어 과정 첫해의 시험을 통과하였다고 전하고 있다. 당시 호주 선교사들은 선교사공의회가 정한 과정에 따라 의무적으로 한국어를 공부하며 시험을 보아 통과하여야 하였다.

레잉은 진주에 있는 주일학교 사역은 전망이 밝다고 전하고 있다. 그러면서 그녀가 처음 경험하는 온돌에 대하여 다음과 같이 쓰고 있다.

우리가 가지고 있던 집에 다시 벽지를 바르고 지붕을 이엉으로 이었다. 그리고 바닥에 새 돗자리를 깔았다. 그리고 작은 방에는 관리인이 머물도록 하였는데, 어린이들이 좋아하였던 것은 바닥에 불을 때어 따뜻하기 때문이었다. 요즘에는 더 많은 어린이가 참석을 하고 있는데, 추운 날씨에 이 따뜻한 바닥이 원인이 아닐까 싶다. 그들은 바닥에 앉아 공부를 하는데 따뜻하고 좋다고 하지만, 나는 너무 뜨거워져 불편하였고 방안을 왔다 갔다 하였다(크로니클, 1915년 4월 1일, 11).

레잉은 1915년 중반에 두 곳의 시골지역을 방문하고 있다. 첫 번째는 스콜스와 성경부인과 동행하였으며, 두 번째는 성경부인 대행인 유병기 모친과 갔다고 한다. 방문한 교회들 중에는 슬픈 상황에 처해있는 교회가 있기도 하였고, 또 희망찬 모습에 있기도 하였다고 한다.

어떤 시골의 교회는 참 슬픈 상황에 있다. 여성들은 가난했고, 절망적으로 가난하였지만 그들의 열성이 놀랍기만 하다. 나는 종종 그들의 믿음에 놀란다. 그들 대부분은 무지하였지만 용기를 잃지 않았다. 그들은 글을 읽지 못하였으나, 선교사들이 방문하여 가르쳐준 것은 다 암기하였다(크로니클, 1915년 7월 1일, 11).

레잉은 순회 길에 나병환자들을 보았고, 그들은 동구 밖에 머물며 밥을 구걸하고 있었다. 어떤 교회에서는 교회 인도자가 나병에 걸려 교회에 더 이상 나오지 말라는 말을 들었고, 나병보다 교회 나가지 못하는 것이 더 절망스러웠다는 슬픈 소식도 있었다. 그 나환자는 교회 주변을 여전히 서성거렸지만 병이 난 얼굴은 가리고 다닌다고 하였다.

레잉은 또한 안간도 방문하였는데, 이곳에는 교회가 튼튼하게 자라고 있었다. 교인들 중 대부분이 기독교에 대하여 잘 알고 있었으며, 공부도 열심히 하고 있었다. 이곳에는 세 명의 매서인이 있었는데 이들이 예배를 인도하고 있었다. 레잉은 가능한 많은 시골교회를 방문하여 그곳 상황을 알아 그들의 사역을 돕기 희망하였다.

마산포에서

레잉은 1915년 5월경에 진주를 떠나 마산으로 부임하게 된다. 마산의 네피어는 진주로 가고 레잉은 마산으로 온 것이다. 당시 선교사들은 보다 넓은 경험을 하기 위하여 상황과 필요에 맞추어 임지를 짧게 혹은 길게 옮기기도 하였다. 레잉은 마산에서 간호사 네피어처럼 약을 주거나 치료해 주지 못하여 미안하다고 하였다. 그럼에도 마산의 사람들은 자신을 있는 그대로 기뻐하며 환영해 주었다고 안심하고 있었다.

당시 마산의 사역은 많이 발전해 있었고, 어떤 사역들은 한국인 사역자들이 책임을 맡아 일을 진행하고 있었다. 레잉은 이런 모습에 큰 인상을 받았고 칭찬할만하다고 하였다.

레잉은 이곳에서도 순회전도를 시작하였는데 맥피와 함께 교회의 교인들 집을 심방하기도 하였고, 시골의 불신자 집을 복다리 모친과 라이얼 부인 집의 여성과 방문하기도 하였다.

첫날 오후에 우리는 시내로 들어갔다. 우리가 가는 곳 어디에나 사람들이 몰렸고, 우리의 설교를 들었다. … 한 부잣집에서는 그 집 여인네가 내가 입고 있던 옷에 관심을 드러냈고, 어디에서 샀는지 얼마인지 물어 왔다. 복다리 모친은 그런 관심에는 크게 대답을 하지 않았고, 우리가 이곳에 왜 왔는지 설명을 하였다. 그 집에는 할머니도 있었는데 긴 담뱃대로 담배를 피우다가 담뱃대를 내려놓고 우리의 설교를 듣기도 하였다. 그리고 우리가 놓고 가는 책을 읽어보겠다고 그들은 약속하였다(크로니클, 1915년 9월 1일, 3).

같은 해 말에 레잉은 성경부인인 성주 부인과 10일간의 순회전도를 다니면서 7개의 교회를 방문하였다. 그들은 성경에 나오는 그림을 가지고 다니며 가는 곳마다 펼쳐 보이며 설명을 하였다. 계동이라는 곳을 방문하였을 때는 남학생들이 마을 어귀까지 마중 나와 그들을 맞이하였고, 그들이 교회 방에 불도 때고, 짐을 나르고, 나귀도 돌보고 하였다. 밤에는 많은 사람들이 교회에 와 이들의 설교를 들었는데 문과 창문 밖에도 사람들이 서 있을 정도였다. 이곳에서 성주 부인은 많은 복음서를 팔았고, 그들은 공부하겠다고 약속하였다. 당시 레잉 일행은 평님, 풀매, 말안 그리고 함안까지 순회전도를 다녔다.

이번 여행에서 가장 격려가 되었던 것은 많은 여성들이 우리의 전도에 반응을 하였다는 것이다. 구경꾼들 중에 적지 않은 사람들은 질문도 하고 복음서를 샀으며, 그들이 그것을 읽겠다는 약속을 우리는 믿는다. 우리는 처음 믿기 시작한 사람들의 믿음이 뿌리를 내리며, 하나님 안에서 성장하기를 기도한다(크로니클, 1916년 2월 1일, 5).

1916년 새해에 들어 와서 레잉은 자신의 마산 사역을 소개하고 있었고, 동시에 다시 진주로 돌아갈 결정을 기다리고 있었다. 마산에서의 임무는 언어 공부, 주일학교, 성경공부반, 심방 그리고 순회 사역이었다. 그리고 그녀는 성경학교위원회의 위원과 교사로 추천되었고, 이것은 레잉이 새해부터는 부산의 경남성경학교에서 두 달간 가르쳐야 한다는 의미이기도 하였다.

레잉은 마산의 시내에서 일반 일요일학교를 시작하였다고 쓰고 있다. 처음에는 9명의 아이들이 참석을 하였는데, 한 달 후에는 20명이 참석하고 있다고 보고하고 있다. 일반 일요일학교는 교회 다니지 않는 아이들을 위하여 일요일 학습반을 열어 기초 교육을 진행하는 교육 사역이었다. 레잉은 숙천에서도 운영되고 있는 일요일학교에 이따금 방문하기 시작하였다. 그곳은 귀암 교사가 책임 맡아 운영하고 있었다(1916년 4월 1일, 11). 당시 매크레도 비슷한 교육 사역을 근처 마을에서 진행하고 있었는데 주로 남학생들을 위한 일이었다.

레잉은 마산에서 1년 이상 거주하며 전도 사역을 하였고, 그곳에서의 생활이 즐거웠고, 잊을 수 없는 경험이라고 하였다. 그리고 많은 여성들과 함께 하며 친구가 될 수 있어 특권이었다고 하였다. 그녀의 1916년 6월 20일 편지에는 부산진에서 성경학교 강의를 마치고 이제 진주로 다시 돌아간다고 쓰고 있다.

올해 초 나는 교회 다니지 않는 여학생들을 위하여 일요일학교를 시작하였다. 이 일은 매우 흥미로웠고, 지금은 학생 수가 늘어나 만족하고 있다. 우리가 시내의 불신자 집을 더 방문하면 학생들의 수는 더욱 늘어날 것으로 믿고, 이것으로 영향력이 더 넓게 확대될 것이다. 이 학교를 내가 책임 맡고 있지만 매주 갈 수는 없었는 바, 계속하여 순회전도도 하였기 때문이다.

지난주에 비가 쏟아짐에도 나는 일요일학교를 방문하였다. 어린이들이 적지 않게 참석하고 있었지만, 고학년 어린이들은 많이 안 보였다. 알아보니 우리의 마산교회 주일학교에 참석한다는 것이었다. 이것은 우리가 목표한 바라 기뻤다. 그럼에도 일요일학교 어린이 수가 줄어들어 우리는 더 노력하고 기도하여야 한다(1916년 9월 1일, 3).

퀸즐랜드 여선교연합회는 당시 전체 예산에서 한국 선교 재정을 독립시키기로 제안하고 있다. 레잉의 봉급 이외에도 그녀가 순회전도 다닐 때의 비용, 그녀와 함께 다니는 전도부인의 봉급 그리고 진주선교부를 지원하는 예산 등을 위하여 퀸즐랜드 여선교연합회 지부들은 기도의 모임을 수시로 가지고, 적은 돈이라도 헌금하여 한국 선교를 계속할 수 있도록 독려하고 있었다. 당시 지원하던 교회가 있던 지역은 워윅, 록햄톤, 워커스톤, 로마, 에머랄드, 토움바 등이었다.

다시 진주로

당시 경남지역에는 콜레라가 발병하고 있었다. 마산에서 진주로 오는 길이 비로 인하여 너무 나빠져 소나 말이 끄는 수레로만 움직일 수 있었는데, 레잉은 그 길을 포기하고 뱃길을 이용하였다. 오는 길에 일본 당국이 콜레라 방역을 실시하고 있었고, 삼천에서는 그 병으로 사망자가 나오기 시작하였다. 몇 번의 검문과 방역을 받고서야 레잉은 진주에 도착할 수 있었다.

레잉은 진주의 선교부와 교회가 본인이 떠나 있던 17개월 사이에 성장하였다고 하였다. 특히 새로 건축된 진주교회 당은 단순한 건물이지만 멀리서도 볼 수 있었는데, 여성들을 위하여 새 교회당은 반가운 소식이었다. 이전 교회는 좁아서 대부분 남성들이 안에 들어가 앉았고, 여성들은 밖에서 불편하게 예배를 드렸던 것이다. 교인들의 수도 늘어난 것도 레잉은 빠뜨리지 않고 관찰하고 있었다(크로니클, 1916년 12월 1일, 3-4).

레잉은 진주에서 다시 순회 전도를 하기 시작하였다. 그녀는 아직도 순회전도를 다니는 자신이 부족하다고 생각하고 있었고, 어떤 마을에서는 여전히 '의사 부인'을 찾기도 하였다. 그럼에도 레잉은 점차로 영역을 확대해 나가며 '양 부인' 자신만의 사역을 감당하며 진주에 뿌리를 내리고 있었다.

어느 교회를 방문하였을 때 그 교회는 너무 가난하였다. 부서진 등잔불을 새것으로 바꾸지 못할 정도였다. 그래서 우리는 그 교회에서 작은 일본 양초를 사용하였다. 밤에는 많은 구경꾼들이 작은 교회당 안으로 들어왔다. 설교 후에 구경꾼은 다 돌아가라고 하고, 교인들만 남아 성경공부를 하려고 하였다.

그러나 구경꾼들도 공부를 하고 싶다며 늦은 시간이었음에도 돌아가지 않았다. 끝까지 남은 몇 명의 구경꾼들은 결국 교인들과 함께 성경 공부를 하였는데 그 모습이 퍽 인상적이었다. 등잔불 아래 깨끗한 의복 차림의 교인들은 둥글게 둘러앉아 성경을 폈고, 더러운 행색의 구경꾼들은 그 주위에 앉아 성경공부 내용의 뜻을 이해하려고 고심하는 모습이었다(크로니클, 1917년 2월 1일, 10-11).

한국 여성들은 특히 십자가 이야기에 많은 감동을 받는다고 레잉은 언급하고 있다. 예수의 사랑과 죽음을 설명하면 보통 여성신자들은 눈물을 흘렸고, 이 메시지가 본인들이 한국의 여성들에게 전해야 하는 복음이라는 것에 감동하였다.

우리는 믿지 않는 한국 여성들을 만날 때마다 그들이 처한 환경을 볼 수 있었고, 이런 상황에서 한국 여성이 기독교인이 된다는 것이 무슨 뜻인지 깨닫게 된다. 그리고 한 한국 여성이 기독교인이 된 기쁨을 알고 나서부터는 시간과 능력에 상관없이 그 기쁜 소식을 다른 이들에게 알리려고 애쓴다. 이것이 한국에서의 전도사역을 더욱 중요하게 하는 요소이다(크로니클, 1917년 3월 1일, 11).

레잉은 함께 다니는 전도부인인 성주 부인이 일을 잘 한다고 칭찬하고 있고, 그녀의 본명은 김은혜라고 소개하고 있다. 레잉은 이 때에 벌써 35일을 순회전도로 쓰고 있고, 23개의 교회를 방문하였다고 한다. 당시 전도부인의 봉급은 한 달에 8엔이었고, 년 10파운드였는데, 호주교회에서 지원하고 있었다.

보통 신참 선교사들은 처음 부임하여 열심히 일하며 사역지에 관하여 배우게 되는데, 레잉도 지금까지 쉼 없이 달려왔다. 이때에 필요한 것은 장기간 일하고 있는 선배 선교사들의 충고이고 안내이다. 무어와 스키너는 1916년 8월 휴가를 계획하고 일본으로 떠날 준비를 하고 있었는데, 결국 레잉도 동행하게 되었다. 계속 이어지는 순회전도로 레잉은 지쳐 있었고, 마지막 순간에 그들과 합류하게 된 것이다.

레잉의 바쁜 하루

1917년 초에 여성성경학교가 진주에서 열렸다. 매년 열리는 학교로 4년 참석하여 시험에 통과하면 여성들은 수료증을 받을 수 있었다. 당시 강사로는 맥라렌 부인, 스콜스, 클러크 그리고 레잉이었다. 이 해에는 3명의 졸업생이 있었는데 모두 진주 출신이었다. 내년에는 지방의 교회에서도 졸업생이 있기를 레잉은 희망하였다.

오늘은 바쁜 날이다. 편지도 써야 하고, 시골 학습반 학생들을 위한 수료증도 만들어야 한다. 그리고 오후에는 여성반에서 강의도 해야 하고, 하루가 금방 지날 것이다. 또한 전도부인 두 명도 공부하기 위하여 올 것이다. 나의 전도부인을 위하여 그림도 선택해야 한다. 오후 3시 반에는 모두 잔치에 갈 것이다. 맥라렌이 돌아온 것을 환영하는 자리이다. 끝나자마자 나는 강세봉이 시골로 떠나기 전에 도시락을 만들어 주어야 한다. 그리고 밤에는 밤대로 또 할 일들이 있는데, 내일 아침 일찍 떠나야 하기 때문이다. 일주일 동안의 순회 전도가 기다리고 있다(크로니클, 1917년 5월 1일, 12).

한국의 봄은 항상 아름답고 또 전도여행 다니기에 좋은 계절이다. 레잉은 이번에는 봉애 모친과 함께 순회전도를 떠나고 있다. 레잉은 이번 기회를 특별히 반겼는데 봉애 모친이 하는 사역도 보고 싶었고, 새 신자에게는 십계명을 가르치고 학습과 세례를 준비하는 사람들을 도울 수 있기 때문이었다.

우리의 첫 번 목적지는 진주에서 30리 떨어진 사천이었다. 그곳에서 우리는 부활절을 지냈다. 우리는 십자가와 부활 그림을 꺼내어 여성들을 위한 특별한 공부를 인도하였다. 사천의 교회는 이제 성장하고 있었다. 몇 명의 여성들이 새로 들어 왔고, 다른 지역에서도 오고 있었다. 예배에도 적지 않은 인원이 참석을 하였고, 오후 성경공부반도 진지하였다(크로니클, 1917년 7월 2일, 3-4).

귀담이란 곳에 레잉 일행이 도착하였다. 지난번 이곳에 왔을 때 교회 인도자는 나병에 걸려 있었다. 그리고 그는 교회에서 인도자의 역할을 더 이상 할 수 없다는 것을 알고 있었고, 그래서 자신의 집에서 예배를 드렸다고 한다. 그리고 그 후 교회당이 새롭게 지어졌다. 작은 교회였고, 교인들도 모두 가난하였다. 그러나 그들은 따뜻한 마음을 가지고 있었고, 열정적이었고, 또 여성들은 모두 세례를 받았다고 한다. 레잉 일행이 갔을 때 많은 구경꾼들이 모여 들었고, 기독교 '신조'가 무엇인지 전도부인에게 묻는 사람도 있었다고 한다.

레잉은 시골에 다닐 때마다 한 가지 슬픈 현실을 보았다. 기독교 가정의 딸들이 결혼을 할 때 안 믿는 가정에 시집을 가 교회가 없는 지방에서 산다는 사실이었다. 레잉은 묻기를 그렇다면 왜 믿지 않는 남자와 결혼을 시키느냐고 하겠지만 대부분의 가정이 딸을 계속하여 가정에 둘 수 없는 형편이었다. 선택이 많지 않았던 당시의 한국 상황이었다. 앞서 언급한 나병환자의 딸도 그런 경우였다고 한다.

이번 전도여행의 다음 목적지는 산 위에 있는 소야라는 아름다운 마을이었다. 이곳의 교회는 좋은 모습이었고, 그곳의 여성들은 레잉 일행을 반기며 맞이하여 주었다. 그리고 적지 않은 여성들이 성경공부반에 참석하였다고 한다. 그곳에서 이틀을 가르친 후 그들은 산청으로 출발하여 주말을 보내게 된다.

순회전도 일행이 한번 움직일 때마다 비용도 적지 않게 들었다. 짐을 실어야 하는 나귀와 전도 일꾼들이 타야 하는 나귀 비용 그리고 그 나귀들을 끌며 관리하는 마부 비용, 일행의 숙식 비용 등 모두 호주교회가 지원하고 있었다. 1917년 7월의 「크로니클」에는 이 비용을 절약하기 위하여 레잉이 애쓴 흔적이 나타나고 있다. 짐을 실을 수 있는 나귀 한 마리만 쓰고, 자신들은 대부분 걸었으며 피곤할 경우에만 돌아가며 나귀를 탔다고 한다. 레잉도 한국 선교를 위한 퀸즐랜드 여선교연합회의 눈물겨운 모금 활동을 알고 있었고, 그에 화답하고 있었다.

레잉은 판성이라는 곳의 교회를 방문하여 그곳의 작은 방에서 다음과 같은 편지를 쓰고 있는데, 당시 성경공부에 참석하는 여성들의 모습을 엿볼 수 있다.

시골에서의 성경공부반이 점점 중요해지고 있다. 이곳의 여성들은 시간을 희생하여 공부의 기회를 귀하게 생각하고 있는데, 몇 십리 밖에서 걸어오기도 한다. 그들은 4~5일 동안 교인들의 집에 묵으며, 본인이 먹을 쌀을 가져와 밥을 해 먹는다. 대부분 가난한 여인들이라 하루에 세 끼를 먹지 못하며, 저녁식사 시간에는 교회에 남아 공부를 하기도 한다(1917년 8월 1일, 11).

여성성경학교 첫 졸업식

1917년 6월 27일 부산진에서 진행되던 경남성경학교에 졸업식이 있었다. 레잉은 이곳에서 강의를 해왔는데, 한국교회의 미래 지도자를 길러내는 호주선교부 사역의 왕관이라고 하였다. 이번에 이곳 학교에서 5명의 학생이 5년간의 과정을 마치고 졸업을 하게 된 것이다. 졸업식 전에 학생들은 교사들을 모두 초청하여 한국식 잔치를 하였고, 또한 노래와 게임 등을 하면서 즐거운 시간을 가졌다. 처음부터 이 성경학교에 많은 공헌을 한 멘지스와 라이트 부인에게 은메달을 수여하기도 하였다. 또한 엥겔 부인, 스콜스, 알렉산더에게 감사의 말도 잊지 않았다.

졸업식 날은 마침 부산진에서 노회가 열리는 날이었고, 그날 수요일 저녁 교회당은 많은 사람들로 북적거렸다. 졸업식 사회는 심취명 목사가 보았고, 그는 이 교회의 동역 목사이자, 성경학교 선생이기도 하였다. 거창에서 온 한국인 목사가 대표기도를 하였고, 마산의 한 목사가 설교를 하였다. 엥겔 목사는 졸업생들에게 수료증을 수여하였고,

커닝햄 목사는 그들에게 권면을 하였다. 그리고 정 목사가 헌신 기도를 하였다.

설교와 권면은 우연히도 같은 내용이었다. 예수님의 말씀을 선택한 마리아에 관한 말씀이었다. "마리아는 좋은 것을 선택했으니 결코 빼앗기지 않을 것이다." 다섯 명의 졸업생은 각 지역에서 전도부인으로 활동하고 있는 여성들로, 그들의 교회에서도 많이 참석하고, 책과 꽃 등 선물을 주기도 하였다(크로니클, 1917년 10월 1일, 3-4).

레잉의 편지는 당시의 상황을 자세히 담고 있다. 레잉이 손수 편지를 써 호주에 보내면 퀸즐랜드 여선교연합회 사무실에서 타이핑을 하였고, 그 편지는 「크로니클」 선교지에 실려 빅토리아와 퀸즐랜드 교인들이 즐겨 읽었다. 한 달이라도 그녀의 편지를 건너뛰면 교인들은 궁금해 하였다고 한다. 레잉은 편지를 흥미롭고 상세히 쓰는 달란트가 있었던 것이다.

이 해 가을에도 가을 순회전도가 있었다. 레잉의 전도부인 강봉은은 당시 맹장수술을 하였기에 심은사 모친과 함께 전도여행을 떠났다. 안간과 개정자 등의 교회를 방문하였고, 그곳에서 성경공부를 인도하였다. 또한 초겨울에는 남해를 방문하였는데 지금까지의 전도여행 중 레잉에게 가장 힘든 여정이었다고 한다.

이때는 벌써 추운 바람이 불기 시작하여 남해까지 가는 길에 몇 번의 배를 타야 하였고, 강바람과 바닷바람은 퀸즐랜드 출신의 레잉에게 너무 잔인하였다. 레잉 일행은 삼천포를 거쳐 장선교회를 방문하였고, 영지동교회를 거쳐 남해읍의 교회를 찾았다. 가는 곳마다 소녀와 여성들의 환영을 받았으며, 레잉은 지방에 사는 여성들과 돈독한 관계를 맺었다. 방문하는 것은 즐거움이었지만 헤어질 때는 모두에게 슬픈 순간이었다.

그 다음 해인 1918년 초에도 레잉은 부지런히 진주지역을 순회하고 있었다. 그녀의 전도부인이 여전히 회복되지 못하여 전도부인 후보자 한 명을 하동에서 올라오게 하여 시험 삼아 같이 다니고 있었다. 이 해는 레잉의 휴가의 해인데 호주로 떠나기 전에 자신이 관리하는 모든 교회를 방문하기를 희망하고 있다. 한국에서 레잉은 벌써 5년을 사역하였던 것이다.

호주에서의 휴가

1918년 8월 레잉은 진주를 떠나 휴가차 호주 브리즈번에 도착을 하였다. 그녀는 한 달간 휴식을 취한 후에 그곳 여성자원봉사자모임에서 한국 선교에 대한 보고를 하였다. 특히 그녀는 한국인 전도부인들의 활동에 관하여 보고를 하였고, 참석자들의 많은 관심을 받았다. 레잉은 그곳의 여성 자원봉사자 중에 후에 한국으로 선교사역 나가기를 자원하기를 바랐다고 한다.

레잉은 브리즈번 시의 여선교연합회 단체로부터 시작하여 퀸즐랜드 남부, 동부, 서부 그리고 북부까지 다니며 보고대회를 하였다. 각 여선교회 지부에서는 '우리들의 선교사'인 그녀를 만나 직접 듣기를 원하였으며, 레잉도 모든 지부를 가능한 다 방문하기를 희망하였다. 선교 재정을 모금해야 하는 실질적인 요구도 물론 있었다.

"한국의 높은 생활비를 충당하기 위하여, 기금이 긴급히 필요합니다." 당시의 크로니클 선교지에는 실제로 이와 같은 광고가 크게 실리기도 하였다. 퀸즐랜드 지역은 그때 더위와 가뭄으로 고통을 당하고 있었는데, 많은 곡식 말라가고 가축들이 폐사되어 그곳 농부들에게 슬픈 시기였던 것이다.

레잉은 퀸즐랜드 지역을 다니면서 한국 선교에 관심 있는 여성들을 중심으로 새 여선교연합회 지부를 만들도록 돕기도 하였다. 여선교회 회원들은 레잉이 한국에서 순회전도 시 필요한 물품들을 선물로 주기도 하였는데 티, 코코아, 초콜릿, 비누, 마른 고기와 생선, 비스킷, 케이크, 건포도와 견과류, 아침 시리얼 등이었다.

1919년 9월 레잉은 다시 한국으로 돌아갈 준비를 하고 있었다. 그녀의 두 번째 임기를 시작하는 것이다. 그녀는 퀸즐랜드 여선교연합회 6월 모임에서 다시 한번 한국 선교에 대하여 강연을 하였고, 경상남도를 호주장로교가 온전히 책임지고 있는 그 상황을 강조하였다.

레잉은 본인이 진행하고 있는 순회전도가 어떤 사역인지에 대하여 설명을 하고 있다.

순회전도란 한 교회에서 다른 교회를 방문하는 것으로 방문하는 교회마다 하루나 이틀 여성과 소녀들에게 성경을 가르치는 것이다. 큰 교회에서 집회가 있을 시는 작은 기도소의 교인들에게 미리 알려 오게 하고, 보통 4일 동안의 성경공부를 인도하기도 한다. 그리고 방문하는 마을의 집을 가가호호 방문하여 설교하거나 저녁 집회에 초청을 한다. 성경부인은 성경 이야기가 있는 그림을 가지고 가르친다(크로니클, 1919년 7월 1일, 10).

레잉은 한국이 변화 속에 있고 새 한국으로 바뀌고 있는데, 새 한국에서 여성들에게 기독교는 어떤 의미가 있는지 강조하였다. 그리고 한국이 결국에는 아시아에서의 선교 기지가 되는 영광스러운 운명을 가지고 있다는 놀라운 예측을 하고 있다.

퀸즐랜드 여선교연합회는 9월 8일 환송예배를 통하여 또 다시 레잉을 한국으로 보내고 있다. 6년 전 파송할 때의 주제가 '아시아가 부른다'이었는데, 이번에는 '여전히 아시아가 부른다'이었다.

두 번째 임기

레잉은 한국의 진주로 돌아오자마자 순회전도를 다니기 시작하였다. 이 당시 그녀는 짧은 거리의 교회들은 자전거를 타고 다녔다. 자전거를 이용한 이동은 비용도 절약되고 또 시간도 절약할 수 있었다.

그녀는 자신이 떠나 있는 동안 한국 땅에는 3.1 운동을 비롯하여 전국에 많은 독립 운동이 일어났음을 알았고, 특히 전에는 순회전도에 관심도 가지지 않았던 일본 경찰이 이제는 달라져 있었는데, 거칠게 제지를 시키거나 불쾌하게 취급하기도 하였다. 다행히도 클러크가 함께 동행하여 몇 번의 경찰 조사를 문제없이 넘길 수 있었다.

1월은 순회전도 다니기에 좋은 계절은 아니었다. 그러나 그동안 보지 못한 교인들을 만나려는 마음에 레잉은 삼천을 먼저 방문하고 있다. 삼천포교회는 다른 교회들보다 어려움도 많이 겪고 또 즐거움도 많았던 교회이다. 레잉이 방문하였을 때는 좀 더 안정되고 있었는데, 박해에도 불구하고 흔들리지 않았던 교회 인도자 때문이었다고 한다.

주일에도 모든 여성들이 참석하여 즐거운 만남이 있었는데 월요일 저녁 성경공부 시간에는 그들이 보이지 않았다. 레잉은 무슨 일인가 알아보니 그녀 남편들의 배가 월요일에 입항을 하였다는 소식이었다. 불신자 남편들이 고기잡이를 나갈 때는 그들이 자유롭게 교회를 올 수 있었지만, 남편들이 돌아오면 마음대로 다닐 수 없었던 것이다.

이곳의 한 여인은 배돈병원에서 자신의 병을 고쳤는데, 그것에 감사하여 교회에 시계를 기증하였다. 시골에서는 특히 병 고침에 관심이 많았는 바 그녀의 증언으로 인하여 교회에 나오는 사람들도 있었다고 한다.

레잉은 의령에서도 시간을 보낼 때가 있었는데 이곳의 교회들은 아직 연약하고 힘들어 하였다. 의령까지의 길은 산을 넘어야 하고 올라야하는 험한 길이라 레잉은 자주 못 갔지만, 그곳을 항상 기억하고 있었다. 특히 당시에는 천연두가 유행하고 있어 그 고립된 지역에 천연두 환자가 많이 있었고, 사망률도 높았다고 한다.

1920년 중순 레잉이 의령 읍내의 의령교회를 방문하였을 때 25명의 여성과 소녀가 새로이 등록을 하였고, 남성 신도들도 증가하고 있었다고 증언하고 있다(크로니클, 1920년 9월 1일, 8).

1921년 1월의 크로니클 선교지에 레잉은 창선과 남해 섬을 방문한 이야기를 보고하고 있다.

강봉은과 나는 배를 타고 창선 섬으로 건너갔다. (중략) 이곳의 교회는 자신들의 목사를 청빙하였는데 매달 70엔씩 봉급을 주고 있었다. 과거를 돌이켜보면 빠른 성장을 한 교회이다. 이 년 전에는 이 교회에서 10리 정도 떨어진 곳에 기도소를 세웠는데, 지금은 교회당을 건축하고 있어 그 한국인 목사는 곧 두 교회를 목회하게 되었다(크로니클, 1921년 1월 1일, 3).

레잉 일행은 그곳에서 남해 섬으로 건너갔다. 그곳은 심 목사가 밤섭골에 성경공부반을 준비하였는데, 오전에 그는 산상수훈을 강의하였고, 성경부인은 아브라함의 일생과 소요리문답을 가르쳤다. 레잉은 출애굽기와 요한복음을 강의하였다. 오후에는 마을의 집들을 방문하면서 전도를 하였고, 밤에는 교회당을 메운 여성과 소녀들과 예배를 드렸는데 심 목사와 성경부인이 돌아가며 설교하였다. 마지막 날에는 자격이 되는 여성들에게 수료증도 수여하였다.

당시 원근 각처 시골에서 온 소녀들은 대부분 맨발이었고 조잡하게 짠 옷을 입고 있었지만, 찬송을 부르며 예배드리는 모습에 레잉은 감명을 받았다. 헤어질 때는 온 교인들이 환송을 나와 시내까지 같이 걸었고, 레잉의 짐을 들어주었다. 레잉은 특히 남해 섬을 사랑하고 그곳에 많은 기대를 하고 있었는데, 배를 젓는 사공에게나 혹은 잠을 자는 여관 주인에게나 쉬지 않고 전도를 하며 성경을 팔았다.

고향 교회의 후원

레잉은 호주로 보내는 보고서나 편지를 즐겨 썼지만, 동시에 호주 고향 교회에서 오는 편지들을 소중하게 생각하였다. 때로 외롭고 힘들 때마다 호주의 친구들이나 후원자에게서 오는 편지들을 읽으며 위로를 받았고, 그들이 기도를 하고 있다는 사실에 힘을 얻었다.

그곳의 모임 소식을 읽으며 나는 하나하나에 즐거워하였습니다. 여러분들이 보내준 메시지는 곧장 내 마음 속으로 들어왔습니다. 고향에서의 사랑과 기도 그리고 안부 소식은 항상 아름답습니다. 저도 매일 시간을 정하여 기도하고 있습니다. 우리는 기도로 하나가 되었고, 한 가지 목적으로만 기도하고 있습니다(크로니클, 1921년 2월 1일, 11).

퀸즐랜드 여선교연합회는 재정 모금의 일환으로 '우표위원회'를 운영하고 있었다. 그들은 도장이 찍혀진 우표와 안 쓰인 우표들을 봉투에서 깨끗이 분리하여 각각 재활용을 하므로 수익을 얻는 것이었다. 퀸즐랜드 전역의 교회들이 우표를 모아 여선교연합회에 보내면, 그것을 판매한 재정으로 원주민과 한국 선교를 지원하기도 하였다. 하찮은 일 같이 보이는 이 방법은 현재까지도 호주교회에서 유용하게 사용하는 모금의 한 방법이다.

그러나 레잉을 위하여 지원하는 단체는 퀸즐랜드의 여선교연합회 뿐만이 아니었다. 그곳의 주니어선교회도 그녀를 위하여 기도하며 후원하며 그녀의 선교이야기를 듣고 있었다. 레잉은 이들 학생들의 후원을 감사하며 편지를 보냈는 바 1920년 12월 11일자의 편지가 그 다음 해에 소개되고 있다.

레잉은 순회전도 도중에 만난 한국인 소년 소녀들의 이야기를 들려주고 있는데, 찬송을 힘차게 부르는 소녀들의 모습 그리고 레잉의 짐을 멀리까지 들어다준 한 소년의 모습 등이 담겨 있다. 당시에는 험한 산에 도적들이 숨어 있거나, 호랑이의 출몰로 여성들끼리 여행하는 것은 위험한 시기였던 것이다.

한국의 소년 소녀들이 친절하게 나를 도와주는 모습을 잊을 수 없습니다. 나는 이들에게 더 많은 것을 해주고 싶습니다. 아마 언젠가는 퀸즐랜드교회 여러분들 중 한 명이 한국에 와 전도도 하며, 이곳의 소년 소녀들과 함께 다니며 복음을 전할 날이 오지 않을까요. 호랑이와 도적과 귀신을 무서워하던 이곳의 소년 소녀들이 하나님을 믿고 나서부터는 용감해지고 강해지고 있습니다(크로니클, 1921년 4월 1일, 11-12).

국내 전도와 원주민 선교만 알던 퀸즐랜드 교회에 레잉은 해외선교의 중요성과 그 내용을 알리고 있으며, 특히 젊은 사람들이 해외선교에 관하여 꿈과 비전을 가지도록 독려하고 있다. 이 역할만으로도 레잉은 호주교회에 가치 있는 공헌을 하고 있다고 말할 수 있다.

1921년 가을에도 레잉은 어김없이 순회전도를 다녔다. 특히 남해교회와 의령교회에서 열리고 있는 야간반은 크게 성장하고 있었고, 여성들과 소녀들의 의식은 점점 높아지고 있다고 레잉은 말하고 있다.

요즈음 우리는 시골에서의 순회전도는 놀라운 성장과 격려가 되는 시기에 살고 있다. 곳곳에 진보의 모습이 뚜렷하고, 많은 여성들이 읽고 쓰는 것을 집에서 배우고 있어 희망차다. 젊은 여성들은 나이든 여성들이 글을 깨우치도록 돕고 있고, 이런 모습이 우리로 하여금 순회전도를 계속 다니도록 하고 있다. 기독교가 이들에게 변화를 가져다주고 있으며, 그들은 자신의 가정에 변화를 주고 있다. 신앙은 세속 생활에서 그들을 한 단계 높여주고 있다(크로니클, 1922년 3월 1일, 11).

진주 북쪽에 있는 작은 마을에서 한 무리의 새로운 사람들이 교회 설립을 희망한다는 연락이 왔다. 알렌과 함께 일하는 전도자는 어서 그곳을 방문하자고 재촉하였다. 그리고 그곳에 갔을 때 60명 정도의 사람이 모여 있었고, 거의 대부분이 젊은 사람들이었다. 그들은 세례를 위한 시험을 보기 원하였으며, 12명이 통과하였다.

또한 예전에 믿는 사람들이 있었던 한재 마을에서도 같은 움직임이 있었다. 이곳은 양반들의 마을인데 전에 낮은 계층의 신자가 전도를 하다가 쫓겨난 곳이었다. 그런데 지금은 적지 않은 인원이 그리스도를 주로 고백한다는 것이었다. 그리고 그들은 여성 선교사와 전도부인을 보내 달라고 요청하고 있는데, 그곳 여성들이 레잉의 활동사항을 전해들은 것이었다.

레잉은 매년 진주선교부의 모든 교회를 최소한 한 번 이상을 방문하여 여성들을 만나고, 성경공부를 인도하기 원하였다. 그녀는 여성 지도자들을 훈련하는 것이 순회전도의 가장 중요한 일이라고 생각하였다. 1922년 9월 레잉은 곤양, 의령, 남해, 귀타미, 새매실 등을 방문한다. 그 다음 해인 1923년에는 삼가 지역과 하동을 방문한 기록을 남기고 있다.

또 한 번의 헤어짐과 만남

레잉은 1924년 중순 또 한 번의 휴가를 호주로 떠나고 있다. 진주 교회 교인들은 환송의 잔치를 열었고, 기차역까지 마중을 나와 잘 다녀오기를 빌고 있었다. 그리고 8월 1일에는 퀸즐랜드 브리즈번에서 그녀를 환영하는 예배가 있었고, 레잉은 진주의 교회를 대신하여 인사를 전하고, 그동안의 후원에 감사하였다.

다른 여선교사들과 마찬가지로 그녀도 호주로 휴가를 나오면 제일 먼저 병원에서 검진을 받았는데, 그녀는 건강이 좋은 편이었다. 이번 휴가에 레잉은 브리즈번을 비롯하여 메케이, 워커스톤, 보웬, 록햄톤, 모건, 김피 등을 많은 교회를 방문하였고, 특별히 멜버른도 방문하여 그곳의 여선교연합회 지부 등을 다니며 생생한 한국 선교 보고를 하게 된다.

그리고 1925년 8월 18일에 퀸즐랜드 여선교연합회는 환송예배를 개최하여 기도 속에 레잉을 한국으로 다시 떠나보낸다. 이날 많은 교인들이 참석을 하였고, 교회 지도자들의 격려와 축복이 있었다. 연합회는 레잉에게 기념으로 은 접시를 선물하고 있다.

레잉은 한국에 도착하자마자 짐을 다 풀기도 전에 또 순회전도를 떠나고 있다고 크로니클 선교지는 보고하고 있다.

여러분 믿으시겠습니까. 나의 짐은 아직 다 풀지도 않았습니다. 내가 순회전도를 나갔을 때 큰 가방이 도착하였고, 손으로 가지고 온 가방 에서 버터와 음식들만 꺼냈을 뿐입니다. 다른 개인적인 물건들은 아직 정리하지 못하였습니다. 네 개의 미션박스도 내가 순회전도에서 돌아 올 때까지 그대로 있습니다. 물품들을 다 꺼내어 필요한 곳에 분배하는 것은 시간이 좀 걸릴 듯합니다.

나는 나의 사역지에 다시 돌아와 매우 행복합니다. 이곳 선교부는 나를 크게 환영해 주었습니다. 진주에 다시 오니 참 좋습니다. 사람들은 내가 건강하고 재충전되어 보인다고 하였습니다. 호주의 여선교연합회 여러분들을 사랑합니다(크로니클, 1926년 1월 1일, 11).

남해의 교회

앞에서 언급하였듯이 레잉은 특히 남해를 사랑하고 그곳을 종종 방문하였다. 이 해 9월에 방문한 남해 소식은 여러 가지로 즐거운 소식이었다. 어린이 성경공부를 마친 후에 부모들을 위한 연주회가 열렸는데 많은 부모들이 참석하여 자신들의 아이들이 노래와 율동을 하는 모습을 보며 즐거워하였다. 촛불을 들고 '예수 사랑하심을'을 부르는 어린이들도 신이나 있었다. 그리고 순서 마지막 시간에 레잉은 자신과 전도부인을 환영하고 선물까지 준 교회에 감사하였다.

1927년 들어서 레잉은 점점 더 바빠졌다. 도서지역 순회전도로부터 시작하여 두 달간의 경남성경학교 강의, 호주 선교사공의회 참석 등 진주에서 부산진까지 쉼 없이 다니고 있었으니, 보고서나 편지가 뜸해진 이유가 있었다. 진주에는 당시 순회전도 부인이 한 명밖에 없었기에 레잉에게 더 많은 짐이 지워졌고, 사람들은 그녀에게 점점 더 많은 것을 기대하고 있다고 하였다. 그녀는 이번 여름휴가 시에는 어디를 가기보다 집에서 쉬며, 보고서를 쓸 생각을 하고 있다.

그러나 다행히도 그녀는 이 해 여름 금강산으로 휴가를 떠날 수 있었다. 호주 선교사들은 여름휴가 때 여선교연합회 선교사수양관이 있던 지리산을 주로 방문하였고, 금강산도 이따금 갔었는데, 레잉도 이 기회에 그곳을 방문한 것이다. 레잉은 본인이 기대한 것보다 금강산이 몇백 배나 더 아름답다고 칭송하고 있으며, 그곳에서 본 불교 절에 관한 감상을 남기고 있다(크로니클, 1927년 12월 1일, 4-5).

그 다음 해 레잉은 또 하나의 보고서를 「크로니클」에 올리고 있는 바, 이번에는 그녀의 어떤 하루에 관한 이야기이었다. 이 날은 그녀가 집에 있었는데, 계속해서 그녀의 방문을 두드리며 찾아오는 손님들에 관한 내용이다. 먼저 찾아온 손님은 남해에서 왔는데 그곳 학교에 교사 한 명을 보내 달라는 요청이었다. 두 번째는 하동에서 왔는데 한익동 목사의 형제로 하동의 소식을 전하려고 왔다.

그리고 그가 떠나자마자 또다시 문을 두드리는 사람이 있었다. 진주에서 20리 떨어진 소춘에서 온 조력자였다. 성경부인을 한 명 보내 달라는 요청이었다. 그곳은 좀처럼 기독교 신앙 뿌리를 내리지 못하고 있었는데, 이제는 준비가 되어가고 있다는 것이었다. 이제 저녁 식사 전에 약간의 휴식을 가질까 하는 순간에 두 명의 젊은이가 방문하여 자신들이 그린 지리산 그림을 보여 주기 원하였다. 뿐만 아니었다. 그들은 조심스럽게 레잉에게 피아노를 연주해 줄 것을 부탁하였다. 이 예술가들은 피아노 소리를 듣고 싶었던 것이다. 그 와중에 은퇴한 전도부인이 찾아와 집안 사정을 이야기하였고, 레잉은 돈을 얼마간 줄 수 있었다. 그리고 또 한 명의 손님이 '양 부인'하면서 찾아왔다. 이미 늦은 밤이었다(크로니클, 1928년 5월 1일, 4-5).

레잉은 1929년에 건축되는 삼천포교회 교회당에 대하여 긴 보고서를 쓰고 있다. 원래 삼천포는 남루하고 가난한 항구였는데 일본인들이 삼천포항에 들어오면서 마을에 여러 가지 사업이 생기므로 커지기 시작하였다. 장로교회였던 삼천포교회는 마을 끝에 있던 작고 가난한 교회였고, 박해를 받던 교회였지만 꿋꿋하게 신앙을 유지하고 있었다.

그러다 한 부자 젊은이가 삼천포교회 인도자와 교제를 하다가 소요리문답을 공부하였고 경남성경학교에서 공부도 하기 원하였다. 그 결과 그는 삼천포교회를 위하여 항구 중앙에 부지를 마련하여 교회 건축을 후원하였다. 하얀색의 간단한 건물이었지만 유리로 된 창문도 있었고, 전기도 들어왔다. 멀리서 보기에 초가집 지붕 사이에 우뚝 보이는 현대식 건물이었다.

헌당예배에 부산에서 김길창 목사가 와 헌당식과 부흥회를 인도하였고, 순회전도 목사인 김두식도 있었다. 진주의 전도부인들과 지역의 기독교인들이 많이 참석하였고, 진주에서 가지고 온 손풍금의 음악에 맞추어 찬송을 불렀다. 이때 부흥회에 참석하여 새로 믿기로 결단한 성도가 83명이나 되었다고 한다. 반석 위에 세운 교회를 "죽음의 문들이 그것을 이기지 못할 것이다"라고 레잉은 말하고 있다(크로니클, 1929년 9월 2일, 8-9).

1930년 2월 호 크로니클에 레잉은 진주에서 열렸던 특별한 집회에 관하여 보고를 하고 있다. 10년 전에 진주에 왔었던 김익두 목사의 부흥회였다. 진주교회당은 너무 작아 거대한 텐트를 쳤는데 매일 저녁 2천 명이 모여 그의 설교를 들었다고 한다. 레잉이 순회전도를 다녔던 진주 부근의 많은 교인들이 와 울고 웃으며 은혜를 받았고, 350명의 사람들이 교회를 다니겠다고 이름과 주소를 적었다고 한다(크로니클, 2월 1일, 4-5).

마지막 시간

레잉은 1930년 7월 또 한 번의 휴가를 위하여 한국 진주를 떠나 호주 브리즈번에 도착한다. 이번에는 의사의 권고가 있었는데 3개월 동안 아무 일 없이 휴식을 취하라는 것이었다. 레잉은 많이 지쳐 있던 것이었다.

레잉은 충분히 휴식을 취하였고 다시 퀸즐랜드 주 지역을 다니며 보고와 모금 활동을 하기 시작하였다. 이번에는 찰스빌, 로마, 친칠라, 토움바, 워윅, 곤디윈디, 스텐토프 등의 교회들을 다녔다. 레잉은 그 다음 해 브리즈번에서 열린 호주장로교 총회에도 참석하여 한국 선교에 대한 보고를 하였고, 큰 호응을 얻었다. 퀸즐랜드 여선교연합회는 예년에 비하여 더 많은 선교헌금을 하고 있었다.

그러나 당시는 호주에 경제대공황이 있었던 때이다. 어디를 가도 호주는 침체분위기에 있었고, 호주 가정들은 어려움을 겪고 있었다. 빅토리아주 여선교연합회도 호주 선교사들과 호주선교부에서 일하는 한국인 직원들의 봉급을 인하하는 작업을 단행하였다.

퀸즐랜드도 예외는 아니었다. 지역 교회들의 재정적 어려움으로 그곳 여선교연합회는 기대하지 못하였던 결정을 내리게 된다. 레잉을 한국에 일 년만 더 보내고 임기를 마치게 한다는 것이었다. 당시 여선교연합회는 빚이 많이 있었다. 호주 원주민 선교로 인한 빚은 2,000파운드였고, 한국 선교로 인한 빚도 500파운드가 있었던 것이다. 또한 당시의 환율도 문제였다. 그러나 그동안 지원하던 진주의 전도부인 봉급은 주니어선교회에서 계속 보내기로 하였다(크로니클, 1932년 1월 1일, 9).

1932년 2월 진주로 돌아온 레잉은 일 년 동안 그간의 전도사역을 마무리하고 작별을 고하는 시간을 가지게 된다. 레잉이 호주로 귀국한다는 소식이 전해지자 진주지역 800명의 여성들이 빅토리아와 퀸즐랜드 여선교연합회에 청원서를 보냈다. 그럼에도 불구하고 당시의 현실은 레잉이 계속하여 한국에서 일하기에는 어려운 상황이었다.

1932년 호주 선교사 공의회는 레잉의 은퇴에 즈음하여 다음과 같은 기록을 남기고 있다.

우리는 많은 문제를 해결하고 책임을 이행하는 데 그녀의 동역과 지혜 그리고 오래 참음을 기억하며 감사한다. 진주 여러 지역 여성들의 간증으로 그녀의 사역의 가치는 증명되었고, 그녀를 향한 한국 자매들의 사랑은 깊다. 많은 사람들에게 그녀는 주님 안에서 지도자였고, 교사였다. 레잉이 떠나므로 그 여인들은 많은 것을 잃게 되었다(더 레코드, Vol 19, 24).

그리고 1933년 5월 그녀는 20년 동안의 한국 선교를 마치고 호주로 귀국하게 되었다. 빅토리아주 여선교연합회는 그들의 회의록에 다음과 같은 기록을 남기었다.

레잉의 사랑과 인내로 진주지역의 마을 교회들이 양육되어 많은 열매를 맺었다. 그녀에게 빚진 그곳의 여성들은 레잉을 오랫동안 기억할 것이다. 빅토리아주 여선교연합회는 그녀와의 헤어짐에 심히 유감이다. 그리고 퀸즐랜드주 여선교연합회가 그동안 충성스럽게 레잉을 후원하여 준 것에 대하여 깊은 감사를 드린다(여선교연합회 회의록, 스코트교회 홀, 1932년 12월 6일).

호주로 돌아 온 레잉은 퀸즐랜드 여선교연합회에서 조직 총무로 일하면서 많은 지역을 다니며 해외 선교에 관한 홍보도 하고 모금하는 일을 계속한다. 그녀는 그곳 여선교연합회 총무로서 23년 동안인 1956년까지 사역하였다. 레잉은 1967년 5월 23일 사망하였다.

당시 주 총회장이었던 스위트 목사는 다음과 같은 추모사를 남기었다.

모든 퀸즐랜드인 들이여, 일어나서 이 놀라운 사역을 추모하라.… 20년 동안 한국에서 그리고 23년 동안 퀸즐랜드에서 그녀는 선교사였다. … 그녀는 동정심이 깊었고, 도움이 필요한 사람들에게 인정이 많았다. 그녀가 영적으로 그리고 육신적으로 필요한 사람들에게 어떤 방법으로 조용히 베풀었는지 오직 우리 주님만 아실 것이다(크로니클, 1967년 8월, 5).

에필로그

레잉이 사망하기 바로 전 해인 1966년, 한 한국인 젊은이가 시드니에 도착하였다. 그는 관공서를 방문하여 양요안을 찾았다. 그가 한국을 떠날 때 그의 할머니가 호주에 도착하자마자 양요안을 찾으라고 하였던 것이다. 알아보니 몇 년 전에 레잉이 남해를 방문하였을 때 그 할머니의 집에 머물렀었다. 당시 레잉은 그곳에서 유채화를 그렸다는데 그 옆에서 작은 아이가 그 모습을 보고 있었고, 그 아이가 바로 이 청년이었다.

시드니의 관공서는 용케도 레잉을 찾았고, 그를 브리즈번으로 보냈다. 그 청년은 결국 레잉을 만날 수 있었고, 감격 속에 만나 안부를 나누고, 함께 감사의 찬송을 불렀다고 한다.

진 데이비스

Jean Davies(1889~1981)

내한한 첫 호주 선교사 헨리 데이비스(Henry Davies)와 그 가문은 한국과 관계가 깊다. 그 자신은 1889년 10월 2일 부산으로 입국하여 10월 4일 제물포를 거쳐 서울로 갔고, 5개월간 조선말을 배우며 부산 지방 선교를 준비하던 중 1890년 3월 14일 서울을 떠나 부산으로 향했으나 부산 도착 다음날인 1890년 4월 5일 34세의 나이로 부산에서 사망했다. 한국에 온 지 6개월, 좀 더 정확하게 말하면 조선 땅을 밟은 지 183일 만이었다.

그러나 그의 죽음으로 누나와 여동생 그리고 제수(곧 존 데이비스의 부인) 씨에 의해 선교사 파송기관인 여전도회연합회(PWMU)가 창립되었고, 그의 두 조카들에 의해 한국 선교가 계속된다. 즉 남동생 존 데이비스 목사의 큰 딸 마가렛(Miss. Margaret L Davies, MA, DipEd)과 둘째 딸 진 데이비스(Dr. E Jean Davies)가 한국 선교사로 일하게 된다.

마가렛은 1910년에 내한하여, 그의 동생 진 데이비스 의사는 1918년 내한하여 1941년까지 23년간 진주의 배돈병원에서 봉사했기 때문이다. 이 글에서는 한국에 왔던 호주장로교의 4번째 의료선교사이자 유일한 여성 의사였고, 진주 배돈병원 의사이자 병원장을 역임했던 진 데이비스의 생애 여정과 한국에서의 봉사에 대해 정리해 두고자 한다.

가정 배경, 교육, 선교 자원

진 데이비스는 존 데이비스(Rev. John G Davies) 목사의 둘째 딸로 1889년 3월 9일 호주 빅토리아 주 발라랏(Ballarat)에서 11km 지점에 있는 번인용(Buninyong)이라는 소도시에서 태어났다. 멜버른 북서쪽에 위치한 이곳은 과거 광산 지역이었고 1800년대 골드러시로 많은 인구가 유입되어 번성하던 도시였다. 그의 아버지가 이곳 장로교회의 목사였으므로 진은 목사관에서 태어났다.

그의 아버지 존 데이비스 목사는 한국에 온 첫 호주 선교사 헨리 데이비스의 동생으로 호주 빅토리아장로교회의 목사가 되었고, 빅토리아 주의 알반스 포드(Allansford)에서 목회한 후 번인용교회의 청빙을 받고 목회자로 활동하고 있었다. 그 선대는 영국에서 뉴질랜드로, 뉴질랜드에서 다시 호주로 이민해온 이민자 가정이었다. 즉 데이비스 선대는 영국 쉬레스버그(Shrewesburg) 출신으로 흔히 '형제교회'라 불리는 플리머스 형제단(Plymouth Brethren)에 속한 경건하고도 열심 있는 신앙인 가문이었다. 이들은 뉴질랜드의 왕가라이(Wangarai)로 이민하여 생활하던 중 1860년 다시 호주 멜버른으로 이주하였다.

진의 아버지는 9남 3녀 중 막내아들로 태어났는데 장남은 일찍 사망했고 차남이 첫 한국 선교사가 되는 헨리 데이비스였다. 그의 형제들은 신앙적 배경에서 성장하였고 선대의 신앙교육은 조셉과 여러 형제들에게 지대한 영향을 준 것이 분명하다. 어린 나이에 죽은 장남을 제외한 12남매 중 다섯 사람이 선교사 혹은 목사가 되었기 때문이다. 곧 헨리 데이비스와 메리(T. Mary)가 한국 선교사가 되었고, 타보

(Tabor)와 사라(Sarah)는 인도로 파송된 첫 호주 선교사였다. 또 존 (John)은 장로교회 목사가 되었다.

존의 부인은 호주 빅토리아주 장로교 초기 목회자였던 토마스 하스티 목사(Rev. Thomas Hastie)의 딸이었다. 하스티는 신실한 목회자였고, 모든 교회로부터 존경받는 교회 지도자였다.[1] 하스티 목사가 번인용교회의 첫 목사였으므로 따지고 보면 존 데이비스는 장인이 목회했던 교회의 후임 목사가 된 것이다.

한국에서 일한 존 목사의 두 딸 중 맏딸 마가렛은 1887년 6월 12일 아버지가 목회하고 있던 빅토리아 주 알란스포드(Allans- ford)에서 태어났다. 그곳의 코룸부라학교(Korumburra State School)와 발라랏의 클라렌돈(Clarendon College), 멜버른의 장로교여자학교(PLC)에서 수학한 후 멜버른대학 고전학부에서 문학석사학위(MA)와 교육학 디플로마 과정(DipEd)을 마치고 여전도회연합회 선교사로 임명되었다.

출국 준비를 마친 그는 같이 한국으로 파송되는 동료 선교사 매크레 목사(Rev. FJL Macrae)와 함께 1910년 9월 22일 오후 4시 기차로 멜버른을 떠나 시드니로 갔고,[2] 시드니에서 1910년 9월 28일 엠파이어 호(SS Empire)로 한국으로 향해 11월 2일 부산에 도착했다. 이때 그는 선교지 한국을 방문하는 해외선교회 총무 페이튼 목사(Rev. FHL Paton), 길란더스(Gillanders) 장로 일행과, 그 일행의 일원인 어머니와 함께 한국에 왔다.[3] 이때로부터 1940년까지 진주, 부산, 동래에서

---

1) *The Chronicle* (October 1, 1910), 3.
2) *Messenger* (September 16, 1910), 582.

사역했다. 그의 한국어 이름이 대마가례(代瑪嘉禮)인데, 마가렛(Mar-garet)은 한자문화권에서 瑪嘉禮로 표기되지만, 데이비스를 대(代)로 정한 것은 한국에서 순직한 삼촌 헨리 데이비스의 못다 한 사역을 대신하는 의미였다고 한다.

1889년 3월 9일 태어난 동생 진 데이비스는 언니의 영향도 받았지만 삼촌의 유지를 받들어 한국 선교를 자원하였고 그도 대지안(代至安)으로 작명했는데, 진(Jean)을 지안(至安)으로 옮겼으나 성 데이비스(Davies)를 대(代)로 한 것은 언니의 모범을 따라 삼촌의 유업을 계승한다는 의미였다. 진도 언니처럼 총명하고 명랑했다. 발라랏의 클라렌돈(Clarendon College)에서 공부하고 다시 멜버른의 장로교여자학교(PLC: Presbyterian Ladies' College)에서 수학했다. 장로교여자학교는 현재까지 장로교회가 운영하는 학교로 남아 있는데 호주 빅토리아주의 명문 사립 중고등학교이다. 이 학교는 설립 주체가 빅토리아장로교회였기 때문에 장로교 목사가정의 자녀들에게는 장학 혜택을 주고 있었다. 목회자 자녀라는 점과 상관없이 언니 마가렛과 동생 진은 우수한 학생이었고 실력을 인정받고 있었다. 초중등학교를 마친 진이 1909년 멜버른대학 의과대학에 진학한 것을 보면 이 점을 알 수 있다.

1914년 의대를 졸업한 그는 이듬해 1915년 의사(MD)로 등록되었고, 이후 2년간은 멜버른의 왕립여성병원(Royal Women's Hospital)에서 훈련을 받았다. 멜버른 대학 근처 파크빌에 1856년 설립된 이 병원은 호주 최초의 여성전문병원이었다. 그가 이 병원에 근무하며 훈련

---

3) *Messenger* (September 30, 1910), 611.

을 받은 것은 한국 선교를 위한 준비였다.

의사로서의 훈련을 마친 진은 1917년 한국 선교를 자원하였다. 당시 진주 배돈병원에서 봉사하던 마라연 의사가 1917년 의료장교로 프랑스 전선으로 떠나게 되자 배돈병원에는 그를 대신할 수 있는 의사가 필요한 현실이었다. 그의 자원은 신속하게 받아드려졌고, 여전도회연합회(PWMU)는 그를 한국 선교사로 인준했다.

한국 선교사가 된 그는 1917년 12월 26일, 복싱 데이(Boxing day)에 멜버른을 떠나 한국으로 향하는 여행을 시작했다. 그 시대 모두가 그러하듯이 아시아로 향하는 선박이 시드니항에서 출발했기 때문에 그도 시드니를 거쳐 필리핀 앞바다를 지나 1918년 1월 26일 토요일 부산항에 도착했다. 이때로부터 1941년까지 23년간 휴식을 모르는 열정으로 진주 배돈병원 의사로 혹은 원장으로 봉사했다.

한국에서의 활동

부산에 도착한 진 데이비스는 언니 마가렛과 함께 유하면서 한국의 사정을 익힌 뒤 곧 진주로 떠났다. 진주시 봉래동 옥봉리 진주지부 선교관 인근에 1913년에 설립된 배돈병원은 호주장로교선교부의 유일한 병원이었고, 경남지방 유일한 선교병원이었다. 이 병원은 커를 의사(Dr. Hugh Currell)에 의해 시작되었다. 1902년 내한한 커를은 1905년까지 부시지부에서 일하고 있었으나 1905년 10월 20일 진주로 이전하여 시약소를 설치하고 진료하던 중 병원 설립의 필요성을 인식하고 1906년부터 이를 추진하였다.

빅토리아주 여전도회 연합회가 병원 설립의 필요성에 공감하고 825파운드를 지원한 이후 호주장로교회의 계속적인 후원으로 1910년 10월 병원 건축을 시작하였다. 건축과정에서 일본이 건축회사의 부도, 신축 중인 병원에서 1912년 12월에 발생한 화재 등 시련을 겪었으나 병원을 신축하고 1913년 11월 4일 정식으로 개원하게 되었다. 이 병원은 뉴 헤브리디즈에 파송되었던 탁월한 선교사 페이튼 목사의 부인을 기념하여 Mrs. Paton Whitecross Memo- rial Hospital로 명명되었는데, 페이튼(Paton)을 적당히 취음하여 '배돈 병원'(培敦病院)으로 불렸다. 진료과목은 내과, 외과, 이비인후과, 치과 등이었고 병상은 40여 개에 달했다. 동안 커를 의사가 진료를 당당하며 원장으로 일해 왔으나 1915년 은퇴하였고, 그 후임으로 신경정신과 의사인 맥라렌 박사(Charles McLaren, MD, 1882~1957)가 원장으로 일했다.

그러나 제1차 대전이 발발하자 그는 군의관으로 전선에 투입되었다. 1914년 발발하여 1918년까지 계속된 제1차 세계대전은 27개국이 참전하는 대규모의 국제간의 전쟁이었는데, 이 전쟁은 호주 국민들에게도 커다란 관심이 아닐 수 없었다. 영연방으로 실질적으로 영국의 우산 아래 있던 호주도 이 전쟁에서 자유로울 수 없었다. 호주군의 참전이 결정되었고, 영국에서 교수로 있던 찰스 매크라렌의 형 부르스 맥라렌(Bruce McLaren, 1876~1916)도 참전하였으나 2천 여 명의 켐브릿지대학 학생들과 함께 1916년 8월 13일 아베빌(Abbeville)에서 전사했다.

수학자이자 물리학자였던 형의 전사 소식을 들은 동생 찰스 맥라렌은 큰 충격을 받았고, 자신도 영국군의 의무 장교로 참전하기로 결심했다. 그는 영국영사관을 통해 의무장교로 지원하였고, 1917년 12월 입영이 허락되어 1918년 1월 진주를 떠나게 되었다. 이렇게 되자 호주선교부는 통영에 있던 테일러 의사(Dr. William Taylor)를 진주 배돈병원으로 보내 진료와 원장직을 대행하게 했다. 통영에서의 의료활동은 사실상 중단되었다.

바로 이런 상태에서 대지안, 곧 진 데이비스는 배돈병원 의사로 근무하게 된 것이다. 서양인 의사로서는 테일러와 더불어 두 사람 뿐이었음으로 과중한 업무가 그를 기다리고 있었다. 우선 급한 것은 의사면허를 얻는 일이었다. 당시 총독부는 외국인 의사 등록제를 실시하고 한국에서 의료행위를 하기 위해서는 일본 정부가 시행하는 의사시험에 합격해야만 했다. 1913년까지는 이런 제도가 없었으나 영국의사 면허 외의 미국이나 캐나다, 호주의 의사면허는 인정하지 않았다.

따라서 진 데이비스가 해결해야 하는 첫 번째 과제는 일본으로 가 의사시험에 응하고 합격하는 일이었다. 이는 환자 치료와 더불어 그가 감당해야 하는 이중적인 과제였다. 물론 잠정적으로 의료행위를 할 수는 있어도 문제시될 수 있었다. 사이토 마코토(齋藤實) 총독 휘하 (1919. 8~1927)에서는 외국인 의사면허 소지자의 지역 등록이 가능하여 등록된 지역에서의 의료행위는 가능했으나 그것은 그 이후의 일이었다. 진 데이비스는 바쁜 일상 중에서도 일본이 요구하는 시험에 응하고 합격하여 의사 등록증을 받게 되고 등록된 의사로서 배돈병원의 각종 환자를 치료하고 수술했다. 어린아이와 여성 환자들은 그가 맡아 치료했는데, 특히 남자 의사로서 진료하기 어려운 소아과나 산과 (産科) 환자는 그가 치료했고, 그 외에도 각종 수술을 해야 하는 사실상 외과의사였다. 이런 점에서 진 데이비스는 충심의 환영을 받았다. 그런데 테일러 의사가 1919년 안식년으로 진주를 떠나게 되자 진 데이비스의 업무는 더 많아질 수밖에 없었다. 그래서 그 자신은 안식년을 갖지 못했다.

1920년 4월 말에는 맥라렌이 군 복무를 마치고 다시 선교지 진주 병원장에 복귀했다. 그동안 원장직을 대리했던 테일러 의사는 다시 통영으로 돌아갔다. 그럼에도 불구하고 경남지방의 유일한 병원이었던 이곳에는 날로 많은 환자들이 모여들었다. 진료과목은 주로 내과와 외과, 산부인과, 이비인후과 그리고 치과가 중심이었고 피부과 환자도 적지 않았다. 맥라렌은 1923년 초까지 진주에서 일하다가 그해 서울의 세브란스의전과 병원으로 옮겨 갔다. 그를 교수로 초빙했기 때문이었다. 이전부터 정기적으로 상경하여 강의를 도왔으나 이제는 전임교수로 서울로 이거하게 된 것이다. 세브란스로부터 공식적인 요청을 받은 호주장로교선교부가 마라연의 서울 이거를 허락했기 때문이었다.

그 후 테일러 의사가 다시 진주로 와서 병원장에 취임했다. 성실하고 환자들에 대한 애정을 가졌던 그의 재임기(1923~1938) 병원의 경영도 호전되고 있었다. 1929년 당시 9,802명이던 외래환자가 1937년에는 20,700명으로 불어났다. 하루 평균 63명인 셈이다. 같은 기간 입원환자 수는 298명에서 865명으로 증가했다. 환자들로부터 받는 진료비 수입도 6,757엔에서 23,43엔으로 증가되었다.[4]

진 데이비스는 맥라렌, 테일러 등과 같이 일했지만 여 의사였기에 어린아이나 여성 환자는 항상 그의 몫이었다. 환자중 출산 혹은 산부

---

4) 에디스 커/양명득 편역, 『호주장로교 한국선교역사』 (서울: 동연, 2017), 135.

인과 환자가 많아 그는 항상 분주했고, 여성환자들의 고민을 듣고 도움을 주는 상담자가 되었다. 항상 분주했으나 진 데이비스는 진료만 하고 있을 수 없었다. 새로운 기술도 익히고 의학계의 연구결과를 수용해야 더 낳은 진료를 할 수 있기 때문이다. 그래서 호주선교부는 1925년 의료 선교사들에게 매 텀(term)마다 의학세미나아 학회에 참석할 수 있도록 두 달간의 휴가를 주기로 했다.

진은 1926년 북경연합의과대학(Peking Union Medical College)에서 열리는 기독교의료협회(Christian Medical Associa- tion)와 세미나에 참석했다. 이때는 맥라렌과 테일러 의사도 동행했다.[5] 1932년에는 상하이에서 모이는 나병세미나(Leprosy Semi- nar)에, 1937년에는 비엔나에서 모인 의학 세미나에 참석할 수 있게 되었다. 이런 학회 참석은 의료선교사들과의 교류와 연대 그리고 새로운 의학기술을 배우고 경험할 수 있는 기회가 되었다.

이런 어간 병원의 의료진도 보강되었다. 1937년에는 김준기 의사(1913~1994)가 외과의사로 부임했다. 그는 세브란스 출신으로 졸업과 동시에 평양 기홀 병원에서 근무하던 중 이듬해 1937년 배돈병원에 와 외과를 맡게 되었다. 후에는 성명미상의 조 씨 성을 가진 의사도 의료진으로 합류했다. 안과의사 이주섭 박사가 합류한 것은 그 이후의 일이다. 그 동안 병원 진료는 남성은 김준기 박사가, 여성과 어린아이는 진 데이비스가, 또 이비인후과 계통의 의사를 두고 있었으나, 1940년 진 데이비스는 4과를 구상했는데 의료, 수술 및 산부인과 이비인후과 그리고 치과가 그것이다. 치과는 동경에서 치과학을 공부한 김준기

---

5) Edith Kerr, 77.

박사 부인 김을경 의사가 담당했다.

그동안 진주지부의 부오란 목사(Rev. FT Borland)가 배돈병원에서 원목으로 신앙을 지도했으나 1939년부터는 짐 스터키 목사(Rev. Jim Stuckey)가 원목으로 일하면서 매 주일 예배를 인도했다. 이때 그를 보조했던 이가 이현속 장로 혹은 전도사였다. 진 스터키는 이현속 장로를 비롯한 신사참배 거부자로서 신사참배 반대자들을 도와주고 후원했던 인물이었다.

1930년대 말 전쟁의 그림자가 드리워지고 시국은 날로 험악해 졌다. 말할 수 없는 불안이 거리를 엄습했다. 이보다 더 큰 일은 의료진의 상실, 곧 원장인 테일러 의사의 갑작스런 죽음이었다. 진주에서 일하던 중 풍토병에 감염된 그는 치료차 일본 요코하마로 갔는데, 거기서 1938년 8월 급사한 것이다. 1923년 이래로 15년간 원장으로 재직했던 그의 갑작스런 죽음은 모두에게 충격이었다. 아일랜드 출신으로 솔직한 성품에 농담도 잘해 인간관계가 두터웠던 그가 61세를 일기로 세상을 떠나 그곳 공동묘지에 묻혔다. 한국인에 대한 애정과 연민의 정을 가졌던 존경받는 의사였지만 죽음을 막을 수는 없었다.

그 후 진 데이비스가 원장으로 취임하여 1941년 은퇴할 때까지 3년간 봉사했다. 그의 앞에는 치료와 관리, 병원운영 등 산적한 과제가 늘 어깨를 무겁게 했다. 성격이 밝고 명랑하여 웃음이 많았으나 업무에 지쳐 웃음이 적어졌다고 동료 선교사였던 커닝함(Rev. Frank Cunningham)는 회상했다. 이런 어려운 시기에 세브란스에서 일하던 맥라렌 박사가 다시 진주로 돌아왔다. 1938년, 일제의 압력으로 세브란스를 사임한 맥라렌은1939년 6월 다시 배돈병원으로 돌아온 것이다. 그의 도움이 적실할 때였다. 그때 맥라렌은 그의 제자 이봉은(李奉恩)을 데리고 왔다. 그래서 이봉은은 1941년 3월까지 맥라렌과 같이 배돈병원에서 일했다. 1930년대 말 일본 정부는 신사참배를 강요하면서 선교부의 학교와 병원운영에도 간섭하면서 압력을 가했다.

1941년에는 한국인을 병원 원장에 임명할 것을 요구했다. 결국 1941년 진 데이비스는 병원장직에서 사임하고 한국인 김준기 씨를 원장으로 세웠다. 전운이 짙어지고 시국이 험악해지자 주한 선교사들은 철수를 시작했다. 호주 선교사들도 철수하거나 안식년을 마친 후 선교지로 복귀하지 않았다. 이런 상황에서 진 데이비스도 한국을 떠났다. 삼촌의 못다 한 과업을 완수하겠다는 의지로 내한하여 23년 간 일했던 대지안(代至安)은 내키지 않는 발걸음으로 한국을 떠나 호주 멜버른으로 돌아갔다.

그는 어떤 인물이었을까? 동료 의사로 배돈병원에서 근무했던 김준기는 대지안은 "나이답지 않게 노련하고 성격도 깔끔하고 매사에 치밀했던 의사였다"고 회고했다.[6] 멜버른 대학 시절부터 진 데이비를 잘 알고 있는 커닝함 선교사는 진은 명랑하고 재미있고 웃음이 많은 사람이지만 동시에 책임감이 강한 인물이라고 평가했다.[7]

진 데이비스와 함께 배돈병원에서 원목으로 일한 바 있는 짐 스터키는, 진 데이비스야말로 기독교 복음의 가르침을 실천했던 그런 생활의 모범을 통해 신자는 물론 비신자들에게도 감동을 주었고 그를 통해 신앙을 가진 이들이 많았다고 한다. 그래서 그는 단순히 치료하는 의

---

6) 김준기, 『의학의 길목에서』(부산: 태화출판사, 1994), 72.
7) 진 데이비스의 장례식에서 행한 Jim Stuckey의 추모사의 일부로서 짐 스터키 목사와의 대담(1997).

료인일 뿐만 아니라 복음을 전하는 선교사였다고 회상했다. 이렇게 볼 때 진 데이비스는 훌륭한 의사였으며 행정가였고 사람들을 그리스도에게로 인도하는 따뜻한 전도자였다. 그는 한국에서 일하는 동안 봉래동 진주교회 주일학교에서 가르쳤고, 인근 지역 교회와 교회 지도자들을 돕고 격려했다. 또 병원 환자들에게도 성경을 소개하고 중요 구절을 소개하거나 찬송을 가르쳤다고 한다.

그는 키가 작았다. 5피트 정도였으니 155cm에 미치지 못했던 것 같다. 그럼에도 불구하고 걷기를 좋아하고 산이나 계속을 오르기를 즐겨했다. 아이들이 그를 좋아했다고 한다. 아이들과 놀아주기도 하고, 그들의 친구가 되어 주었다고 한다.

한국에서의 은퇴, 그 이후

1941년 한국을 떠난 그는 해방 후 다시 한국으로 돌아오지 못했다. 그 대신 그는 도움을 필요로 하는 곳에서 노년의 삶을 기꺼이 헌신했다. 1942년에는 에르나벨라 선교회(Ernabella mission)에 가서 도왔고, 1944년에는 뉴질랜드구라선교회(New Zealand Lep- rosy Mission)의 위촉을 받고 뉴 헤브리디즈의 나병 실태를 조사하도록 위임 받아 그 일을 실행했다. 또 그곳 빌라(Vila)의 패이튼 기념병원의 원장 제미슨(Dr. T Jamieson)을 대신하여 봉사하기도 했고, 남 산토(Santo)에 있는 선교병원을 관리하기도 했다.

그 후에는 퀸즈랜드주 북부의 원주민 공동체(North Queensland Aboriginal communities)에서 봉사했다. 그는 건강이 허락하는 한 자신

대마가례(좌)와 대지안(우) 자매

의 힘과 능력 그리고 의학을 통해 남을 섬기는 생을 살았다. 그러다가 79세가 되던 1968년 5월 빅토리아주 스트라돈(Strathon)으로 돌아갔다. 그해 12월 24일 병원에 입원한 바 있고, 1980년 8월 27일에는 요양원으로 옮겨갔다. 약 10개월 후인 1981년 6월 15일 91세의 나이로 하나님의 부르심을 받았다. 유언에 따라 그의 시신은 멜버른대학 의과대학에 기증되었다.

필자는 호주 멜버른에 체류하던 중 데이비스의 후손을 찾는 작업을 했고, 우연한 기회에 대지안, 곧 진 데이비스의 조카가 퀸즈랜드주 브리스번 근처 타링가에 살고 있다는 정보를 입수였다. 한번 찾아가려고 마음먹고 있었으나 기회가 없었는데, 1988년 여름 브리스반한인장로교회 설립 2주년 기념 수련회 인도를 요청받고 그리로 가게 되었다. 멜버른에서 버스로 23시간 소요되었다. 지금까지 살아오면서 이렇게 긴 시간 버스를 타 본 일이 없다.

이때 브리스반한인장로교회의 김정만 전도사와 같이 타링가의 로케비 테라스 33-13번지(13/33 Rokeby Tec, Taringa)에 살고 있는 존 데이비스 부부(J. L. & M. E. Davies)를 만날 수 있었다. 그를 통해 대지안 이야기를 들었고, 이때 그로부터 입수한 사진이 헨리 데이비스가 내한하기 전 그의 누나와 같이 찍은 사진이었다. 작은 티 테이블 옆에 헨리 데이비스가 서 있고 누나 메리는 의자에 앉아 있는 이 사진이 지금은 널리 유통되고 있지만 23시간 버스 타고 가서 얻은 귀중한 소득이었다.

3장

통영선교부

엘리자베스 무어
마가렛 알렉산더
윌리암 테일러
에이미 스키너
마틴 츄르딩거

엘리자베스 무어

Bessie Moore(1863~1956)

시작하면서

부산시 부산진구 좌천동에 위치한 부산지방 첫 교회인 부산진교회에 가면 두 호주 여 선교사, 맨지 부인과 모 부인을 기념하는 비석이서 있다. 부산진교회 설립 40주년을 기념하여 부산진교회 형성기에 기여한 두 호주 선교사를 기리는 이 비석은 1931년 1월 부산진교회와 부산진 유지 일동 명의로 세워졌는데, '공로기념'이라는 제목 하에 아래와 같이 그 공적을 기록하고 있다.

이 두 분은 1892년에 호주 선교사회의 보냄을 받아 부산에 이르러 심상현 씨 인도로 이곳에 와서 집집이 다니며 사람사람 앞에 복음을 전하여 교회 창설과 여자교육에 많은 중 맨지 씨는 거친 밥, 거친 옷으로 고아 수양과 빈궁 구제에 30여 년의 인생을 희생하셨고, 모 씨도 25년의 일생을 바쳤습니다.

여기서 말하는 '맨지 씨'는 호주 빅토리아주 여전회연합회 파송 첫 여선교사인 민지사(Miss. B. Menzies)를, '모 씨'는 여전도회 연합회가 파송한 4번째 선교사인 무어, 곧 모이리사백(Miss. Elizabeth S. Moore)를 의미한다. 부산진교회는 교회설립 40주년을 기념하여 교회 설립자라고 볼 수 있는 멘지스와 무어 선교사를 초청했다. 멘지스는 초청에 응해 내한하여 지내면서 자신이 양녀로 키운 민신복의 결혼식도 주선했으나, 애석하게도 무어 선교사는 오지 못했다.

이 글에서 소개하고자 하는 엘리자벳 스츄어트 무어(Miss. Elizabeth Stuart Moore, 1863~1956) 선교사는 1892년 8월 내한하여 부산(1892~1913)과 통영(1913~1918)에서 일한 초기 개척 선교사이자 양 지역 기독교 형성에 기여한 인물이었다. 그는 온순하고 자상한 성격의 여성이자 근면하고 성실한 여성이었다. 이제 그가 걸어갔던 선교의 여정을 따라가 보고자 한다.

가정 배경, 선교 자원과 내한

엘리자베스 무어는 1863년 12월 31일, 호주 빅토리아주 데일스포드(Daylesford)에서 태어났다. 멜버른 시내에서 북서쪽으로 한 시간 거리에 있는 데일스포드는 미네럴 온천수가 있는 작은 도시였다. 엘리자베스라는 그의 긴 이름은 짧은 애칭으로 리즈(Liz)나 리사(Liza, Lisa), 혹은 엘리자(일라이자, Eliza, Elisa), 베티(Betty) 등으로 불렀는데, 무어는 '베시'로 불렸다. 그래서 후일 동료들이나 선교관련 기록에서 '베시'(Bessi) 혹은 '베시 무어'(Bessie Moore)로 불렸다. 무어는 데일스포드에서 어린 시절을 보내며 초중등교육을 받았다는 정도는 알려져 있으나 그의 학교 교육에 관한 정보를 찾지 못했다. 분명한 점은 학교교육을 받은 후 보통의 여성과 마찬가지로 직장 생활을 시작했다는 점이다. 처음에는 회사에 다니기 시작했는데, 당시 이름 있는 유명한 회사에서 일하면서 능력을 인정받았고, 특별히 자상하고 친절한 성품으로 사람들의 칭송을 들었다.[1] 이 무렵 주일학교 교사로 일하게 되는데 이런 교회에서의 봉사가 그로 하여금 선교사로의 삶을 결단하게 만들었다.

곧 교회에서 활동하면서 여전도회연합회(PWMU)의 창립과 한국 선교의 개시를 알게 되어 자신도 한국 선교사를 자원하게 된 것이다. 여전도회 연합회와의 면접의 과정을 거쳐 한국 선교사로 파송을 받았다. 멘지스(Miss. Belle Menzies), 페리(Miss. Jean Perry) 그리고 퍼셋(Miss. Mary Fawcett)에 이어 4번째 선교사로 임명된 것이다. 한국으로의 여행을 준비하던 중 1892년 6월 5일에는 메버른 시내 총회회관에서 그와 일시 호주로 돌아와 한 달 가량 휴식을 취한 후 임지로 돌아가는 매카이 목사를 위한 송별회가 개최되었다. 총회장 율(Rev. A. Yule) 목사의 사회로 진행된 송별회에서 한국으로 향하는 이들을 중심으로 격려하고 기도해 주었다.[2] 무어는 6월 21일 매카이 목사와 함께 한국으로 향하여 그해 8월 3일 부산에 도착하게 된다.

이 점에 대해 좀 더 소개하면, 호주교회의 첫 선교사인 데이비스에 이어 제2진 선교사 5명(매카이 목사 부부, 멘지스, 페리, 퍼셋)이 일본을 거쳐 1891년 10월 12일 부산으로 왔는데, 매카이(Rev. James H. Mackay) 목사는 청년연합회의 파송 선교사였고, 나머지 여선교사는

---

1) *The Chronicles*, 1919.
2) *The Presbyterian Monthly* (1, July 1892), 231.

장로교여전도회 연합회의 파송 선교사들이었다. 그런데 이들은 아무런 사전 준비나 연락도 없이 이름 그대로 '주님이 인도와 보호만 믿고' 내한했다.3) 그래서 마땅한 거처가 없었다. 당시 부산에는 영국 세관의 관리였던 헌트(Jonathan Hunt)와 의사 하디(Dr. R Hardie) 가족 그리고 북 장로교 선교사인 베어드 목사(Rev. W. Baird) 가정뿐이었다. 부산에 도착한 이들은 일본인 거주지 내의 주택에 기거하면서 한국생활을 시작하였으나 부산 도착 3개월 후인 1892년 1월 27일, 매카이 목사 부인 사라(Sara)는 폐렴으로 사망했다. 데이비스에 이은 호주장로교회의 두 번째 희생이었다. 그도 복병산 데이비스 목사 옆에 안장되었다.4) 매카이 목사와 미혼 여선교사들의 건강도 악화되어 하디 선교사는 자기 집으로 옮겨와 그해 겨울을 지내도록 배려하였다.

당시 하디의 집에는 4칸의 작은 방이 있었는데, 하디 부부와 두 아이, 베어드 부부, 매카이 목사 그리고 세 사람의 미혼 여선교사 등 열사람이 함께 생활했다. 그런데 문제는 매카이의 건강이 호전되지 않았다. 하디 의사는 그에게 귀국을 종용하였다. 그래서 매카이는 1892년 5월 부산을 떠나 호주 멜버른으로 돌아갔고,5) 약 1달간 휴식과 치료를 받은 후 다시 한국으로 향하게 되는데 무어는 이때 매카이와 동행

---

3) W. M. Baird, 158.
4) 무덤에는 다음과 같은 묘비석이 세워졌다. "Sacred to the memory of Sara, the beloved wife of James H. Mackay, who passed from Fusan into the presence of the King, on the 27th. January, 1892, aged 32. I give unto them eternal life and they shall never perish."
5) 호주로 돌아간 날은 분명치 않다. 그러나 호주로 돌아간 이후인 5월 16일자로 된 그의 편지(*The Presbyterian Monthly*, June 1, 1892, 196)를 보면 아마도 5월 초에 본국으로 돌아간 것으로 판단된다.

하게 된 것이다. 이 날이 바로 6월 21일이었다.6) 이 날 무어는 매카이 목사와 더불어 멜버른을 떠나 시드니로 갔고, 6월 25일에는 시드니를 떠나 한국으로 향하는 장도에 오르게 된다.7) 무어와 매카이는 쿡 타운8)과 다윈9)을 거쳐 홍콩, 일본 나가사끼를 경유하여 1892년 8월 3일 오전 10시경 부산에 도착했다.10)

부산에서의 선교활동, 1982~1913

부산에 도착한 무어는 여선교사들이 부산진에서 구입해 놓은 초가 집으로 짐을 옮겼고, 그곳에서 앞서 내한한 멘지스, 페리, 퍼셋과 같이 살면서 한국생활을 시작했다. 그러나 퍼셋은 두 달 후인 10월 11일 매 카이 목사와 혼인하게 되어 퍼셋과 같이 산 기간은 두 달이 안 된다.

우선 한국인과 접촉하기 위해서는 한국어 이름이 필요했다. 영어 이름 '엘리자베스'는 히브리어 엘리세바(אלישבע)에서 유래했는데 일본 에로는 에리자베수(エリザベス)로 표기한 반면 한자어로는 오래 전 부터 이리사백(以利沙伯)으로 표기했다. 무어도 이 한자 역을 따랐다. 성(姓)이 무어(Moore)였기에 '모'(牟)로 표기하여 그의 한국어 이름 이 '모 이리사백'이 된 것이다. 그러나 그를 이런 공식이름으로 부르는

---

6) *The Presbyterian Monthly* (November, 2 1896), 420.

7) *Messenger* (1902. 6. 13), 378; *The Presbyterian Monthly* (July, 1 1892), 231.

8) 매카이 목사가 쿡타운(Cookton)을 떠나면서 쓴 1892년 7월 1일자 편지가 남아 있다.

9) 다윈항 근처(Near Port Darwin)에서 쓴 7월 6일자 편지가 남아있다.

10) *The Record* (1892. 10), 14. 멕카이가 한국에 돌아온 날이 8월 3일이라는 점은 하디 가 1892년 11월 8일자로 호주 빅토리아주 발라랏의 케언스 목사에게 쓴 편지에서도 나타난다.

무어가 멘지스, 페리와 더불어 1894년 말까지 살았던 한옥

것조차 불편하여 한국인들은 그냥 '모 씨' 혹은 '모 부인'(Moore Puin)
이라고 불렀다. 이 글에서는 영어의 성을 따라 무어로 칭하고자 한다.

무어 선교사는 동료 선교사 외에도 3명의 고아들과 같이 살았는데,
이들을 위한 보호시설이 필요했다. 이 필요성 때문에 시작된 것이 부
산지방 첫 사회복지 시설인 미오라 고아원(Myoora orphanage)의 시
작이었다. 이것이 호주장로교선교부의 첫 자선기관이기도 했다. 여선
교사들이 처음부터 이런 사역을 계획한 것은 아니었으나 현지에서의
필요 때문에 자연스럽게 고아원 사역을 시작하게 되었고, 진 페리는
이 일을 주도했다. '미오라 고아원'이라는 이름으로 공식적으로 개원
한 것은 무어가 도착한 이듬해인 1893년이었다. 필자가 오래전에 이
점에 대해 여러 매체를 통해 소개했기 때문에 부산경남 교계에는 널리
알려져 있지만 '미오라'라는 말은 호주 원주민어로 '야영지' 혹은 '안식
처'(resting place)라는 뜻이다. 당시 멜버른 인근 투락에 있던 하퍼 부

인(Mrs. Harper)의 저택 이름에서 명명된 것이다.

하퍼 부인은 1890년 여전도회연합회(PWMU) 창립이후 34년 간 회장으로 봉사하면서 자신의 저택 마당(garden)에서 선교모임과 선교비 모금을 위한 만찬회를 개최하는 등 한국 선교를 위해 물심양면으로 헌신했고, 특히 그의 재정 후원이 고아원 사업에 큰 도움을 주었기 때문에 이를 기리기 위해 하퍼 부인의 저택 이름을 따라 '미오라 고아원'이라고 명명하게 된 것이다. 무어의 첫 사역은 이 고아원 아이들을 돌보는 일이었다. 이 고아원은 여선교사 집 앞에 버려진 한 아이로 시작되었으나 수용인원은 점차 증가하게 되자 새로운 시설이 필요했다. 그래서 1894년 12월에는 벽돌과 기와를 지은 새로운 건물을 건축했고, 무어와 3 여선교사 그리고 고아들이 이 건물로 이전하였다.

1895년에는 고아 수가 13명으로 늘어났다. 그러나 1910년 까지 수용아동은 10명 전후였고, 15명을 넘지 않았다. 1911년 말의 경우 고아 수는 6명에 지나지 않았다. 그러나 고아들과 함께 기숙하는 관리인(boarder) 1명, 보모 3인이 있었고, 고아원 관리 책임자가 무어 선교사였다.

이 고아원에서 1895년 10월에는 부산진 일신여학교(私立 釜山眞 日新女學校)라는 학교 교육이 시작되었다. 수업연한 3개년의 소학교 과정이었다. 이 학교가 한강 이남의 최초의 여자학

하퍼 부인의 저택, 미오라

교였고, 호주장로교선교부의 첫 교육기관이자 부산 경남지방 최초의 근대 여성 교육기관이 된다. 이 고아원과 학교를 관장했던 이들이 바로 멘지스와 페리 그리고 무어였다. 페리가 1895년 호주선교부를 떠나 이후에는 무어가 사실상 고아원의 원장이었다. 그는 애정을 가지고 이들을 돌보고 사랑을 베풀었다.

호주 빅토리아주와 타스마니아 주의 주일학교 아동들을 위해 발간되던 간행물 「더 레코드」(The Record) 1896년 9월호에 기고한 무어의 "우리 부산선교부의 고아들"(Our Mission Children at Fusan)이란 글을 보면 같이 살고 있는 고아들, 곧 홍이(Whonga), 보배(Poby), 봉순(Pong Suni), 금이(Keymi), 순복(Sun Pokie), 매물(May Mourie) 그리고 세기(Sege) 등 일곱 여아들에 대한 특징, 성격, 생활 습관들을 소개하고 있는데, 이것은 이들에 대한 관심과 애정의 표현이었다.

이 글 말미에서 이 아이들은 멘지스는 '작은 엄마'로, 브라운은 '중간 엄마'로, 자신에 대해서는 '큰 엄마'라고 부른다고 소개하고 있다.11) 1900년 10월 왕길지 선교사가 내한한 이후 그가 부산선교부의 여선교사들의 사역을 총괄했지만 사실상 학교 책임자는 멘지스였고, 고아원 책임자는 무어였다.

무어가 부산에서 담당했던 보다 중요한 사역이 지역 순례와 개척 전도였다. 이 일은 그가 부산에 도착한 때로부터 통영으로 옮겨가는 1913년까지 계속되었다. 그는 한국에 도착한 지 두 주일이 지난 후부터 사역에 투입되었는데, 그것이 전도부인 김유실(田有實, 1861~1942)과 함께 부산 동래를 방문했다고 한다. 그 다음 주일부터 순회전

---

11) *The Record* 8 (September, 1896), 14.

도여행을 다녔다고 한다.[12] 이런 점에서 부산과 경남동부 지역에서의 기독교 형성에 끼친 무어의 영향은 대단한 것이었다.

무어는 지역 순례와 전도만이 아니라 새로 믿은 여신자들에게 성경을 가르치고 신앙교육을 포함하는 것이었다. 무어는 한국인 전도자를 대동하고 경상남도 동부지역을 순회했는데, 부산진을 출발하여 동래, 기장을 거쳐 언양 울주 울산 병영 등지로 다니는 순회전도자였다. 이때 동행했던 한국 여성이 전도부인(Bible woman) 김유실이었다. 본래는 전유실이었으나 남편 김의진(金義溱, 1860~1893)의 성을 따라 김유실로 불렸는데 그가 무어의 순회전도의 동반자였다. 후에는 브라운 선교사와 동행하기도 했는데, 무어와 브라운은 특히 경남 동부지방 기독교 전파에 헌신했던 선교사이다. 그런데 무어는 특히 동래지방 사역에 열정을 쏟았던 선교사였음으로 지금의 동래 수안교회는 무어에게 영적인 빚을 지고 있다고 할 수 있다.

당시 김유실은 부산진에 거하면서도 무어와 함께 동래지역 전도에 힘을 쏟았는데, 그의 손자가 부산진교회 김경석 원로장로이다. 김유실 외에도 백차명, 송순남 등 전도부인이 무어 혹은 브라운과 동행했다.[13]

무어는 강인한 체력의 소유자였으나 체력의 한계를 넘도록 먼 거리를 이동했고, 피곤과 과로로 장티푸스에 감염되기도 했다. 또 여러 질병을 앓기도 했다. 지역을 순회하며 전도하여 신자가 생겨나면 다시 그곳을 방문하여 이들을 격려하고, 성경을 가르치고 또 예배를 인도하

---

12) *The Chronicles* (April 1, 1907), 2.
13) 이상규, 『부산지방에서의 초기 기독교』 (한국교회와 역사연구서, 2019), 96.

고, 이들을 중심으로 새로운 신앙공동체가 형성되도록 도왔다. 이동할 때는 나귀나 말을 빌려 타기도 했지만 걷는 일이 많았다. 예컨대, 1906년 말에 쓴 선교편지를 보면 11일 동안 34마일(약 55km)을 걸었는데, 이동하면서 각기 다른 곳에서 2일 혹은 3일을 잤는데, 숙소는 안락한 거실이 아니라 단지 몸을 피할 수 있는 그런 정도의 집이었다고 한다. 거처에는 벌레들이 들끓었으나 성도들이 반겨주어 즐거웠다고 썼다.

울산 지방에는 50명 모이는 교회들이 있고, 교회 건축을 위해서 어떤 여성은 머리카락을 잘라 팔았고, 무어의 전도부인 김유실은 은반지를 바쳤다고 썼다.[14] 다른 이들도 자기희생적인 헌신을 했다고 한다. 그런데 예수도 믿지 않는 한 남자가 한국 돈으로 10양을 헌금한 이야기도 전해주고 있다. 그의 영향으로 경남 동부지역의 교회들이 생성되었고 영적 성숙을 이룰 수 있었다. 무어의 순회전도는 마산 서부지역, 경남 내륙의 함안 서암 의령 등지로까지 확산되기도 했다. 무어는 통영까지 수시로 가서 전도하고 또 사경회를 인도했다.

그가 부산지부에 속해 있었기 때문에 당연히 부산진 좌천동의 부산진교회에 출석했는데 이 교회에서 주일학교에서 가르치고 여자 성경공부반을 인도하는 등 교회 발전에도 기여하였다. 비록 이 교회는 멘지스 일행으로부터 시작되었지만 무어 또한 설립초기 봉사자였다. 부산진에 처음으로 풍금(Organ) 도입된 때는 1893년 말이었다.[15] 매카이 목사가 일본 고베에서 구입했는데, 이 악기가 주일 예배에 사

---

14) *The Chronicles* (February 1, 1907), 2.
15) *The Record* (February, 1894), 16. 일본으로부터의 풍금 구입이 호주 교계 잡지에 소개된 것이 1894년 2월이었음으로 1893년 말에 부산진에 설치된 것으로 보인다.

1896년 당시의 부산진교회 성도들과 무어(왼쪽)와 브라운 선교사

용되었고 무어는 예배 시 반주자였다. 구입한 풍금 포장을 풀자 무어가 제일 처음으로 연주한 곡이 "예수사랑 하심은 거룩하신 말일새"였다고 한다.16)

이처럼 무어는 부산진교회에서 주일학교, 성경공부와 전도, 예배 반주 등 여러 분야에서 헌신했기에 앞서 소개한 무어에 대한 공로비가 세워지게 된 것이다.

그가 처음에는 한옥에서 불편하게 살았는데, 이때 부산진 호주 선교사들을 방문했던 여행가가 영국의 이사벨라 버드 비숍(Isabella Bird Bishop) 여사였다. 이때 무어 등을 만난 비숍은 그의 『한국과 이웃 나라들』(*Korea and Her Neighbors*)에서 부산의 열악한 환경에 대해 소개하고 그럼에도 불구하고 복음을 위해 일하는 호주 여선교사들에 대한 격려를 아끼지 않았다.

---

16) *The Record* (February, 1894), 16.

1894년 12월 새로운 벽돌 건물이 지어지자 무어와 멘지스 등 여선 교사들은 이곳으로 옮겨가 보다 안락하게 살 수 있었다. 그러다가 1900년 10월 왕길지 목사가 내한하게 되자 여선교사들은 벽돌집을 그에게 양도하고 다시 인근 한옥으로 옮가갔다. 그러다가 호주선교부가 1903년 다시 2층 벽돌집을 건축하게 되자 이곳으로 옮겨갔다. 무어는 이곳에서 1913년 통영으로 옮겨가기 전까지 살았다.

무어가 부산지부에서 일하는 동안 가장 어려운 일은 선교부 내의 인간관계의 파괴로 인한 갈등이었다. 여선교사들 상호 간의 관계는 큰 문제가 없었으나, 여선교사들은 데이비스와 매카이에 이어 청년연합 회(YFU)의 세 번째 선교사로 1894년 5월 20일 부산에 온 아담슨(Rev. Andrew Adamson) 선교사와는 심각한 문제가 야기되었다. 1895년 대수롭지 않은 일에서 시작된 이 갈등은 5년간 계속되면서 심각한 양상으로 발전하였다. 이때 무어도 말할 수 없는 심리적 어려움을 겪게 된다.17)

통영에서의 활동

호주장로교회는 부산에서 선교를 시작(1891)한 이후 진주(1905), 마산(1909)에 이어 1913년에는 통영과 거창 지부를 개설하게 되는데, 이는 1912년 부산진교회에서 모인 호주선교부 특별위원회의 결정에 따른 것이었다. 새로운 선교지 확보는 1910년 이래의 호주선교부의

---

17) 이때의 문제와 오랜 대립에 대해서는, 이상규,『왕길지와 한국선교』, 55-58을 참고할 것.

'전진정책'(Forward policy)에 따라 더 많은 선교사들의 내한으로 가능하게 된 것이다. 주한 호주선교부는 통영에 새로운 선교지부를 개척하면서 두 사람의 개척자를 파송했는데, 그가 무어와 왓슨, 곧 왕대선(王大善, R. D. Watson) 선교사였다.

1910년 12월 내한한 왓슨 목사(Rev. Robert D Watson)는 그 동안 마산지부에서 일하고 있었으나 새로운 선교부에도 목사가 필요했으므로 통영지부 개척자로 파송된 것이다. 그는 그동안 언어공부에 주력하고 있었으나 담임교역자가 없는 교회를 돌보며 지내던 중, 1911년 12월에 모인 제1회 경상노회에서부터 진해와 고성지방 지경(地境) 책임자, 곧 순회 책임자로 위임되어 있었다.[18] 1913년에 모임 제7회 경상노회에서 위임된 지경은 통영, 고성, 거제지역이었다.[19] 이런 상황에서 그는 통영을 두 번 방문하고 우선 선교부지를 확보하는 일을 맡았다.[20]

무어는 부산지부에 속해 있었으나 1894년 이래로 이곳을 방문하여 신자가 생겨났고 그 결과로 이 지방 최초의 교회인 충무교회 설립이 가능하게 했던 인물이었다. 이런 이유에서도 무어는 통영지방 개척 전도자로 적합한 인물이었다. 특히 그는 수년 동안 경상남도 동부지역을 순회하며 교회를 개척한 경험이 있었으므로 통영지부 개척의 적임자로 간주되어 1913년 통영지부로 배속된 것이다. 그래서 무어는 왓슨과 함께 새로운 선교지부를 개척하는 사명으로 통영으로 이동하게

---

18) 최병윤 편집, 『경상도노회 회록』 (부산경남기독교역사연구회, 2009), 4.

19) 최병윤 편집, 43.

20) *Our Missionary at Work* (January, 1913), 18.

된다.

1913년 10월에는 윌리엄 테일러 의사(Dr. William Taylor)가 통영지부에 합류했다. 내한하기 전 뉴 헤브리디즈에서 사역할 때 아내를 잃고 혼자 지내던 중 1913년 9월 내한했는데, 두 달 가량 부산진에서 지내다가 통영지부로 합류했다. 그해 12월에 상하이로 가서 간호선교사 출신인 앨리스 매인(Alice Main)과 결혼하여 1914년 1월에는 그의 아내도 통영으로 합류하게 된다. 그래서 통영지부는 무어와 왓슨 목사 부부, 테일러 의사 부부로 출발하게 된 것이다. 통영지부가 관할하는 지역은 통영과 그 주변 지역, 거제, 고성, 진해 등지였다. 당시 통영 인구는 4만 8천 명 정도였고, 통영지부 관할 지역 인구는 14만 명 정도였다.[21] 통영지역에서도 경남의 다른 지역과 마찬가지로 많은 이들이 새로운 삶의 터전을 찾아 만주로 이주하여 어수선한 분위기였다. 곤궁한 삶의 현장에서 안식을 구하고 있었다. 이런 시기에 통영지부가 설치된 것이다. 당시 통영은 칠암(Chilam)으로 불리기도 했는데 조용한 어촌이었다.

무어가 부산을 떠나 통영으로 이동한 것은 1913년 10월이었다. 왓슨이 확보한 지금의 세병교 맞은 편 문화동에 거처를 정하고 상주하게 되자 지역민들의 관심의 대상이었다. 우선 그의 키도 컸지만 머리숱이 유달리 많아 실재보다 훨씬 더 크게 보였다. 당시 호주 여성들이 선호했던 복장이 발끝까지 닿은 원피스였는데, 그가 주름 잡힌 흰색 원피스를 입고 거리를 나서면 그 자태가 천사 같았다고 한다. 치마폭이 바람에 휘날릴 때 이국의 여성을 향한 관심 또한 적지 않았다. 때로 밀짚

---

21) *Our Missionary at Work* (January, 1913), 46.

형 모자를 쓰기도 했고, 스카프를 걸치기도 했는데, 이국 여성의 외모만으로도 관심의 대상이었다. 무엇보다도 그가 한국말도 잘해 그가 지나가는 곳이면 사람들이 모여들었고, 무어 자신의 말처럼 사람들은 가게에 물건 사러 오듯이 자신을 아이쇼핑했다고 한다.

통영지부에서 무어의 일차적인 사역은 지역순회와 전도였다. 이 일은 부산지부에서 늘상 하던 일이었지만 통영에서의 지역 순회는 새로운 일상이었다. 그는 통영 내륙지방과 고성 그리고 거제도를 순회했고, 통영 인근의 다도해 지방을 순회하는 일은 부산지부와는 다른 새로운 경험이었다. 순회 전도여행은 왓슨 목사와 동행하기도 했는데, 세 가지 방향에서 전개되었다. 통영지역을 순회하던가, 고성지방으로 향해 삼천포 지방과 그 인근으로 순회하던가, 거제도로 향해 지세포, 장승포, 고현 등지를 순회하는 방식이었다. 이런 순회의 결과로 욕지교회(1902)와 충무교회(1905)에 이어 해 지역에 교회가 설립되고 복음의 확산되는 결과를 가져온 것이다.

특히 무어는 통영에서 선편으로 욕지도 사량도 등 인근 해역의 도서지방을 순회했다. 당시 선편으로 도서지방을 순회하는 일은 가장 힘든 일이었다. 무엇보다 안전에 유의해야 했기 때문이다. 사실상 무어는 통영지부의 여러 지역을 순회한 최초의 여자 선교사였다고 할 수 있다.

일반적으로 남자 선교사들이 원거리를 이동하며 순회 전도하지만 여성이 장거리를 순회하는 일은 쉽지 않았다. 그러나 무어는 이 일을 잘 감당했고, 이런 점에서 통영과 그 인근 지역 교회 설립의 산모 역할을 했다고 할 수 있다. 테일러 의사의 의료 활동에 힘입어 1915년 도서

지방 환자들을 위한 선교선(宣敎船)이 마련된 이후에는 그나마도 이동이 편리해졌다. 이런 순회 전도의 결과로 1913년 욕지도와 사량도 등에 새로운 교회가 설립된 일은 놀라운 일이 아닐 수 없다.

통영지부 선교사들이 출석했던 중심 교회는 지금의 충무교회인 대화정교회인데, 무어는 이 교회에서도 주일학교 학생들을 가르치고 예배 시 반주도 하고 여성들을 위한 성경공부를 인도하기도 했다. 왓슨 선교사의 한국어 선생이 류병섭(Rye Beng Syep)이었는데, 마산에 살던 그가 통영으로 와 왓슨의 사역을 도왔고, 또 대화정교회를 위해서도 봉사하였다. 이런 점에서 대화정교회 형성과 발전의 기초는 호주 선교사들의 헌신이었다.

무어는 통영지방 학교 교육을 위해서도 힘을 쏟았다. 호주선교부는 어디서나 유치원 교육을 강조하였는데 이곳에서도 예외가 아니었다. 유치원 형태의 아동들을 위한 교육 프로그램은 이미 1911년에 시작되었는데 중간에 폐쇄되고 다시 개원하는 등 진통을 겪었다. 통영에서 첫 선교학교라고 할 수 있는 진명(進明)여학교는 왓슨 선교사 부인에 의해 1914년 1월 시작되었다.

왓슨 목사는 무어와 함께 통영 일원과 인근 도서지방을 순회 전도하던 중 이 지방에 교육기관이 전무함을 알고 선교관을 교사로 하여 학교를 운영할 수 있다고 보아 우선 진명학교를 시작하게 된 것이다. 이 학교는 지금의 초등학교 과정이었으나 학령을 어긴 이들이 많았고, 학생들의 나이 편차가 심했다. 또 그해 진명야학교가 설립되었는데, 주간에 공부할 수 없는 여성들을 위한 학교였다.[22] 주간의 진명학교

---

22) 이상규, 『부산지방 기독교 전래사』, 201.

를 설립하고 보니 정작 공부해야 하는 여성들이 주간에 공부할 수 없다는 점을 알게 된 것이다. 이런 필요 때문에 야간 학교를 열게 된 것이다. 학교라기보다는 강습소와 같아 '강습소'로 불리기도 했다.

이 학교 교육과 운영에 있어서 왓슨 부인이나 무어의 수고가 많았지만 특히 교육을 담당했던 이가 윤신애(Yuen Sin Eh)라는 여교사였다. 그는 통영의 관립학교 교사였는데, 진명여학교가 윤 선생을 초빙하여 야간 학생들을 가르치게 한 것이다. 그는 크리스천이었고 주간에는 자신이 재직하고 있는 학교에서 가르치고, 야간에는 진명여학교에서 가르치도록 요청한 것이다. 1913년 당시 진명야학교는 주 3일만 공부했는데 주간에 교사로 일하고 다시 야간에 와서 주 3일 수업을 담당하는 것이 어려웠으나 기꺼이 봉사해 주었고, 이 점을 무어는 고맙게 여겼다. 야학교 평균 출석 인원은 30명이었는데, 절반이 비신자였고 나머지 절반은 신자들, 곧 대화정교회에 다니는 여성들이 중심이었다. 과목으로는 국어, 산수, 음악, 성경 등이었다고 한다.[23]

점차 야간학교에, 주로 가난한 여성들, 생활고로 고통당하는 여성, 신체적 장애가 있는 여성 등을 위한 자선기관 성격이 더해진 일은 자연스런 발전이었다. 이런 학교교육을 주도한 이가 왓슨 부인과 무어 선교사였다. 초기에는 학교라고 불리기도 어려워 여러 학원 강습소 등 여러 이름으로 불리게 되는데, 이를 근거로 통영에 무려 6개의 학교가 있었다고 말하는 이도 있으나 이는 사실이 아니다.

호주선교부의 진명학교와 진명야학교가 다른 이름으로 불리고 1920년대 이후에는 실업교육을 중시하여 자수, 수예, 양계, 염소 등을

---

23) *Our Missionary at Work* (January, 1914), 49.

사육하는 등 농업 기술도 가르쳤다. 이곳에서의 교육은 가난하고 불우한 여성들에게도 교육의 기회를 부여하기 위한 목적으로 시작된 자애의 기관이기도 했고, 무어 선교사는 이런 여러 활동을 통해 통영지방 기독교 형성에 헌신했던 여성이었다.

남은 이야기

호주 빅토리아주 여전도회연합회 1987~88년 회장을 지낸 탈스마 여사(Mrs. Talsma)는, 30년 전인 1989년 여름, 호주 멜버른 시내 콜린스가에 서 있는 호주빅토리아장로교 총회 본부 건물(Assembly Hall) 지하에 여전도회 연합회가 운영하는 티 룸이 있었는데, 그곳 한 구석 긴 탁자 위해 전시해 두고 팔았다는 통영의 가난한 여성들이 만든 수예 손수건, 책상보, 밥상보 등을 나에게 선물했다.

통영의 불우한 여성이 만든 제품을 호주로 보내 판매하게 했고, 판매 대금을 돌려주어 통영의 고달픈 여성을 후원했던 사랑과 자애의 흔적이었다. 그는 80년이 지난 허름한 물건을 소중하게 간직하고 있었고, 이제 호주의 한국 선교 역사를 연구하는 이에게 돌려준다는 것이었다. 나는 그 수예품을 지금까지 소중하게 보관하고 있다. 통영에 왔던 무어와 왓슨 등 선교사들이 어떻게 어떤 마음으로 일했는가를 보여주는 흔적이었다.

통영에 선교지부가 설치되고 선교부가 자리 잡았던 문화동에는 3동의 건물이 세워졌다. 이를 통영 사람들은 양관(洋館)이라고 불렀다. 그러나 1941년 호주선교부가 철수한 후 도시의 개발과 변화와 더불어

인심도 변하고 지역 교회의 무관심 속에 양관은 소리 없이 무너져 내렸다. 필자가 호주에서 돌아오던 해, 곧 1990년 학생들을 데리고 이곳을 찾았을 때 무너질 듯한 호주선교관 한 동만이 지난 험난한 세월을 안고 역사의 흔적을 찾아 나선 우리 일행을 맞아주었다. 무어와 왓슨, 커와 알렉산더 그리고 스키너가 살던 바로 그 집이었다. 1995년 내가 다시 그곳에 갔을 때는 그마저도 자취도 없이 사라졌다. 이제라도 그 흔적을 찾아 잊힌 세월을 복원하겠다는 것은 의미 있는 일일 것이다.

마가렛 알렉산더

Margaret Alexander(1886~1967)

1911년 내한하여 1941년 일제에 의해 한국을 떠나기까지 30년간 한국에서 일했던 미혼 여선교사 안진주(安眞珠, Margaret Logan Alexander, 1885~1967). 그는 그의 한국 이름만큼이나 소중하고 값진 선교사로 한국인의 사랑을 받았던 선교사였다. 그는 1911년 2월 내한한 이래로 부산(1911~1918, 1921~1933, 1939~1940)과 통영 (1918~1920, 1940~1941) 지방에서 사역하였는데, 온화하고 밝은 성격, 매사에 최선을 다하는 성품 때문에 많은 이들에게 신뢰를 받았다. 한국에서 일하면서 2살짜리 고아 소녀 김복순을 양녀로 삼아 일생 동안 그를 돌보기도 했던 그는 본국으로 돌아간 후에도 변함없이 한국인을 그리고 호주로 이주해온 외국인 이민자를 돌보며 위로와 사랑을 베풀었던 여성이었다.

가정 배경, 선교사로의 준비

안진주, 곧 마가렛 로간 알렉산더는 빅토리아주의 서부지역에 위치한 몰트레익(Mortlake)에서 1885년 3월 25일 출생했다. 그는 5녀 중 둘째 딸로 출생했는데, 그의 가계는 영국 전통의 기독교 가정의 내력을 잘 보여준다. 그의 할아버지 피터 알렉산더(Peter Alexander)는 1817년 4

월 4일 생인데, 머독 매카이(Murdock Mackay)의 딸 크리스챤 매카이
(Christian Mackay) 양과 결혼했다. 그러나 2남 1녀를 남겨두고 35세의
나이로 1852년 2월 28일 사망했다.

첫 아들이 존(John)이었고 둘째가 윌리엄(William)인데, 그가 안
진주 선교사의 부친이었다. 아버지 윌리엄 매카이 알렉산더는 1848년
1월 7일 런던서 출생하였는데 그의 가족은 1856년 호주로 이민하였
고 빅토리아주의 콜링우드에 거주하고 있었다. 호주로 이민 온 윌리엄
은 거주지의 학교에서 교육을 받았고 그의 나이 25세 때인 1873년 5
월 23일 마가렛 에드거(Magaret Edger)와 결혼하였으나 남자 아기를
사산하고 오랜 병중에 있다가 1877년 10월 3일 사망하였다.

그동안 윌리엄 매카이는 교사로 일하고 있었으나 장로교 목사가
되기로 작정하고 신학공부를 시작하였고, 1878년 11월부터는 질롱에

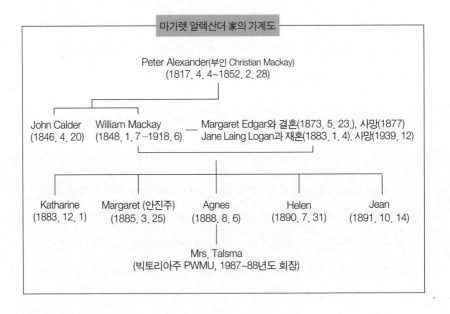

있는 교회(Church of Scotland)에서 설교하기 시작하였다. 그러던 중 신학교육을 마치고 1879년 1월 7일에는 강도자격을 얻고 그해 3월부터는 브라이트의 리이스가에 위치한 스티플교회(Steeple church)의 담임목사로 청빙을 받았다. 그는 이제 목사로서의 삶을 시작한 것이다. 그는 이 교회에서 목회하면서 인접 지역 교회를 돌보는 책임을 맡기도 했는데, 후일 빅토리아주의 서부지역에 위치한 몰트레익교회(Mortlake)로 전임하였다.

그가 이 교회에서 일하는 어간에 홀어머니와 함께 살고 있는 제인 랭 로간(Miss. Jane Laing Logan)이라는 여성을 알게 되었다. 아내를 잃고 혼자 살고 있던 알렉산더 목사는 곧 이 여성과 교제하게 되었고, 1883년 1월 4일 결혼하기에 이르렀다. 재혼한 그는 그해 12월 1일 첫 딸을 얻었는데 그가 케더린(Katharine Logan)이었다. 또 1885년 3월 25일에는 둘째 딸을 얻었는데 그가 마가렛 로간 알렉산더, 곧 후일 한국 선교사가 되는 안진주였다. 1888년 8월에는 세 번째 딸을 얻었는데 그가 아그네스 로간(Agnes Logan)이었다. 부연하면 아그네스의 딸은 1987~8년 빅토리아주 여전도회 연합회(PWMU) 회장을 지낸 마가렛 탈스마 여사(Mrs. Margaret Talsma)이다.

탈스마 여사는 빅토리아주 여전도회연합회(PWMU)의 역사(*There Were Many Women*, 1890~1990)를 집필했을 뿐만 아니라 필자가 호주에서 유학하는 동안 여러 가지로 도움을 주었고, 이모인 안진주 선교사에 대한 귀중한 자료와 정보를 제공해 주었다. 이 글의 많은 정보도 그가 제공한 자료에 의존하였다.

빅토리아주선교부 총무이기도 했던 윌리엄 알렉산더 목사는 몰트레익교회에서 11년간 일한 후 1892년 3월 빅토리아주의 칼톤(Carlton)에 위치한 어스킨교회(Eskine church)로 옮겨갔다. 이때는 호주가 경제적으로 어려운 시기였다. 은행이 파산하기도 했고 국제적인 대공황의 여파 속에 있었다. 윌리엄 알렉산더 목사는 멜버른 북노회 서기로 봉사하기도 했고, 그가 아보츠포드(Abbotsford)교회로 옮겨간 후인 1913년에는 빅토리아주 장로교 총회장에 선임되기도 했다. 항상 농촌 지역의 작은 교회를 돌보기를 기뻐하였던 그는 여러 지역의 작은 교회들을 순회하며 도움을 주었던 신실한 목사였다. 특히 그는 해외 선교에 관심이 많았던 인물로서 빅토리아주선교부 총무로 있을 때는 호주장로교회의 중요한 선교지였던 뉴 헤브리디즈(New Hebrides)를 방문한 일도 있다.

남태평양의 뉴 헤브리디즈 군도는 1980년 바누아투(Vanuatu)란 이름으로 독립했는데, 이곳에 처음 기독교가 전파된 때는 1839년이었다. 런던선교회의 존 윌리엄스(John Williams)와 제임스 해리스(James Harris)가 이곳으로 간 첫 선교사였다. 이들은 곧 식인종에게 먹혀 죽었고, 1842년 런던 선교회는 또 다른 선교사를 보냈으나 곧 철수했다. 그 후에 이곳의 아네이티움(Aneityum) 섬으로 파송된 선교사가 유명한 존 게디(John Geddie)였다. 1848년의 일이다.

1852년에는 존 잉글리스(John Inglis)가 파송되어 놀라운 부흥을 경험하게 된다. 그래서 1854년에는 이 섬의 인구 중 절반에 해당되는 3,500여 명의 원주민들이 개종했고, 게디 선교사가 사망한 1872년 당시에는 아네이티움 섬의 모든 사람들이 그리스도인이 되었다고 한다. 이곳이 호주장로교회의 중요한 선교지였기에 윌리엄 알렉산더 목사는 이곳을 방문했던 것이다.

이런 선교적 관심 때문에 그의 사택은 선교지에서 돌아온 선교사들로 항상 붐볐다고 한다. 그의 아내 역시 여전도회연합회(PWMU)의 실행위원으로 봉사하였다. 이런 가정 배경에서 성장한 마가렛(안진주)는 어릴 때부터 선교사들과 접촉하면서 성장하였고,[1] 해외선교에 대한 관심을 갖게 된 것이다. 그는 이 목적을 위해 필요한 공부를 했다. 즉 초등학교과정을 마친 후 멜버른의 장로교 총회가 운영하는 장로교여자학교(Presbyterian Ladies' College)에서 공부하였고 멜버른대학에서 1년간 외국어, 특히 중국어를 공부하였다.[2]

그 후에는 한국에서 일할 계획으로 유치원 교사로서 필요한 훈련을 받았다. 이 점을 보면 그는 이미 한국 선교사로 생애를 바치기로 결심하였고, 구체적으로는 유치원 사역을 위해 자신을 준비했다는 점을 알 수 있다. 유치원 교사로서 필요한 교육을 마친 그녀는 얼마간 노스 멜버른(North Melbourne)의 유치원에서 일한 바 있다. 그 후 빅토리아장로교회가 국내외에서 교회를 위해 직접적으로 일할 여성, 특히 해외에서 선교사로 일할 여성을 위한 교육기관인 여성지도자 훈련원(The Deaconess Institute)에 입학하여 교육을 받았다.

이 모든 준비와 훈련을 마친 마가렛은 빅토리아주 여전도회 연합회의 파송을 받고 한국 선교사로 한국으로 향하는 장도에 올랐다. 그때가 1911년 1월이었다.

---

1) *The Chronicle* (Jan. 2, 1911), 2.
2) 마가렛의 언니 케더린도 PLC를 거쳐 멜버른대학에서 문학석사 학위를 받고 여러 학교에서 교사로 일했다. 그리고 그도 교회와 주일학교를 위해 봉사하며 평생 동안 미혼으로 지냈다.

선교사로서의 활동

1911년 1월 중순 멜버른을 떠난 마가렛은 1911년 2월 21일 부산에 도착했다. 이때부터 1918년까지는 부산에서 일했고, 1918년부터 1920년까지는 통영지부로 배속되어 그곳에서 일하다가 1921년 다시 부산지부로 와서 1933년까지 일했다. 그 후에는 다시 통영에서 일하고 1939년부터 1940년까지는 부산 동래에서 일했다. 1940년 다시 통영에서 일하던 중 전운이 감돌 때 호주로 돌아갔다. 즉 그는 한국에서 30여 년간 부산과 통영을 오가며 한국교회를 위해 헌신했다. 그는 유치원 혹은 학교교육에 관여하며 순회전도자로 일했고, 지역 교회를 후원했다.

그가 부산에 도착하던 해 부산에서 일하던 마가렛 데이비스(Miss. Margaret Davies)가 진주지부로 전임하게 되자 안진주, 곧 마가렛 알렌산더는 일신여학교에서 일하게 되었다. 대마가례(代瑪嘉禮)라는 한국이름으로 잘 알려진 마가렛 데이비스는 1910년 10월 내한했는데, 그동안 일신여학교의 교무주임으로 일하고 있었다. 안진주는 마가렛 데이비스가 하던 일을 대신하게 된 것이다. 당시 교장은 겔손 엥겔(Rev. Gelson Engel), 곧 왕길지 선교사였다. 아직 한국어에 익숙치 못했으나 학교교육에 참여하는 일은 즐거운 일이었다. 점차 한국어 실력이 향상되었고, 1912년 4월부터는 수업을 맡았고, 1913년 4월 12일에는 민지사, 왕길지에 이어 제3대 교장에 취임했다. 이때부터 1914년 12월 8일까지 1년 8개월간 교장으로 봉사했다.[3] 그가 학교

---

3) 동래학원80년지 편찬위원회, 『80년지』 (부산: 동래학원, 1975), 270.

경영에 참여하는 동안 일신여학교 고등과 제1회와 2회 졸업생을 배출했다.

그 후에 다시 부산지부로 돌아온 마가렛 데이비스가 다시 학교 운영을 맡아 1914년 12월 교장에 취임했다. 과로에 시달리던 안진주는 비록 교장직은 벗었으나 학교교육에는 계속 관여하지 않을 수 없었다.

마가렛 데이비스가 교장에 취임한 지 약 1년이 지난 1915년 4월 안식년을 맞아 호주로 돌아가게 됨에 따라 안진주가 다시 교장대리로 선임되어 학교일을 관장하게 된다. 이때는 국내외적으로 어려운 시기였다. 특히 그해 3월 일제는 '개정사립학교 규칙'(改正私立學校規則, New amendments on private school regulations)을 공포하여 학교교육을 통제하되, 특히 종교교육을 심각하게 통제하여 위기를 느낄 정도였다. 사립학교를 세우려면 총독의 허가를 받아야 하고, 총독부가 편찬, 검정한 교과서만 사용해야 하고, 일본어를 할 줄 아는 사람만이 교원이 될 수 있다고 규정하여 선교사들의 학교 교육을 통제하는 법령이었다. 이런 시기 지혜롭게 학교를 운영해야 하는 책임이 그에게 주어져 있었다. 일 년간의 안식년을 보내고 부산으로 돌아온 마가렛 데이비스는 1916년 5월 10일 다시 교장직을 인계 받았다.

그리고 그해 안진주는 첫 안식년을 맞아 호주로 돌아갔다. 그동안 부산에서 일신여학교 일과 지역 교회 순회, 여성성경공부반 인도, 경남여자성경학교에서의 교수 그리고 부산 감만동의 나병원에서의 여성 환자들을 위한 봉사 등으로 지쳐 있었기에 안식이 필요했다. 그러나 건강이 회복되지 못해 안식기간의 8개월 연장을 신청했다. 그의 요청은 수용되어 건강을 회복할 수 있었다.

안식 후 1918년 부산으로 돌아온 안진주는 순회전도자로 부산과 경남 서부지역을 순회하며 교회와 성도들을 보살폈으나 통영의 로버트 왓슨(Rev. Robert D Watson) 선교사가 안식년을 맞게 되자 그의 사역을 계승하기 위해 통영으로 이동하게 된다. 이곳이 통영지방에서의 사역의 배경이 된다.

왓슨 부부는 현재의 충무시 문화동 충무교회 인근에서 여성들을 위한 교육기관을 설립했는데, 그것이 진명유치원(1911), 진명여학교 (1913), 진명강습소였다(1914). 진명여학교는 초등학교 과정이었고, 진명 야학교는 가난한 여성들을 위한 실업교육 혹은 직업 보도를 위한 학교였다.[4] 왓슨 부부를 대신하여 안진주는 일차적으로 이 학교를 돌보며 순회전도와 지역 교회 후원, 통영교회를 돕고 주일학교를 위해 봉사했다. 왓슨이 안식년을 마치고 귀임하게 되고, 통영지부가 안정을 회복하게 되자 부산지부에는 순회 전도자가 필요했다. 이러한 필요에서 안진주는 1921년 다시 부산지부로 돌아오게 된다. 이때부터 12년간 부산과 경남지방, 특히 경남 동부지역 순회전도자로 일하게 되지만 여성들을 돕고 가르치고 훈련시키는 일에 집중했다.

그가 주로 방문했던 지역이 부산에서 동래를 거쳐 기장 언양 울산지역으로의 순회였지만 김해, 밀양 등지로도 순회했다. 그는 이런 지역을 연 3회 이상 순회했다. 부산 지부에 속한 교회에서의 성경공부, 감만동의 나병원인 상애원(相愛院)의 여성 환자들 그리고 부산에서의 유치원 교육도 그가 관여했던 사역의 영역이었다.

1934년에는 다시 통영으로 돌아갔다. 이때부터 1939년까지 5년

---

4) 이상규,『부산지방 기독교전래사』(부산: 글마당, 2001), 201, 202.

간 일했다. 이때에도 그는 지역 교회를 순회하며 성경을 가르치거나 집회를 인도하기도 했다. 통영지부에 속한 욕지도, 사량도, 노대도 등도 그가 순회했던 지역이었다. 그러다가 1939년에는 부산의 동래로 돌아갔다. 잠정적인 조치였다. 동래에서 동래여자실수학교를 설립 운영하던 에디스 커(Miss. Edith Kerr, 巨怡得) 선교사가 안식년으로 한국을 떠나게 되자 이 일을 대신하기 위해서였다. 동래여자실수학교는 부산 동래 복천동 일신여학교 고등과 옆에 위치하고 있던 가난한 여성들을 위한 실업학교였다. 커는 통영에서도 진명야학교 학생들에게 실업교육을 실시한 바 있어 이 분야 교육 전문가였다.

에디스 커 선교사가 안식년을 마치고 귀임하게 되자 안진주는 1940년 통영으로 돌아갔다. 그러나 이때는 후일 대동아전쟁이라고 불리는 전운이 감도는 불안한 시기였다. 선교사역이 크게 위축되고 있었고 안식년으로 본국으로 돌아간 선교사가 귀임하지 않는 등 불안한 시국이 계속되고 있었다. 그도 결국 1940년까지 한국에서의 사역을 마감하고 1941년 4월 호주로 돌아갔다.

안진주는 한국인 전도부인과 동행하여 지역을 순회하고 그들을 위해 말씀을 가르쳤고, 유치원교육 책임자로 부산과 통영에서 일했고, 부산의 일신학교나 통영의 진명학교 운영에도 깊이 관여하였다. 항상 어린아이를 좋아했던 그의 성품 때문에 그는 이 일을 기뻐하였고 모든 일에 최선을 다했다. 그러기에 그는 한국인들의 사랑을 받았다. 그가 한국에서 일하는 동안 어린 여자아이 김복순을 양녀로 삼아 그가 성장하기까지 돌보았고, 호주로 돌아온 이후에는 서신으로 이 여인의 행로를 지켜보면서 부모로서 그리고 착한 언니로서의 역할을 다했다.

필자가 호주장로교회의 한국 선교사에 관한 연구를 위하여 여러 도서관을 섭렵하고 선교사 후손을 만나는 과정에서, 앞에서 언급한, 안진주 선교사의 후손 탈스마 여사와 접촉하면서 한 장의 귀한 문서를 입수하게 되었다. 그것은 원양면 서산리 군자포의 장 바울이라는 이가 한글로 기록한 한 통의 편지였다. 이 문서를 받았을 때 나는 원양면이 어디인지 알지 못했다. 그것이 통영 앞의 욕지도라는 사실을 알게 된 것은 귀국 이후였다.

행정구역으로 경상남도 원양면 서산리 군자포, 곧 욕지도에 안진주가 부인사경회를 인도하기 위해 왔다는 소식을 접하고 쓴 편지였다. 하반신 불구로 자신이 직접 갈 수 없어 누군가 인편으로 전달한 편지였다. 그러했기에 우표나 우체국 소인이 없었다. 이 편지에는 우리가 초등학교 다닐 때 썼던 소위 그림일기 노트에 누가복음 16장 19절의 부자와 나사로에 관한 성경이야기를 그림으로 그려 두었고, 그 밑에 붓으로 쓴 편지였다. 눈을 피곤하게 만드는 영어문서만 읽고 있던 나에게 한글로 된 한 통의 편지는 나에게 신선한 감동을 주기까지 했다. 이 편지에는 다음과 같이 기록되어 있었다. (철자는 현대로 고침)

하나님 아부지께서 친히 부르심을 받들어 고국을 떠나서 수만리 타국에서 그리스도의 사역하시기 위하여 수고 많이 하시던 안부인 진주 씨는 우리 욕지교회를 이처럼 사랑하사 이전 일에 방문하신 후에 또 금번에 부인사경회를 작정하시고 또 오셨다는 말씀을 교제가 들으니 참 반갑고 고마운 생각이 비할 데 없습네다. 연약하신 일신으로 창과 월로에 별고 없이 잘 오셨습니까? 교제는 성신을 의지하고 아무 별고

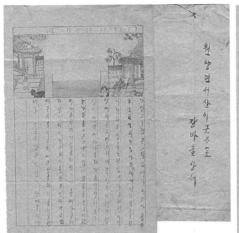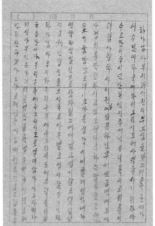

알렉산더 선교사에게 쓴 장바울의 편지

없이 잘 있으니 하나님 아부지와 우리 구주 예수 그리스도의 은택을
찬송하옵나이다. 우리 구주 예수 그리스도로 말미암아 나의 자매가
되신 안부인은 나 더러운 병신을 특별히 위하시던 은혜는 태산과 같
사오나 교제는 누님께 천촌지공도 값을 수가 없으니 참 부끄럽습네
다. 그러나 풍부하신 하나님 아부지께서 내 대신으로 친히 갚아주실
줄 믿습네다. 교제는 이 세상에서 늙고 병들어서 육신이 빈천한 형상
이 나사로와 같은 인생이오니 누가복음 16장 19절에 말씀을 보고 이
편지 가운데 그림을 그린 것이올시다. 교제가 성신 전(前)에 간구하
기를 안부인께서 금번에 우리 육지교회에 큰 성공하기를 기도합네다.

선교사 안부인 전에
장바울 상서

안진주는 앞에서 언급한 바대로 통영에서 일하면서 배를 타고 다니면서 통영 앞 바다의 작은 섬을 순회하며 전도하였는데 이곳의 장바울은 안진주 선교사에게 큰 사랑을 입었던 인물이 분명했다. 당시 안선교사는 여러 지역을 다니면서 부인 사경회를 인도하기도 했었는데 그가 다시 욕지도를 방문했다는 소식을 접하고 기쁨으로 쓴 편지였다. 호주에서 유학을 마치고 한국으로 돌아온 나는 이 편지의 주인공을 찾아보기로 마음먹고 1990년 여름 필자가 봉직하고 있는 고신대학교 학생 몇과 함께 부산을 떠나 통영으로 갔고, 다시 배를 타고 1시간 남짓한 욕지도를 찾아갔다. 오랜 세월의 간격이 있었으나 초기 선교사들이 복음을 들고 찾아갔던 그 역사의 흔적을 찾아 떠나는 우리의 여정 속에도 진한 감동이 있었다.

역사의 뒤안길을 헤쳐가는 일은 항상 즐겁기만 했다. 우리는 90년의 역사를 가진 욕지교회를 방문하였고 연로하신 어른을 통해 장바울의 신원과 이 편지의 내력을 확인할 수 있었다.[5] 어떤 원인인지는 알수 없으나 다리를 쓸 수 없었던 장바울은 신체적인 장애 때문에 자신의 걸음으로 교회 출입을 할 수 없었다. 누군가의 도움이 필요했는데 이웃 사람이 그를 지게에 지고 교회로 데려왔고, 예배가 끝나면 다시 지게에 실려서 집으로 돌아가야 했던 이였다. 탈스마 여사에게 들은 이야기 그대로였다.

탈스마 여사는 이모인 안진주를 통해 장바울의 내력을 알고 있었다. 듣던 바대로 장바울은 불편한 몸을 이끌고도 변함없이 주님을 섬

---

5) 장바울에 대한 자세한 기록은, 이상규, 『부산경남지방 기독교회의 선구자들』(부산: 고신대학교 출판부, 2012), 265-269를 참고할 것.

겼던 신실한 분임을 알게 되었다. 육신으로는 나사로 같았을지 모르나 영적으로는 강건한 분이었다. 안진주는 이 가련한 한 사람에게 넘치는 사랑을 베풀었고, 그 사랑에 힘입은 장바울은 믿음 안에서 안식을 누렸던 것이다.6) 이 한 통의 편지는 안진주 선교사가 남긴 아름다운 사랑의 흔적이었다.

한국에서의 은퇴 후 호주에서의 활동

아시아를 향한 일본의 야망이 구체화되고 조용한 아침의 나라 조선의 하늘에 전운이 감돌 때 선교사들의 귀국을 재촉하는 선교부의 지시가 하달되었다. 그래서 1940년 이후 내한 선교사는 없었고 주한 선교사들은 한국을 떠나기 시작하였다. 1941년 2월 28일은 '세계기도의 날'(World Day of Prayer)로 선포되었다. 그러나 이 기도회는 일경에 의해 사건화되어 이것이 반일 감정을 자극한다 하여 문제시되었다. 그해 4월 1일 안진주는 태매시, 거이득 선교사들과 함께 체포된 일도 있었다. 이런 난세에서 한국에 계속 남아 있을 수 없기 때문에 안진주는 약 30년간 일해온 정든 한국을 떠나 호주로 돌아갔다. 시국이 호전되면 다시 돌아오길 기대하면서.

그가 호주로 돌아간 후에는 역시 한국 선교사였던 에이미 스키너 (Amy Skinner)와 함께 휘알라(Whyalla)라는 곳에서 유치원을 시작하

---

6) 경남 통영시 광도면 안정리 산촌 부락 1765번지에서 출생한 장바울(1878~1941)은 63년의 생애를 마감하고 1941년 9월 11일 주일 통영시 욕지면 서산리 205번지 자택에서 세상을 떠났다.

였다. 이 유치원은 남부 호주장로교회의 관할 하에 있었다. 그는 이 유치원 사역과 함께 남부호주의 원주민 선교부인 에르나벨라 원주민 선교부(Ernabella Aboriginal Mission) 일을 돕기도 했고, 전쟁 중에는 뉴 헤브리즈로 가서 일하기도 했다. 그곳 선교사가 병으로 일을 할 수 없을 때 안진주는 그 선교사 대신 그곳으로 가서 봉사했던 것이다. '대동아전쟁'이 끝나고 한국은 식민지배에서 자유를 얻게 되었다. 안진주 선교사는 다시 한국으로 돌아가기를 원했으나 해방 후의 혼란한 정치적 상황은 그의 희망을 허락하지 않았다.

선교지에서 은퇴한 후 안진주는 아동보호협회(Save the Children Team)의 일원으로 일했다. 이 단체는 호주로 이민 오는 이들, 특히 언어를 모르는 이민자 자녀를 돕는 봉사기관이었다. 안진주는 한국에서의 사역 경험 때문에 언어를 모르는 이들의 아픔을 이해하였고, 특히 부녀자와 어린이들에게 호주에서 적응할 수 있도록 영어를 가르치고 호주에서의 정착을 가능하도록 도왔다. 이 당시 한국인의 이민은 없었다. 그러나 중국인을 비롯한 아시아권의 아이들에게 안진주는 사랑받는 어머니였다.

특히 그는 멜버른 시내에서 멀지 않는 브로클린(Brooklyn)에 있는 유치원에서 봉사했는데, 이곳에서 일하는 동안 "꽃을 가진 여인"(the lady with the flowers)으로 불렸다. 항상 꽃을 가지고 다니면서 위로와 격려를 아끼지 않았기 때문이다. 또 그는 항상 사랑과 격려의 글을 쓴 카드를 지니고 다니면서 이민 온 아이들에게 용기를 불어넣어 주었다. 사랑과 격려가 필요한 이들에게 애정 어린 위로의 말을 카드에 담아 주었던 것이다. 또 일주일에 두세 번씩은 멜버른의 이민자들의 거처를 찾아다니면서 이들의 필요를 채워주고 또 이들의 정착을 돕기도 했다.

1967년 4월 5일, 이날도 브로클린 유치원에서 봉사를 마치고 돌아오는 길에 불의의 교통사고를 당했다. 경찰의 모터 사이클에 부딪친 것이다. 다급한 상황에서 경찰은 곧 병원으로 이송했으나 그날 하나님의 부르심을 받았다. 당시 미혼인 언니 케더린과 막내인 진과 함께 호손(Hawthorn)의 섹스피어 그로브 80번지에 살고 있었다. 60여 년간 선교사로, 그리고 이웃을 위한 선한 봉사자로 살았던 그는 82세를 일기로 더 높은 소명을 받고 주의 나라로 옮겨갔다.

그가 사망하자 호손의 지역신문은 그의 죽음을 애도하며 그의 삶의 여정을 소개하며, 어른들에게는 꽃을 나눠주는 여성으로, 아이들에게는 할머니(Granny)라고 불린 사랑받던 여성이었다고 소개했다. 안진주 선교사는 진주처럼 귀중한 생애를 살았고, 부끄럼 없는 일생을 마감했다.

윌리암 테일러

William Taylor(1877~1938)

1913년 8월 호주 퀸스랜드의 샌 앤드류스 교회당에서 파송예배가 있었다. 당시 윌리엄 맥그레고 퀸스랜드주 총독이 참석한 가운데 성대한 예배가 진행되었는데, 이 자리에 윌리암 테일러(한국명: 위대연) 박사와 캐서린 레잉 선교사가 있었다. 이들은 빅토리아교회를 대신하여 한국 선교사로 임명을 받고 그 다음 달 한국으로 떠나게 되었던 것이다. 맥그레고 총독은 세계 곳곳에서 일하는 기독교 선교사들의 공헌을 언급하며, 이들 사역의 성공을 축복해 주었다.

의료사역, 선교의 한 본질

테일러 선교사에 관한 「크로니클」 선교잡지의 첫 언급은 1910년 매켄지의 후임으로 그가 뉴 헤브리디즈의 산토섬 노구구로 부임한다는 알림이었다. 그리고 후에 빌라의 한 병원에서 의료선교사로 사역을 하였었다. 그러나 그는 그곳에 오래 있지는 못하였다.

뉴 헤브리디스에서 그는 역시 선교사였던 간호사 메인 양을 만나 결혼을 약속하고, 함께 한국에서 일하기로 하였던 것이다. 테일러는 이 해 1913년 9월 4일 부산에 먼저 도착하였고, 그는 12월 상해에서 약혼자 메인을 만나 결혼하여 함께 한국에 입국한다.

테일러는 부산진에서 첫 편지를 보내는데 그곳에서 말로만 듣던 미우라 고아원을 방문하고, 그곳의 행복한 어린이들과 멘지스 선교사를 만난 이야기를 쓰고 있다(크로니클, 1913년 12월 1일, 7).

테일러는 1913년 5월 12일 한 여선교연합회 모임에서 '의료 선교'에 관하여 연설을 하였었다. 그는 말하기를 교회의 해외 선교에는 세 가지 방법이 있는데 전도, 교육 그리고 의료 사역이라 하였다. 의료 사역은 회심을 얻어내기 위한 뇌물이 아니라 선교의 한 본질이며, 예수도 어디 가던 전도와 치유 사역을 병행하였다고 말하였다. 의료봉사가 복음의 문을 여는 중요한 길이였음이 인도, 시리아, 중국 그리고 뉴 헤브리디즈에도 증명되었다고 강조하였다(크로니클, 1913년 6월 2일, 2).

칠암선교부

테일러는 당시 칠암선교부로 불리었던 통영선교부로 부임하였다. 한국 주재 호주선교부 공의회는 그를 통영으로 추천하였는데 그 이유는 다음과 같이 밝히고 있다.

1. 진주에는 이미 두 명의 의사가 있으므로 테일러 박사는 진주에 임명하지 않는다.
2. 테일러 박사를 부산진으로 배속하지 않은 이유는 그곳에 의료 지원이 필요함에도 그곳은 성경 교수를 위한 목사가 필요하다.
3. 테일러가 칠암으로 배속되면 그는 마산뿐만 아니라 부산진의 긴급 의료 지원을 할 수 있다(더 레코드, 39).

테일러 부부가 통영에 부임할 때 그곳에는 왓슨 부부와 무어 선교사가 일하고 있었고, 통영선교부가 막 시작이 되고 있었다. 테일러는 본인의 사역에 관한 내용을 자신을 후원하는 빅토리아 모트레이크 노회에 정기적으로 편지를 썼기에 크로니클 선교지에는 그의 보고서 일부분만 간간히 소개되었다. 첫 편지를 크로니클 선교지가 소개하고 있다. 그는 통영의 아름다움에 깊은 인상을 받았다고 하면서, 통영에는 그러나 여러 의심과 무지와 미신숭배가 있다고 하였다.

그럼에도 그곳에는 선교사들과 함께하는 매우 충실한 기독교인 그룹이 있으며, 그를 환영하는 만찬이 있었다고 한다. 테일러는 즉시 일반 가정에서 환자를 보기 시작하였고, 무어의 도움을 받아 여자 환자들도 만날 수 있었다. 그리고 테일러는 이곳이 곧 십자가가 높이 세워지는 마을이 될 수 있기를 희망한다고 하였다(크로니클, 1914년 2월 2일, 8).

1914년 중순 크로니클에도 테일러의 편지를 소개하고 있다. 통영에서는 복음전도, 교육사업 그리고 의료 사역을 동시에 진행되고 있다고 하며, 이 지역이 속히 복음화 될 수 있도록 테일러는 모트레이크 노회에 요청하고 있다. 또한 남성 선교사들이 순회전도를 할 때 그들의 백인 부인들은 한국인들에 둘러싸여 생활을 하는데, 그들의 소외감과 외로움은 말로 다할 수 없다고 하였다. 한국에서의 생활은 큰 용기가 필요하다고 말하고 있다(크로니클, 1914년 8월 1일, 8).

테일러와 테일러 부인은 계속하여 환자들을 진찰을 하고 있었다. 특히 통영의 여인들이 테일러 부인에게 와 자신들의 병을 자유로이 말할 수 있었으며, 간호사인 그녀는 남편과 상의하며 적절한 처방과 처치를 해 줄 수 있었다. 중간에 무어와 왓슨 부인의 통역 또한 큰 도움을 주어, 한 팀으로 사역을 하였다.

테일러는 또한 의료 시혜의 사각지대에 처하여 있는 남해의 섬을 순회하기 시작하였다. 섬 주민들은 보통 나무나 산이나 죽은 친구의 영을 믿고 있다고 하며, 하루빨리 이들에게 주님을 소개하기 원한다는 열정을 보였다. 당시 일본 당국은 불교를 후원하고 있었는데, 그들이 섬으로 들어오기 전에 먼저 하나님을 알려야 한다고 주장하였다. 그러므로 호주선교부에는 남해의 섬을 순회하는 것을 중요하게 생각하였고, 그 일을 위하여 모터보트의 구입을 추천한다고 하였다.

그리고 실제로 빅토리아의 남청년선교연합회의 후원으로 작은 보트를 구입하게 되었는데 테일러는 이 배를 이용하여 여러 도서 지방을 방문하며 주민들의 건강과 위생을 돌보며 전도하였다.

왓슨과 함께 테일러는 여러 내륙 지역도 방문하였는데 사통, 고성, 배두, 연동 등의 지명이 기록되었다. 그 중 배두를 방문한 한 지역에서 왓슨과 테일러는 요리문답반을 지도하였다. 그중 한 소녀의 이야기를 테일러는 소개하고 있다.

신앙에 관한 우리의 질문에 그 소녀의 대답은 놀라웠다. 다른 누구보다도 최고였고, 지적이었다. 그녀의 그러한 지식은 그러나 어려운 환경 속에서 얻은 것이었다. 그녀의 부모는 그가 교회에 나가는 것을 강하게 반대하였고, 반복적으로 그 소녀를 괴롭혔다. 그럼에도 불구하고 그녀는 주일마다 교회에 나왔고 예수님에 관하여 배우고 있었다. 그리고 복음서와 찬송가도 구입하고, 신실한 종이 되기 위하여 노력하였다. 그녀는 마치 연약한 꽃과 같아서 지나는 바람에 쉽게 꺾일 수 있었다. 그러나 그녀의 신앙은 얼마나 용감하고 강하였던가. 이 소녀가 아니었다면 이 작은 교회도 더 어려워졌을 것이다. 하나님이 이곳에서 일하고 계시다는 반증이었고, 우리의 돌아오는 길은 즐거웠다(크로니클, 1915년 6월 1일).

진료소 설립

1915년 9월에 와서야 드디어 테일러의 진료소가 통영에 설립되었다는 기쁜 소식이 전해지고 있다. 1년 전 진료소 건물 비용이 25파운드를 초과하지 않는다는 조건으로 해외선교위원회가 승인하였었다. 그러나 실제적으로는 입원환자들을 위한 방 두세 개를 더 확충하므로 45파운드의 비용이 필요하였다고 한다. 이것을 위하여 가능한 장소를 찾기 위한 많은 조사와 정부 기관과의 협의가 있었는데, 나환자들을 위한 계획은 결국 허가가 나지 않아 포기하게 되었다(호주장로교 한국 선교역사 1889-1941, 187-188).

진료소에는 환자들의 대기실, 진료실, 약방 등이 있었는데, 작지 않은 규모였다. 특히 테일러의 한국어 선생도 매일 오후 환자들의 붕대를 감아주는 등의 봉사를 효과적으로 하였다. 그러나 여전히 진료소 비품과 약품 등이 부족하였는 바 침대보, 붕대, 바셀린, 붕소 등을 호주에 요청하고 있다(크로니클, 1915년 9월 1일, 2).

테일러는 치과의사는 아니지만 이가 아파 고통을 호소하는 사람들에게도 위로가 되었다. 한 사람의 아픈 치아를 뽑아주자 그는 즉시 동네로 달려가 몇 사람을 더 데리고 왔는데, 치아로 인하여 고생하는 사람이 당시 많이 있었기 때문이다. 한 여인의 치아를 뽑아주자 그녀는 반항하는 자신의 딸도 자리에 앉히더니 흔들리는 이를 발치해달라고 하였다. 테일러가 이 한 개를 뽑아주자 또 다른 벌레 먹은 이도 뽑아달라고 하였다. 아파하는 아이를 보고 테일러는 다른 이는 다음에 뽑자고 하였지만 그 여인은 막무가내였다. 결국 나머지 이도 뽑아주었다고 한다.

모녀는 한쪽에 앉아 아픈 이를 진정시키고 있었고, 봉사하던 교회의 여성이 대화를 시작하였다. 그리고 대화는 점점 복음에 관한 내용이었고, 그리스도의 사랑에 관한 이야기가 되었다. 한동안 이야기를 주고받던 모녀는 테일러에게 다가와 감사하다고 인사하고 돌아갔다.

> 한 가지 확실한 것은 내가 다음에 이 마을을 방문할 때 이들은 나를 친구로 받아 줄 것이라는 것이다. 그리고 내가 전하는 말을 좀 더 진실하게 들을 것이다. 이런 방법으로 이들의 편견은 무너지고, 복음이 들어갈 수 있는 문이 열리는 것이다(크로니클, 1916년 4월 1일, 2).

테일러는 특별히 자신의 한국어 선생에 관심이 많았다. 그 젊은 교사는 어학 교사이기도 하면서 이미 테일러의 사역을 돕고 있었는데, 그를 자신의 조사로 여기면서 기독교 전도자로 키우려는 생각이 있었던 것 같다. 테일러는 이 교사를 호주의 모트레이크 노회에 소개하면서 지원과 기도를 간곡히 당부하고 있다.

동시에 테일러는 통영에 진료소를 운영하는 데 있어서 시급히 한국인 간호사가 필요하였다. 간호사 한 명을 고용하는 데 연 15파운드 정도가 필요하다고 하였고, 빅토리아의 케인스라는 여성이 일 년을 먼저 돕겠다고 자원한 기록을 남기고 있다(크로니클, 1917년 4월 2일, 8).

테일러의 전도활동

1917년 초 보고서에 테일러는 특별한 소식을 전하고 있다. 통영과 고성교회에 드디어 한국인 목사가 부임을 하였다는 것이다. 서울에서 온 수염이 길게 난 박 목사라고만 밝히고 있는데, 충무교회 100년사를 보면 목사로서는 처음으로 박영업 목사가 부임하여 첫 성례식을 가졌다고 적고 있다(충무교회 100년사, 97).

테일러는 박 목사의 임직식에 이어 그가 집례한 성찬식에 관하여 기록하고 있다. 고성교회에서는 그동안 외국인 선교사들만이 성찬식을 인도하였는데, 처음으로 한국인 목사가 집례를 하는 역사적인 순간이었다고 한다. 빵과 포도주를 나누며 그리스도 안에서 한층 더 하나가 되었다고 테일러는 밝히고 있고, 지금까지 인도하신 하나님께 감사하고 있다(크로니클, 1917년 5월 1일, 2).

한번은 통영 인근의 다래라는 마을에 몇 명의 남성들이 기독교 신앙에 관심이 있다는 말을 전하여 듣고 테일러는 그 마을을 방문을 하게 된다. 그가 만난 남성은 지적이고 그 마을의 복지를 개선하려는 한 단체의 장이라고 하였다. 그는 테일러의 조사로부터 그리스도에 관한 이야기를 조용히 듣더니 복음서를 보내주면 찬찬히 읽어보겠다고 하였다. 그리고 얼마 지나지 않아 10~12명의 남성이 믿기로 하였다는 전갈을 받았고, 테일러는 다시 그 마을을 방문하게 된다.

이 남성들은 그 마을에 존재하던 음주 문제로 고민을 많이 하였는데, 음주를 마을에서 몰아낼 수 있었다고 하였다. 그리고 한 종교를 선택하여 믿기 원하였는데, 결국 기독교를 믿기로 했다는 것이다. 그들의 모범적인 생활은 마을에 좋은 영향을 끼칠 것이고, 그들이 믿기로 한 기독교도 한층 더 신뢰 있게 다가갈 것이었다.

테일러는 이런 방법으로 교회가 개척된다는 것을 호주의 교인들은 이해하기 어렵겠지만, 작은 동기 하나로 인하여 신실한 기독교인이 생기고 교회가 성장하는 기적이 한국 땅에서는 일어나고 있다고 설명하고 있다(크로니클, 1917년 9월 1일, 2).

테일러의 진료소에는 여전히 다양한 병을 가진 사람들이 드나들고 있었다. 한번은 한 할머니가 진료소에 들어섰는데 기괴한 모습이었다. 입은 크게 벌려져 비틀어져 있고, 무슨 약을 발랐는지 얼굴이 검은색이었다. 할머니의 설명은 며칠 전 하품을 크게 하다가 병이 들어왔다는 것이었다. 테일러는 할머니의 얼굴에 바른 검은 색 약을 벗기고서야 턱이 빠졌다는 사실을 알 수 있었다.

테일러는 할머니를 의자에 앉히고, 어렵지 않게 턱을 금방 맞추어 주었다. 할머니는 앉은 채로 턱을 만지며 입을 몇 번씩 틀어 보았다. 약도 쓰지 않고 치료가 끝났다는 사실에 할머니는 뭔가 미덥지 않아 하였다. 그리곤 곧 아프지도 않고 다 나았다는 것을 할머니는 깨닫고 벌떡 일어서 환호하며 춤을 추기 시작하였다. 테일러는 한 이틀 동안은 말을 하거나 입을 크게 벌리지 말라고 권고를 하였지만, 할머니는 계속 춤을 추며 진료실을 나갔다고 한다(크로니클, 1918년 2월 1일, 2).

테일러와 테일러 부인 메인은 이해 2월 통영에서 딸을 낳았다. 젊은 호주 선교사 부부들은 각 선교부에 주재하며 아기를 출산하기도 하였는데, 때로 풍토병으로 아기를 잃기도 하였지만, 대부분 아이들은 후에 한국 아이들과 어울리며 한국인과 같이 크기도 하였다.

테일러는 통영과 거제 지역의 나환자에게도 계속 관심을 가지며 방문하고 있었다. 그리고 통영 근처에 나환자들이 집단으로 살고 있는 거주지에 그들을 위한 진료소를 세우는 꿈을 버리지 않고 있었다. 미국 선교사들이 광주에서 하고 있는 나환자 사역지도 방문하며, 가능성을 모색하고 있었지만 안팎의 조건들이 여전히 어려움을 주고 있었다. 나환자들도 외국인에 관한 의심의 눈초리를 쉽게 거두지 않았는데, 무엇 때문에 자신들의 거주지에 와 무료로 약도 주고 진료도 하는지 그 동기를 의심하였다.

테일러는 여기에 대하여 단 한 가지 대답밖에는 없다고 하였다.

우리가 가르치는 복음에 우리 자신이 먼저 신실하게 행동하고, 그렇다 보면 그들도 우리의 동기가 신실하다는 것을 알게 될 것이다(크로니클, 1919년 3월 1일, 2).

1920년 전후로 테일러는 진주의 배돈병원에 올라가 단기적으로 도움을 주고 있었다. 배돈병원에는 커를 박사가 은퇴를 하였고, 맥라렌 박사도 프랑스로 참전을 떠나 예상치 못한 상황을 맞이하고 있었다. 진데이비스 박사가 막 부임을 하였지만 한국어를 배우고 있었다. 그렇다고 한국인 의사를 구하는 것도 쉽지 않은 환경이었다.

테일러와 그의 부인이 통영을 비우면 그곳의 진료소는 문을 닫게 되는데, 이것은 그곳 주민들에게는 좋지 않은 소식이었다. 당시 통영의 진료소에는 매일 평균 50명의 환자들이 방문하였다고 한다. 다른 의사를 구할 수도 없는 상황이었기에 통영의 의료 사역은 전망이 밝지 않았다.

1921년 초 테일러의 가족은 영국으로 향하였다. 테일러가 에든버러대학에서 대학원 공부를 하기 위함이었다. 그는 그곳에서 5개월간 수학을 하고 다시 한국에 들어와 통영과 진주를 오가며 의료선교를 계속하였다.

진주

1923년 8월에 가서야 테일러는 자신의 최근 소식을 알리고 있는데, 그는 이미 진주로 이사를 하였다. 통영의 진료소는 그러므로 폐원되었고, 그 건물은 두 개의 교실을 더 하여 유치원과 야학 건물로 사용되고 있었다.

현재 맥라렌 박사는 서울의 세브란스병원으로 영구 부임하게 되었다. 그러므로 진주의 배돈병원 책임은 나에 떨어졌다. 내 동료인 진 데이비스 박사가 함께 있어서 큰 힘이 된다. 한국에서의 여성 의사는 한국 여성들에게 말로 다할 수 없는 유익이다. 그리고 한국인 의사 한 명이 나를 도와 일하고 있는데, 열정적이지만, 무모하지는 않다(크로니클, 1923년 8월 1일, 2-3).

테일러는 배돈병원의 3대 원장이 된 것이다. 그는 당시의 병원 상황을 계속하여 다음과 같이 보고하고 있다.

간호사 팀은 네피어가 담당하고 있는데, 그녀는 곧 휴가를 떠날 것이다. 그러면 클러크가 그 일을 대신할 것이다. 수간호사의 일은 혼자 감당하기에는 너무 큰 짐이고, 우리는 딕슨이 곧 합류할 것을 기다리고 있다.

한국인 직원들은 모두 기독교인 남성과 여성들이다. 우리 약제사 미스터 정은 교회의 집사이다. 그는 어렸을 때부터 교회를 다니기 시작하여 지금은 교회에서 중책을 맡고 있다. 마취사인 미스터 하도 마찬가지이다. 간호사 박 양도 우리 의사들에겐 꼭 필요한 존재이다. 이 모든 사람들로 인하여 우리 병원은 운영되고 있고, 우리 모두는 이 사역을 자랑스럽게 생각할 자격이 있다(크로니클, 1923년 8월 1일, 2-3).

호주교회의 모금활동

테일러는 또한 통영의 산업반에서 만든 수예품들이 어떤 손길을 거쳐서 만들어지고 있는지 그리고 이 선교활동을 지원해야 하는 이유가 무엇인지도 홍보하고 있다. 사실 여선교연합회는 멜버른 시내 콜린스가에 위치한 사무실 한 공간에 매대를 준비하고 한국의 여학생들이 만든 수예품들을 판매하며, 그 수익으로 다시 한국 선교를 지원하고 있었다.

한 고아 소녀가 있었습니다. 그 소녀의 미래는 창창하였지만 점점 어두움으로 빠져들었고, 통영 남쪽의 한 항구지역에서 창녀가 되었습니다. 그곳에서 그녀는 살 수 있었지만, 벗어나기를 원하였습니다. 그러나 자신의 힘으로는 자유를 얻을 수 없었습니다. 어떤 경로로 우리 선교부 직원에게 연락이 닿았고, 도움을 요청하였습니다. 그리고 여러 차례 어려운 시도 끝에 그녀를 구출해낼 수 있었습니다. 그 소녀는 우리 산업학교에서 바느질 기술을 배웠고, 현재는 그 일을 하면서 생활하고 있습니다. 우리 여직원 한 명이 그 소녀의 복지를 책임지고 있습니다. 그녀를 구출해내는 과정에서 우리는 이 소녀와 같은 여성들의 처지를 알게 되었습니다(크로니클, 1923년 8월 1일, 4).

당시 호주선교부는 다섯 개의 선교부에서 여러 개의 학교를 운영하고 있었다. 부산진에서는 유치원, 초등학교, 중등학교, 마산에서는 유치원, 초등학교, 중등반, 진주에서는 유치원과 초등학교, 거창에서는 유치원과 준초등학교 그리고 통영에서는 유치원, 준초등학교, 산업반, 교사훈련반 등이었다. 1924년 한 해에만 이들 학교를 운영하는 비용이 2,600파운드였고, 여선교연합회 자체 예산에서 천 파운드를 지원하고 나머지는 모두 모금이 되어야 하였다. 그러므로 선교사들이 휴가로 호주를 방문하여도 각 노회와 교회를 다니며 모금활동을 하여야 했고, 현장 선교사들은 정기적으로 보고서와 편지를 써서 후원자들을 독려하기도 하였던 것이다.

또한 호주선교부의 학교 건물을 포함하여 다른 용도의 건물들을 건축하기 위한 비용은 따로 모금이 되었다. 이 일을 위하여 6만 파운드 이상이 필요하다고 여선교연합회는 호소하고 있다. 당시 크로니클 선교지는 모금의 현황을 파악하기 위하여 벽시계 그림을 소개하며 1분에 100 파운드, 즉 60분에 6,000파운드, 12시간에 7만 2000파운드로 표기하고 있다. 1925년의 1월 시계에는 목표액 중 6,650 파운드가 남았다고 기록하고 있다.

동시에 여선교연합회는 미션 박스라는 이름으로 한국선교부의 학교나 병원에 필요한 물품들을 지원하고 있었다. 테일러는 1924년 성탄절에 받은 미션 박스에 대하여 다음과 같이 감사하고 있다.

이번 성탄절에도 호주에서 온 선물상자를 받고 우리를 향한 고향 친구들의 사랑을 다시 확인할 수 있었다. 이번 선물은 특히 지난번과 비교할 때 우리에게 꼭 필요한 물품들이다. 진주에 불필요한 물건들은 하나도 없었다. 또한 병원에 보내준 물품들로 인하여 더욱 감사한다. 붕대, 침대보, 담요, 옷 등은 계속하여 필요한 항목들이다. 이 선물들로 인하여 위로와 격려가 되고, 또 재정적으로 큰 도움이 된다 (크로니클, 1925년 6월 1일, 3).

배돈병원의 환자 수는 매년 갱신되면서 증가하고 있었다. 또한 병원에서 치료를 받은 환자들 중 기독교 신앙을 받아들이는 사람의 수도 증가하고 있었다. 테일러는 어떤 환자들 중 다시 병원에 돌아 와 재진료를 받을 때 자신이 집 근처의 교회에 나가고 있다고 고백할 때 제일 보람이 있다고 말하고 있다. 한국 사회의 여러 제약 조건인 미신, 박해, 가장의 불신, 불결 속에 살다가 병에 걸려 병원에 입원하면, 병원의 직원들과 활동 모습을 보면서 새로운 문화를 접하게 되고 기독교에 관심을 갖게 된다. 그리고 몇 번의 치료와 교제를 통하여 그들은 마음의 변화를 겪고 있다고 테일러는 보고하고 있다.

한 예로 한 달 전에 방광염으로 고통을 당하다가 데이비스 박사의 치료를 받은 후, 스스로 성경부인을 만나고 싶다는 한 여성이 있었다. 알고 보니 그 여인은 예전에 교회에 다닌 적이 있는데, 집안 환경으로 한동안 교회를 떠났던 사람이었다. 이 여인은 다시 교회에 나오고 싶다고 고백하고 있다(크로니클, 1925년 11월 2일, 8). 또한 배돈병원에는 당시 한국인들뿐만 아니라 일본인들도 찾아왔고, 일본인 직원도 있었다. 데이비스의 보고에 따르면 한 일본인 환자가 테일러의 치료를 받고 돌아가더니, 이후 다른 일본인들도 꾸준히 테일러를 찾았다고 한다(1924년 7월 1일, 9).

당시 한국에 주재하던 각 나라 의료선교사들의 주요 관심사는 나병과 폐결핵 병이었다. 배돈병원의 테일러와 데이비스도 1926년 초 서울에서 열렸던 의료선교사 모임에 참석을 하였고, 다른 지역에서 의료활동을 하는 여러 선교사들을 만났다. 이 모임에서 특히 각 지방 나병의 심각성이 토론되었고, 그 치료 방법 등도 서로 공유하였다.

1925년 6월부터 1926년 5월까지 배돈병원을 찾은 환자 수는 전체 10,907명이었고, 이것은 매일 30명 정도의 환자가 병원을 방문한 것이다. 이 중에 반 정도가 여성과 어린이들이고, 입원한 여성 환자 수는 220명이었다. 수술을 받은 환자 수도 기록되어 있었는 바 400명이 넘고 있었다. 당시 한국 사회는 공중 보건과 예방 의학에 대한 관심도가 점점 높아지고 있었고, 의술을 배우려는 학생들의 관심이 점점 높아지고 있었다(크로니클, 1926년 11월 1일, 8).

진주에서의 교육

테일러는 진주에 있으면서 교육에도 많은 관심을 가지고 있었다. 그러면서 교육의 어려움에 관한 글을 기고하고 있다. 다음이 그 글의 전문인데, 이 글 속에 테일러의 고민과 자부심 그리고 희망이 잘 드러나 있다.

지금 우리에게 걱정을 주는 사안이 하나 있는데 바로 우리 학교들에 관한 것이다. 우리는 이 분야의 문제가 이미 지나간 것으로 생각하고 있었는데, 규정이 바뀜에 따라 다시 어려움에 봉착하게 되었다. 최근에 현대식 교육에 관하여 한국인들의 태도가 완전히 바뀌었는데, 이것이 어려움에 보태지는 한 이유이기도 하다. 내가 한국에 온 초기만 해도 남학생들이 한국어와 한자만 잘하여도 충분한 것으로 여겨졌고, 여학생들의 교육은 완전히 방치되어 있었다. 그러므로 우리 선교부는 다른 선교부와 함께 여학생 교육을 최우선 과제로 하였었다. 지금은 모든 가정이 교육을 외치고 있고, 양성 모두 고등교육을 원하고 있다. 많은 가정이 현대식 교육을 위하여 큰 빚을 지기도 한다. 기독교계 초등학교는 정부 학교와 다른데 성경을 가르친다는 것이다. 정부의 감독하에 교과 과정도 같고, 우리가 종교교육만 포기한다면 정부 학교와 똑같은 신분과 특권을 유지할 수 있을 것이다. 정부 학교를 졸업한 학생들은 바로 상급학교에 진학할 수 있지만, 미션스쿨을 졸업한 학생들은 시험을 통과해야만 한다. 이것으로 우리 학교는 낮은 신분을 가진 것으로 생각되고, 정부 학교보다 열등한 것으로 여겨지고 있다.

우리의 중등학교도 사정은 마찬가지지만, 특별한 등록을 받을 수 있는 특별한 규정이 있다. 그러나 이 과정은 매우 어려운 것으로 오직 한 학교만 승인을 받고 있다. 신청을 하기 전에 교장은 학교 건물과 운동장이 충분하다는 것을 확인시켜야 하고, 좋은 시설들이 있어야 하는 바, 이것들은 큰 비용을 전제로 하는 것이다. 학교의 선생들은 우수해야 하고 봉급도 높은 수준이 요구되었다. 이런 조건을 다 구비하고 신청을 하여도 성공적인지 아닌지 몇 달을 기다려야 한다. 선교 공의회의 대표가 총독을 한동안 기다려 들은 것은 그 사안이 동정적으로 고려되고 있으며 모든 내용을 고려하고 있다는 대답이었다.

현재 한국의 학교들은 연중 체육회를 열고 있다. 몇 주 전 우리 옆에 있는 정부 학교는 체육행사를 성공적으로 치렀고, 작년과 달리 주일이 아닌 토요일에 하여 우리에게도 다행이었다. 우리 기독교인들과 선교사들도 그 행사에 참석할 수 있었는데, 한 가지 기뻤던 일은 그들의 바쁜 일정 속에도 우리 기독교인들이 달리기를 할 수 있도록 배려를 해주었다는 것이다.

우리 여학교의 운동회 날에는 남학교와 유치원 학생들도 초청이 되었고, 진주교회와 함께한 가장 성공적인 행사로 여겨졌다. 운동장은 잘 준비되었고, 진행자들은 일에 따라 가슴에 명패를 달았다. 텐트가 세워졌고, 특히 배돈기념병원에서 적십자 인원도 나와 있었다. 모든 소녀들은 흰색 상의와 파란색 치마를 입었고, 어떤 이들은 빨간 허리띠나 파란색 띠를 착용하였다. 그들의 정갈하고 깨끗한 모습은 완전한 그림과 같았다. 일상적인 달리기 경주가 있었지만 특별하였던 것은 아무런 사고 없이 운동선수 같은 기량으로 시합이 잘 끝나, 구경꾼들은 내년에도 그 경주를 계속 보기를 원한다는 것이다.

운동회가 마칠 무렵 재미있는 일이 있었는데, 참가자가 목표를 향하여 달려가 그곳에 있는 종이를 집어 읽고, 도착지점으로 가기 전에 다음 행동이 무엇인지를 찾아가야 하는 경주였다. 한 참가자는 불 켜진 초를 들고 뛰어야 하였고, 또 다른 참가자는 숟가락 위에 달걀을 얹고 뛰어야 하였고, 다른 이는 염소를 데리고 도착지점까지 달려야 하였다. 구경꾼들의 웃음소리가 운동장에 울려 퍼지었다. … 또한 외국인들과 손을 잡고 뛰는 경주도 있었는데 이것은 서로에게 친밀감을 주는 기회였다. 운동회의 경비는 부모들과 교사들의 친구들이 부담을 하였고, 운동복은 클라크 선교사의 지도하에 자원자들이 준비한 것이었다. 클라크와 교사들은 한두 주 열심히 준비하는 고생을 하였지만, 좋은 결과로 인하여 큰 보람이 되었다.

운동회 동안 나는 정부 관원들, 비기독교 한국인들, 한국인 목사와 장로 그리고 우리 교인들에 의하여 둘러싸여 이야기를 나누었다. 나는 그곳에 앉아 깊은 생각에 빠지기도 하였다. 많은 한국인이 참석한 운동회였지만, 기독교인은 소수였다. 그리고 이 운동회는 그들에게 기독교인의 깨달음, 행복 그리고 깨끗한 삶을 증거하고 있었다. 또한 진주에서 기독교 공동체의 튼튼한 위치와 힘을 보여주기도 하였다.

나의 생각은 초기 스콜스 선교사와 그녀의 교사들에게까지 미치게 되었다. 그녀가 지금 우리와 함께 있다면 이 모습을 보고 그녀가 시작한 일이 어떻게 발전되었는지 놀랄 것이기 때문이다. 또한 나는 예전에 커를 박사가 이곳의 한 언덕에 서서 하나님 나라의 사역을 위하여 어떤 일을 시작할 것인지를 고민하던 모습을 기억한다. 그의 발아래에는 오래된 불교와 미신숭배를 오랫동안 해온 사악한 도시가 있었다. 이런 도시에서 복음의 전도자에게 어떤 기회가 있을까? 커를은 그의 사역이 거대한 것임을 느꼈을 것이다.

그때와 비교하면 지금은 한국인들에 의하여 건축된 교회당에 한국인 목사가 목회를 하고, 그들이 교회를 운영하고 그리고 성경부인과 큰 여학교, 또한 남학교, 유치원 그리고 잘 갖추어진 병원이 있다. 뿐만 아니라 진주 주변에는 60개의 작은 교회들이 있어 주변에 기독교 영향의 중심지 역할을 하고 있다.

이것은 진주선교부에만 국한된 이야기가 아니라 모든 선교부는 그 처음의 작은 시작이 있었고, 점차적으로 모두 자리를 잡아가는 역사가 있다. 모든 과정이 순조로운 것은 아니었고, 퇴짜를 당하거나 가슴이 무너지거나 염려로 가득 찬 날들도 있었다. 이러한 환경 속에서 그들의 협력과 함께 사역은 발전하였고, 교회는 성숙하여져 갔다. 과거는 미래를 위한 용기를 준다. 다른 선교부는 우리보다 수와 기관도 많지만, 우리가 하고 있는 일과 한 일들을 보면 '고요한 아침의 땅'이 그리스도의 나라로 점차적으로 바뀌고 있는 것을 분명히 느낄 수 있다(크로니클, 1927년 4월 1일, 17-18).

1927년 말 테일러 가족은 호주에서 휴가를 갖는다. 그는 당시 기독교 선교의 전반에 관하여 기술하고 있는데, 현재 선교는 답보 상태에 있으며 보고할 것이 없는 상태로 가고 있다고 하였다. 특히 중국에서 많은 선교사들이 자신들의 선교지에서 철수하고 있으며, 중국인 기독교인들도 많은 박해를 받고 있다고 하고 있다. 그 이유로 테일러는 1차 세계대전 후 공산주의의 약진으로 보고 있으며, 한국에도 그 영향이 곧 다가올 것으로 예견하고 있다. 이런 상황에서 선교정책의 재평가와 새 방법 모색이 필요함을 역설하고 있다(크로니클, 1928년 2월 1일, 15).

배돈병원

1927년 중반부터 1928년 중반까지의 한 해 보고서에는 배돈병원의 환자 수치가 기록되어 있다. 4,294명이 새로운 환자로 등록되었으며, 총 11,451명의 환자가 다녀갔다. 그중 426명이 입원하여 치료를 받았고, 110명이 마취하에 수술을, 226명이 마취 없이 수술을 받았다.

외래진료를 받은 환자로부터 받은 수입이 5,027엔이었으며, 입원한 환자로 인한 수입은 2,800엔이었다(크로니클, 1928년 9월 1일, 14).

당시 배돈병원은 가난한 사람들에게 비용을 받지 않고 무료로 치료해주는 제도가 있었다. 그리고 무료 환자의 수는 점점 늘어나고 있다고 보고하고 있다. 한 예로 추운 겨울 굶고 헐벗은 채 길거리에 쓰러져 있던 한 소녀를 구하여 병원에 데리고 와 치료를 해주기도 하였고, 척추를 다친 한 소년이 병원에 몇 개월씩 입원해 있으면서 숙식을 하기도 하였다. 무료 환자의 증가는 모금이 더 되어야 한다는 의미였고, 그만큼 호주의 후원자들에게 부담이 돌아가는 것이었다.

서양 의술이 점차로 인정을 받고 우수하다는 인식이 퍼지고 있지만, 배돈병원의 원칙은 의료 자체의 행위보다도 내면과의 만남과 변화가 더 중요하다는 것이다. 환자들은 원근각처에서 찾아오고 있었고, 여러 종류의 병을 가지고 왔다. 그중에서 폐결핵 환자를 받는 일이 제일 어려웠는데, 결핵 환자를 적절하게 치료할 수 있는 병동이 없었고, 또 다른 곳으로 보낼 곳도 마땅치 않았기 때문이다.

나환자들도 매주 17명 정도 병원에 와 주사를 맞았고, 병이 호전되는 기색이 있었다. 그러나 문제는 치료를 마친 후 이들이 병원 주변에서 구걸 행위를 하기 때문에 주변 사람들에게 어려움을 주었다고 한다. 결국 주민들은 경찰서에 진정을 넣었고, 경찰은 배돈병원에 나환자들에게 주사를 놓지 말라고 명령하는 일까지 발생하였다. 나환자들은 테일러의 친절과 치료에 감사하여 후에 기념비를 병원 앞에 세우기도 하였다.

또한 말라리아와 십이지장충으로 고생을 하는 환자들이 있는데, 이것은 빈혈과 부실한 건강으로 인하여 더 많이 발생하고 있었다. 병리부에서 진행하는 실험과 진료를 통하여 의사들이 좀 더 정확하게 치료를 할 수 있다는 것도 배돈병원의 큰 장점이었다.

주일이면 오후에 환자들을 위한 예배가 병원에서 있었는데, 찬송을 많이 부르고 외부인을 초청하여 설교도 들었다. 홍이라는 간호사는 병동의 어린이들에게 성경이야기를 들려주기도 하였다. 병원에서의 친절한 분위기 속에 치료를 받으며 그들이 듣는 복음은 그들의 마음에 심어졌고, 때로는 놀라운 결실을 맺기도 하였다.

그런가 하면 실망스러운 이야기도 있었다. 시장에서 물건을 파는 한 아주머니는 하나님을 믿고 싶지만 그럴 수 없다고 하였다. 그 이유인즉슨 기독교인이 되면 거짓말을 할 수 없는데, 시장에서는 거짓말을 안 할 수 없다는 것이었다. 병원에서의 다양한 모습은 호주선교부의 사랑과 열정을 증언하고 있지만, 또한 당시 한국인들의 생생한 하루하루의 생활상을 보여주고 있다.

1928년 후반에 테일러 가족은 호주에서의 휴가를 마치고 한국으로 다시 들어가고 있다. 그는 휴가 중에 진주 배돈병원에 필요한 것들을 호소하며 모금하였는데 수술대, 엑스레이 기계 그리고 자동차 등이었다. 그리고 크로니클 선교지는 그가 이 세 가지를 모두 장만하여 한국으로 돌아갈 수 있게 되었다고 보고하고 있다(크로니클, 1928년 10월 1일, 3). 자동차는 배돈병원에서 유용하게 사용되었는데, 특히 성경부인이나 선교사들이 지방으로 순회전도를 다닐 때도 큰 도움이 되었다.

1930년 4월 1일 크로니클 선교지는 진주교회에 갓 부임한 이약신 목사의 사진을 게재하며, 교회가 그를 담임목사로 부를 수 있게 되어 복이라고 쓰고 있다. 이 목사는 그의 설교와 강인한 성격으로 교인들을 하나로 묶고 있었고, 영어도 잘 한다고 소개하고 있다. 그가 부흥사경회를 인도한 후 지쳐 있을 때 테일러는 그가 쉬며 회복하도록 병원에 초청하기도 하였다. 후에 테일러는 이 목사가 호주를 방문하도록 다른 선교사들과 함께 추천하고 비용도 지원하여, 호주빅토리아교회와 한국교회의 관계를 더욱 돈독히 하기도 하였다.

테일러는 찾아가는 의사이기도 하였다. 그는 판성이란 지역에 가 그곳에서 진료를 하였는데 그 주변지역에서 환자들이 무리를 지어 테일러에게 병을 보여주기도 하였다. 많게는 18명씩 테일러를 찾아왔다고 한다.

배돈병원은 1930년 11월에 25주년을 맞고 있다. 이 행사에 진주교
회 초대목사인 박성애 목사 부부와 배돈병원 창시자 커를 선교사 부부
가 초청되었다. 아쉽게도 커를 부부는 참석을 못하였지만, 그들 자신
의 사진을 호주에서 보내 왔다고 한다. 병원은 이들에게 메달을 증정
하였는 바, 메달에는 십자가와 왕관이 새겨져 있었다. 박 목사는 그 메
달을 자신의 부인이 받도록 하였는데, 자신보다 부인이 받는 것이 더
마땅하다고 하였다고 한다(크로니클, 1931년 3월 2일, 9).

그 다음 해 초에도 병원은 바쁘게 돌아가고 있었다. 여인 두 명이
복부수술을 받고 회복하여 교회를 나오기 시작하였고, 한 여성은 교통
사고를 당하여 다리 한쪽에 중상을 입어 절제 수술을 하였고, 기관지염
으로 고생하는 한 소녀는 병원에서 교회에 가고 싶다고 하여 교회를 다
니기 시작하였다. 한 소녀는 지난 3년 다리가 아파 고생을 하였는데 테
일러가 엑스레이를 찍어 문제가 무엇인지 정확하게 진단하여 수술한
후 완치되기도 하였다. 부인과 환자들이 증가하고 있었는 바 이것은 여
성 데이비스의 큰 역할이 있었기 때문이다.

진주 배돈병원 주변에는 당시 적지 않은 염소들이 있었다고 한다.
배돈병원 부지에는 호주식으로 잔디가 있어 관리되고 있었는데, 주변
집의 아이들이 놀이터처럼 사용하였다. 물론 울타리도 없었기에 주변
의 집에서 소유햇던 염소나 동물들도 수시로 드나들며 풀을 뜯곤 하였
다고 한다.

테일러 부인은 당시 선교부 유치원을 책임 맡고 있었는데, 그녀는
주일이면 테일러와 함께 진주 근처의 작은 마을 네 곳을 방문하여 어

린이들을 가르치거나 가가호호 방문하여 전도를 하였다. 이 일이 물론 수월하였던 이유는 호주에서 후원한 포드 차가 있었기 때문이고, 또한 성경부인이나 여학교 졸업생들이 동행하였기 때문이다. 테일러의 외동딸 진은 당시 북중국의 내지선교회 학교에 다니고 있었다.

배돈병원에는 또한 병원전도회가 운영되고 있었는데, 인근 지역을 다니며 환자를 보기도 하고 전도와 성경공부를 인도하기도 하였다. 진주 인근 속사리라는 마을에는 수 명의 환자가 있었으며, 작은 교회도 있었다. 전도회의 신 부인이라 불리는 성경부인이 그곳에서 정기적으로 가르치고 있었다. 그런가 하면 전도회는 병원과 연결되어 있는 인근 교회 네 개의 주일학교를 지원하고 있었는데, 성탄절에는 어린이들에게 선물을 나누어주며 격려하였다. 당시 성경부인들도 호주선교부의 봉급을 받으며 사역을 하였다.

1933년 테일러는 진주에서의 선교 사역을 다음과 같이 요약하고 있다. "그리스도를 위한 진주에서의 나의 모든 경험에서 보면 지금보다 더 희망적이고 격려가 되는 때는 없다. 교회는 사람들의 필요에 응답하고 있고, 이것은 젊은이들에게 좋은 인상을 주고 있다. 지난번 세례식에는 33명의 새 세례자와 요리문답자가 있었고… 이 지역의 복음화에 큰 기회가 열려있고, 우리는 그 기회를 놓치지 않고 사역을 완성해 나가고 있다. 그리고 현재의 경제적인 어려움에도 우리는 그 일을 계속 진행하고 있다"(크로니클, 1933년 7월 1일, 3).

이 해 말 테일러는 '해외선교'에 관하여 성찰을 하고 있다. 해외선교라고 하면 국내에 있는 사람들에게 뭔가 멀리 있는 것처럼 생각되는데 적절치 않다는 것이다. 특히 진주선교부는 호주에서 방문하는 손님들을 계속 맞이하고 있었고, 이 해 말에는 호주교회 총회장단도 방문 예정에 있었다. 진주는 어느 때보다 호주와 가깝게 느끼고 있었고, 호주도 진주를 이웃처럼 생각하며 방문하고 있다고 하였다. 특히 호주에서 온 빅토리아장로교 손님들은 선교사 외에는 외국인의 발이 닿지 않은 한국의 외딴 지역을 방문하며 잊을 수 없는 경험을 하였고, 호주로 돌아가서는 더 열성적인 지원자가 된다고 하였다(1934년 2월 1일, 14-15).

성경학교 운영

진주에는 당시 한국인 교회지도자를 양성하는 목적의 성경학교가 있었다. 이것은 물론 호주선교부가 시작하였고 학교 건물까지 세워 운영해 오고 있었던 것이었다. 1934년에는 54명의 남성이 공부를 하고 있었는데, 대부분이 30세 이하로 진주 인근 지역의 교회나 기도처에서 보내온 사람들이었다. 이들 중 대부분은 먼 거리를 걸어서 학교에 오기도 하고, 하루에 두 끼밖에 먹지 못하는 가난한 사람들이었다고 한다.

성경학교 과정은 준비과정을 수료하면 일 년에 두 달씩 3년을 공부하는 과정이었다. 전문 신학이나 목회 과정은 아니었지만, 졸업한 학생들이 본인이 속한 지역과 교회에서 좀 더 잘 섬기도록 하는 데 그 목적이 있었다. 성경공부는 물론 교회역사, 기독교 교육, 설교학 등의 입문과정이었다. 이 해에 15명의 학생이 수료하였다고 한다.

테일러는 성경학교에 많은 기대를 하고 있었다. 학교가 발전하여 후에 한국인을 목회자로 양성하는 전문적인 기관이 되기를 희망하고 있었다. 또한 장차 호주선교부보다 한국교회가 이 학교를 직접 책임을 맡아 교수하기를 바랐으며, 그러나 당시의 현실은 몇 명의 선교사들이 학교를 직접 운영하고 있었다.

진주선교부의 초기, 커를 선교사 부부가 이 도시에 와 정착하며 작은 교회를 세우고, 또 작은 진료소를 세워 시작하였다. 그 후 땅을 구입하고 교회를 건축하고 병원도 건축하였고, 맥라렌이라는 우수한 의사가 사역함으로 더욱 발전하였다. 현재는 테일러가 그 뒤를 이어 받아 교회 목회와 의료선교 그리고 지도자 양성까지 진주 지역의 많은 일을 돌보고 있었다. 이것은 물론 함께 일하는 동료 선교사들과 한국인 목사와 성경부인들로 인하여 가능하였던 것이다.

처음에는 서양 병원에 대한 편견과 무지로 지역 주민들의 냉대를 받아 환자의 수가 지극히 적었으며, 또한 서양 종교라는 기독교에 대한 적대감으로 모욕을 당하기도 하였다. 그러나 지금은 서양 의술을 배우려는 간호사와 의사 후보생이 점점 많아지고 있으며, 교회의 지도자가 되기 원하여 성경을 전문적으로 배우려는 젊은이들이 증가하고 있었다.

1933년 배돈병원에는 호주 의사 선교사 2명, 한국인 의사 1명, 한국인 직원 22명이 병원에서 일하고 있었다. 진주교회와 지교회에 있는 목회자들 그리고 순회전도자들까지 포함하면 진주의 호주선교부는 큰 규모로 성장하여 있었다. 한국인 의사는 이주섭으로 세브란스병원 출신이었고 테일러와 친한 친구가 되었다. 병리사로는 김만수가 있었는데 신뢰할 수 있는 사람이었고, 주일학교 총무이기도 하였다. 또

한 간호사로는 하 간호사, 김 간호사 그리고 서 간호사를 특별히 언급하고 있다.

당시 배돈병원에는 입원환자들을 위한 40개의 침대가 있었고, 그 중에 15개는 무비용 가난한 환자들을 위한 것이었다. 남성들로 이루어진 조사와 여성들로 이루어진 성경부인들은 매달 자신들의 봉급에서 얼마를 떼어 시골에 있는 목회자를 돕고 있다(1934년 9월 1일, 12).

당시 호주선교부는 거창에도 선교부를 운영하고 있었는데, 그곳에는 병원이 없는 대신에 어린이들과 산모들을 위한 어린이 복지센터를 운영하고 있었다. 복지센터에 상주하는 의사는 없었고 진주 배돈병원에서 한 달에 한 번씩 의사가 왕진을 가 돌보아 주었다. 거창에 있던 딕슨 등은 간호사였기에 어린이들과 산모들의 보건사역을 할 수 있었던 것이다.

그러나 이 복지센터는 정부 기관에 등록을 할 수 없었다. 의료기관으로서의 적절한 건물이나 의사가 없었기 때문이다. 거창선교부는 그곳에 병원을 세울 계획이 없었기에 진주 배돈병원 소속 보건소로 등록을 하려고 하였지만 그것도 일본 당국이 허락하지 않았다. 테일러는 진주의 관공서에 찾아가 의뢰를 하였지만 대답은 부정적이었다. 다만 거창의 어린이들을 위한 보건 의료를 조용조용히 계속할 수 있었다. 테일러는 정기적으로 거창을 방문하였다(크로니클, 1936년 4월 1일, 3).

테일러를 추모하며

테일러의 죽음은 갑자기 찾아왔다. 1938년 10월 1일 크로니클은 테일러의 죽음을 작은 박스 기사로 알리고 있다. 61세의 나이였다. 9월 23일 일본 요코하마 병원에서 숨졌다는 것이다.

그리고 한 달 뒤 빅토리아교회의 해외선교위원회는 추모사를 남기고 있는데 다음이 그 일부분이다. "그는 친구들 중에 가장 친절하였고, 동료들 중에 최고였으며, 그에게는 거짓이 없었으며, 크게 사랑받았다. … 한국인들도 그를 사랑하였으며, 언제든지 한국인들을 도울 준비가 되어있었다. 어떤 문제도 그에게는 큰 문제가 아니었다. 테일러는 배돈병원에 부임하여 열정 속에 쉼 없이 일했으며 성공적으로 병원 운영을 하였다. 그는 그리스도를 위한 큰 증인이었다"(크로니클, 11월 1일, 14).

배돈병원의 수간호사였던 클라크는 테일러가 영국에서 의과대학 학생일 때 에든버러의 빈민가에서 일하며 해외선교를 꿈꾸었고, 남태평양의 뉴 헤브리디즈에서 잠시 일하다 한국으로 건너가 많은 공헌과 기록을 남기고 있다고 다음과 같이 증언하고 있다.

테일러에 관하여 두 가지만 이야기한다면, 먼저 겸손함과 행복한 성격을 꼽을 수 있다. 그의 낙천적인 성격과 유머는 많은 직원들과 환자들이 병원에서 좋은 관계를 맺으며, 병원이 부드럽게 운영되는데 큰 몫을 하였다. 또한 그는 병원 재정을 효과적으로 쓰는 데 중요한 역할을 하였다. 그는 온화하여 무리함이 없었고, 언제든지 병원의 재정을 정확히 말할 수 있었다.… 그가 없는 배돈병원은 상상하기 힘들다(크로니클, 1938년 11월 1일, 16).

에이미 스키너

Amy Skinner(1889~1954)

멜버른

1914년 7월 13일, 호주 빅토리아 장로교 여선교연합회의 한 모임에 심각한 기도의 시간이 있었다. 곧 한국으로 떠나는 에이미 스키너(한국명: 신애미) 선교사를 위해서였다. 그녀는 엘리자베스 에버리와 곧 떠나게 되었는데 첫 사역지는 경상남도 거창이었다.

스키너는 호주 빅토리아주 비치워쓰의 저명한 의사 가정에서 1889년 태어났다. 우연히도 그 해는 첫 호주 선교사 데이비스가 한국 땅에 입국한 해였다. 그녀는 고향에서 학교를 마친 후 멜버른대학 인문학과에 입학하게 되는데, 이곳에 오기 전까지 기독교 선교에 대해 아는 것이 별로 없었다고 한다. 대학교에서 선교사 가족을 둔 한 여학생을 친구로 만났고, 그 친구는 학생 봉사동아리 회원이었다. 그리고 그 동아리의 활동은 스키너에게 많은 영향을 끼쳤고, 그녀가 영적으로 성장하는 데 결정적인 역할을 하게 된다. 또한 대학교 선교 담당 루스 라우즈와의 대화와 블랙 히쓰에서 있었던 학생대회에서 해외 선교에 대한 이해를 깊이 하게 되었다.

그 후 스키너는 비치워쓰의 집으로 돌아가 선교연구동아리를 시작하였고, 본인 자신의 마음에 선교사로서의 꿈을 가지게 되었다. 당시 그녀가 한 친구에게 한 말은 스키너의 선교 소명이 얼마나 깊었는지 알 수 있다.

> 만약 내가 선교사로 나갈 수만 있다면, 내일이라도 떠날 수 있다(미셔너리 크로니클, 1914년 8월 1일, 2).

그 후 놀랍게도 3주 안에 선교사로 해외로 나가는 데 있을 수 있는 걸림돌이 치워졌고, 그녀는 학생자원서약서에 서명을 하였다. 이 서약서는 사실 그녀가 18개월 동안 품에 가지고 있던 것이다.

스키너는 대학 졸업 후 교육학을 공부하며 준비하였고, 브라운스리버에서 있었던 학생대회에서 페이톤 목사와의 대화 속에 이제 행동에 옮길 때임이 확실하여졌다. 그녀는 교회여성훈련원에서 선교사 훈련을 받기 시작하였고, 선교의 '기회와 긴급성'을 온몸으로 느끼고 있었다.

스키너는 자신이 한국에 가는 것을 '희생'이라 생각하지 않았다. 오히려 십자가 아래에서 희생이라는 말은 할 수 없다고 생각하였다. 하나님은 그녀에서 희생을 요구하지 않았고, 가는 길이 오히려 기쁨이라고 생각하였다. 그리고 마지막 길까지 기쁨과 더 깊은 기쁨만 있을 것이라고 확신하였다(크로니클, 1914, 8월 1일, 2).

스키너는 에버리 선교사와 1914년 9월 5일 일본 나가사키에 도착한다. 그곳 항구매표소의 직원은 이 호주여인들에게 어떤 이유로 한국에 가느냐고 물어보면서, 배표를 끊어주기를 주저하였다. 기독교 선교사로 간다고 대답하였지만 그 직원은 그 증거를 보여 달라고 하였다. 물론 보여줄 증거는 없었다. 우여곡절을 겪은 끝에 부산으로 향하는 배에 승선할 수 있었다.

당시 스키너 나이 25살, 1914년 9월 9일 그녀가 부산에 도착하였을 때 오랜 항해로 몸이 지치고 아파 있어 부산 항구의 전경을 즐길 수 없었다고 한다. 그곳에 이미 와 있던 알렉산더 선교사가 이들을 맞아주었다.

그들은 세관을 통과하고 가지고 온 짐들도 무사히 찾아 그곳에서 부산진까지 가는 기차를 탔다. 당시 부산은 9월의 아름다움을 보여주고 있었고, 부산에서 그들을 따뜻하게 환영하기 위하여 기다리는 한 무리의 호주 선교사들이 있었다. 또한 한국인 기독교인들도 그들을 친절하게 맞아주었다. 스키너는 호주선교부 뒤에 있는 언덕에 올라 부산항의 아름다운 전경과 푸른 산 그리고 마을의 한국 집들을 둘러보았다.

호주 북부의 타운스빌 항구를 떠날 때 그녀는 멜버른으로 안부를 알리는 전보를 보냈는데, 호주의 친구들을 안심시키기 위한 마음이었다.

거창

스키너의 첫 선교 사역지는 거창이었다. 그녀는 1914년 12월 3일 그간의 일을 멜버른의 후원회에 보고한다. 부산에서 거창까지의 길은 계곡을 지나 강둑을 따라 걷는 길이었는데, 본인이 본 길 중에서 가장 아름다운 길이었다고 적고 있다. 그녀는 그곳에서의 첫 달을 지내면서 한국어를 배우며 가까운 곳을 방문하며 바쁘게 지냈고, 집에서는 난로의 불이 종종 꺼져 애를 먹었다고 적고 있다. 첫 번째 학교는 어느 한국인의 집에서 시작하였는데, 그곳은 전에 매크레 선교사가 거창에 있을 때 머물던 곳이었다고 한다(크로니클, 1915년 2월 1일, 6).

스키너는 거창에서 흥미롭게 드렸던 첫 추수감사절 예배를 소개하고 있다. 예배 도중에 교인들이 계속하여 호박, 상추, 쌀가마, 고추, 떡 등을 가지고 와 교회당 앞에 쌓아 놓으므로 참석한 교인들은 즐겁게 웃었고, 설교가 계속 중단될 정도였다고 한다. 그 감사헌물들은 모두 하나님께 드려졌는데 다음의 말씀이 기억났다.

우리의 여러 예물을 당신께 드리오며 그리고 당신은 하나도 거절치 아니하옵니다(크로니클, 1915년 2월 1일, 7).

당시 스키너는 그곳에서 어린이와 젊은 여성들에게 노래를 가르쳤는데, 토요일 오후에 모이는 반에는 어린이들이 교실 바닥에 앉아 소리 높여 몸을 앞뒤로 흔들며 노래를 불렀다. 물론 음정은 엉망이었지만 아이들의 가슴은 뜨거웠고 즐기는 모습이었다.

거창 교인들의 얼굴은 늘 즐거운 모습이어서 보기에 좋았지만, 동시에 주일날 어린아이가 큰 아기를 업고 힘에 겨워하는 모습, 교회에 와 여기저기 구경만하는 여인의 모습, 무슨 뜻인지 혼자 말을 하는 사람의 모습 등도 교회 생활의 한 부분이었다.

거창의 교회는 성장하고 있었지만 또한 박해도 받았다. 서울에서 서적 행상인을 보내어 기독교 서적을 판매하는데 교회의 남성들이 책

판매를 도왔던 것 같다. 그러나 그 지역 당국은 그 매서인을 여행법 위반이라는 명목으로 체포하였고, 벌금도 부과되었다. 거창선교부는 그 벌금을 대납해 주었고, 신약성경을 산 사람들은 책을 반환하라는 명령도 있었으니 당시의 상황을 미루어 짐작할 수 있다.

1915년 4월 9일 스키너의 편지에는 진주의 스콜스 선교사와 켈리 선교사가 거창을 방문하여 여자성경학교에서 강의를 한 내용을 적고 있다. 전보다 성경공부는 더 잘 진행되었다고 평가되었고, 스콜스 선교사가 아코디언을 연주하며 찬송가를 함께 불렀다고 한다. 남성 신자들은 세계대전에 관하여 관심을 가지며 여러 질문을 하였는데, 기독교 국가들이 왜 서로 전쟁을 하냐는 것이었다. 스키너는 그 질문에 만족할만한 대답을 하기는 어려웠지만, 멜버른 스코트교회의 기도모임을 소개하면서 전쟁은 우리가 기도하도록 부르고 있다고 대답하였다.

"좋습니다. 우리도 지금 기도하지요."

그 남성은 즉시 대답하였다.

또한 선교부가 운영하는 학교의 한 소녀가 결혼을 하는데 나이가 겨우 15살이었고, 남편도 더 많지는 않았다. 당시 한국의 관습에는 그 나이에 결혼을 할 수 있었지만 스키너 선교사는 조혼에 관하여 안타까운 마음을 가지고 있었던 것 같다. 교육을 충분히 받지 못하고 결혼하여 가족을 부양해야 하는 당시의 상황에 스키너는 장차 어떤 일을 해야 하는지 고민하게 되는 동기가 된 듯하다.

스키너는 또한 거창 인근의 교회 처소들을 성경부인과 방문하며

쪽복음을 팔기도하고, 통역을 통하여 설교를 하기도 하였다. 이 여정
은 한 겨울에도 진행되었는데 1915년 12월 한겨울 산골 속의 교회처
소 3곳을 방문하기도 한다.

마산

부산진의 호주선교부 회의에서 스키너 선교사를 마산의 의신여학
교 교장으로 가도록 결정하였다. 스키너의 교육학 배경이 그 동기였
고, 그녀는 앞으로 '교육 전문 선교사'로 활동하게 된다. 그곳의 교장이
었던 맥피 선교사는 자유롭게 되어 순회전도에 더 집중하게 되었다.
1916년 스키너는 마산포에 도착하였다. 마산포 의신여학교에는 당시
두 개의 반과 5명의 교사 그리고 75명의 학생이 있었다. 처음 두 달은
맥피가 함께하며 사역을 이양 받았는데, 거창에서 운영하던 학교와는
또 달랐다. 아이들은 거창보다 가르치기 더 어려웠고, 또 교사들 중에
는 일본인 교사도 있었다.

당시 마산포교회에는 여전도회를 조직하여 중국의 성경부인을 도
우려는 모임이 있었고, 또한 새 교회당을 건축하려는 움직임도 있었
다. 학교에서는 학부모 회의가 있어서 학교운영에 관한 이야기를 나누
기도 하였다.

당시 마산에서 스키너는 네피어 선교사와 일을 함께 하고 있었는
데, 그녀가 서울의 세브란스병원에 차출되어가는 바람에 부산의 호킹
선교사가 와 한동안 일을 함께 할 수 있었다. 또한 연례 여성 교육반에
는 클러크 선교사가 와 강의를 하기도 하였다. 호주에서 온 선교사들

은 그때그때의 상황에 따라 자신의 영역만 고집한 것이 아니라 서로 협력하는 모습을 볼 수 있는 대목이다.

마산선교부에 속하여 있었던 한국인 성경부인들 한 명 한 명은 선교사들의 감독하에 있었고, 매크레 부인이 한 명을 감독하였고, 호킹 선교사는 성주 부인과 짝을 이루어 특별한 관계를 맺기도 하였다.

1917년 초 당시 의신여학교에는 총 221명이 등록을 하였는데, 그중 64명만이 마산에서 온 여성들이었고, 많은 다른 여성들이 먼 지역에서 와 교육을 받았다. 마산 지역 48개의 교회 중에 32개의 교회도 지방에 있던 교회들이었다. 스키너 선교사는 장년 여성반 성경공부를 인도하기도 하였다.

1918년 칠원 지역의 성경공부반에서 맥크레 선교사는 남성들을 그리고 스키너 선교사와 성경부인들은 여성반을 지도하였다. 여성반에는 90명의 소녀와 부인들이 등록을 하였고, 그중 72명이 수료증을 받았다. 어떤 이들은 단순히 외국에서 온 선교사를 구경하러 오기도 하였다.

스키너는 그 다음해 진주를 방문하는 동안 유행성 이하선염에 걸렸다. 이로 인하여 그녀는 선교부 회의에도 참석하지 못하고 치료차 호주를 가게 된다. 9월 5일 호주 멜버른의 총회 본부 강당에 많은 교인들이 모여 스키너 선교사를 환영하였다. 동시에 이 모임은 맥피와 테잇 선교사를 한국으로 환송하는 자리였다. 이 모임에서 프랭크 페이톤 목사가 사회를 보았고, 여선교연합회의 하퍼 여사가 환영과 환송사를 하였다.

스키너 선교사는 당시 호주에 있는 동안 많은 교회를 다니며 선교

보고와 강연을 하게 된다. 당시 그녀의 일지에는 42곳을 방문할 리스트가 있었다. 골번 벨리, 씨무어, 비치워쓰 등 여러 노회의 교회들을 방문하며 한국을 소개하며 강연을 하게 되는데 1920년 5월 말까지 계속되었다. 강연하는 곳마다 선교를 지원하는 새 회원들이 생겨났고, 그만큼 여선교연합회의 재정도 보충될 수 있던 것이다.

한 가지 흥미로운 사실은 1917년 당시 여선교사의 봉급은 8파운드 6실링 8펜스였는데, 1920년에는 15파운드 11실링 6펜스였다. 봉급의 인상 이유를 크로니클은 '한국에서의 물가 인상과 환율 차이의 변화'로 적고 있다. 영국의 파운드화를 한국에서 일본 화폐 엔으로 환전하여 사용하였는 바, 1파운드에 10엔이었던 것이 1920년에는 7엔 밖에 되지 않았기 때문이다. 그러므로 여선교연합회는 선교 지원을 계속하기 위하여 더 많은 모금을 하여야 했다(크로니클, 1920 6월 1일, 13).

스키너는 9월 14일 '이스턴'호를 타고 다시 일본을 거쳐 다시 한국으로 돌아왔다.

통영

호주에서의 치료와 휴가를 마치고 돌아온 스키너는 통영선교부로 배속되었고, 1920년 11월 19일 통영선교부에서의 첫 보고서를 호주 멜버른으로 보내고 있다.

서양선교사가 아직 발을 밟지 않은 어느 마을에 한 매서인이 들어가 전도를 하였고, 그곳에서 남성 20명 정도가 믿기 시작하였다. 그리고 그들은 성경을 가르쳐줄 교사를 요청하였다. 얼마 안 있어 스키너는 석태 어머니와 배를 타고 그 마을에 들어가게 되는데 바로 거제도였다.

거제도 순회전도

거제도는 왓슨 선교사에 의하여 지어진 '돌로 된 케이크'라는 별명이 있을 정도로 바위로 된 지형이 많았다. 배가 도착하여 스키너 일행은 매서인과 함께 그 마을까지 나귀를 타고 가기 원하였지만, 힘없는 나귀 한 마리밖에 없었다. 짐만 나귀 위에 얹고 그들은 걷기 시작하였다. 4마일 정도 갔는데 작은 교회가 있었고, 그곳에서 그들은 매서인의 제안대로 여인들을 불러 예배를 드리고 격려하였다. 그곳에서 2마일 정도를 더 가니 교회 지도자의 집인데 그곳에서 스키너는 점심을 먹고 새 찬송을 가르치기도 하였다.

그 후 길을 더 가니 작은 마을이 나와 그곳에서 숙박을 하게 된다. 그 집의 할머니는 15년 동안 기독교 신자라고 하는데 아직 세례문답도 못 받고 있었다. 그 할머니는 그로 인하여 상심하고 있었고, 죽기 전에 세례받기를 간절히 원하였다. 이 할머니 외에 다른 다섯 명의 여성들도 세례를 기다리고 있다는 것이었다. 스키너는 쪽복음을 주었고, 요한복음 3장 16절을 가르쳤다. 그리고 글을 읽을 수 있는 한 여성에게 다른 이들에게 성경을 읽어주도록 지도하였다.

스키너 일행은 목적한 한 어구 마을 지석에 도착하였다. 그 마을에 외국인 여성이 처음으로 등장하는 순간이었고, 아이들은 스키너를 구경하며 "참 웃기게 생겼다"라며 킥킥거렸다. 그 마을의 한 부자가 예수를 믿기로 작정하고 다섯 명의 여성을 포함한 전 가족을 전도하였다. 그 가족은 그 날 저녁 스키너의 숙소에 찾아왔고 구경꾼들이 지켜보는 가운데 예배를 드렸다.

다음 날 스키너는 가가호호 방문하며 전도를 시작하였는데 대부분 기독교에 대하여 적대적이었다. 그래도 희망적이었던 시간은 그 부잣집 여인들과의 대화였고, 그중 딸 한 명이 글을 읽을 수 있다는 사실이었다. 스키너는 그 어머니에게 그녀를 통영에 보내어 훈련을 받게 하면 어떻겠냐고 제안하였다. 그러나 그녀는 할아버지의 반대를 두려워하는 모습이었다.

그날 저녁 10명의 여인들이 스키너를 찾아와 기독교에 대한 이야기를 더 듣기 원하였다. 석태 어머니는 스키너에게 말씀을 부탁하였고, 여성들은 스키너의 이야기를 이해하는 듯하였다. 찬송가를 부르고 있을 때 한 노인의 큰 목소리가 들렸고, 부잣집 가족원들은 두려워하며 토끼같이 숨는 모습이었다. 석태 어머니가 문을 열자 지팡이를 든 그 노인은 역겨운 표정으로 방안을 둘러보더니 이내 가버렸다.

스키너 일행 주변의 사람들 중에 눈이 먼 어린 소녀가 한 명 있었다. 스키너는 그 아이의 집을 방문하였다. 예수에 관하여 이야기할 때에는 별로 관심이 없던 어머니가 그 아이 교육의 필요성을 이야기하자 듣는 모습이었다. 눈먼 사람들도 사회의 좋은 구성원이 될 수 있다고 예를 들어 자세히 설명하자 그 어머니는 감동을 받았고, 가족과 상의하여 학교에 보내겠다고 약속하였다.

다음날 그 어머니가 찾아왔다. 눈먼 자기 딸을 통영의 선교사 학교에 보내겠다는 것이다. 그러나 비용은 낼 수 없다고 하였다. 스키너는 그 가정이 가난하지 않다는 것을 알기에 비용을 부담하여야 한다고 설득하였다. 결국 그 가정이 기숙사 비용을 부담하기로 하고, 그 아이를 통영의 호주 선교사가 운영하는 학교에 받아주기로 하였다. 그 아이가 후에 통영에 왔는데 이 마을에서의 이야기는 전도여행의 큰 간증거리가 되었다.

당시 테일러 선교사는 통영지역 섬들의 의료사업 목적으로 빅토리아장로교 청년연합회가 기증한 의료 선 '데이 스프링'(봄날)이 있었고, 그 배를 이용하여 통영 부근의 섬을 다니며 선교활동을 하고 있었다. 그러나 배의 상태도 좋지 않았고, 또 지형에도 밝지 않아 종종 문제가 있었는데, 때로 욕지도 등에 좌초되어 그곳에 며칠씩 있기도 하였다. 한번은 왓슨 선교사와 매카그 선교사가 함께 화천을 가기 위하여 배를 탔다가 폭풍을 만나게 되는데, 그 고생한 이야기를 "통영의 서사시"라는 제목으로 1923년 12월 크로니클 선교잡지에 스키너는 게재하고 있었다.

진명유치원

스키너 선교사는 독신이지만 어린이를 사랑하는 마음이 지극하였다. 순회전도 시 새로운 마을에 도착하면 제일 먼저 어린이들을 만나고, 그들에게 노래를 가르쳐주고, 여러 가지 게임을 하며 가까워졌다. 어린이와 가까워지는 것이 부모들과의 관계를 맺는 좋은 길임을 그녀는 알았고, 또한 유치원이 훌륭한 전도기관임을 그녀는 경험으로 알고 있었다.

당시 동아일보는 1928년 10월 10일 통영에 유치원이 창립되는 기사를 내보내고 있는데, '통영어린이들이 한푼 두푼 모은 돈으로 유아원을 창립'이라는 제목으로 소개하고 있다. 또한 1931년 3월 19일 진명유치원 졸업식 기념사진은 당시 교사들과 학생들과의 단체 사진인데 맨 윗줄 정 중앙에 교장 스키너가 등장한다.

진명유치원은 1923년 스키너 선교사가 설립한 것으로 알려져 있다. 그녀는 유치원의 참된 정신을 가르치기 위하여 크게 노력하였는데, 때로 어린이에 대한 당시 한국 문화에 가로막혀 어려움도 많이 겪는다. 유치원의 정신이 가르쳐지기보다 거절된다는 느낌을 그녀는 받았고, 기대하지 못하였던 일이 벌어질 때마다 선교사들은 종종 우울감에 빠지기도 하였다.

아이들은 보여주기 위함이나 박수받기 위한 존재 이상이라는 것을 우리는 모두 배우고 있었다(코리아 미션 필드, 246-248).

또한 스키너는 1924년 진명야학을 설립하여 정규 학교에 진학하지 못한 청소년들에게 여러 가지 과목을 가르쳤고, 이 영향으로 통영에 노동야학 등 여러 종류의 야학교가 등장하게 된다. 그러나 1929년 경남도지사로부터 진명야학은 해산령을 받게 된다. 당시 일제는 호주선교부에 신사참배를 하지 않으면 교육 사업을 할 수 없다고 통고하였었는데, 신사참배를 거부한 호주선교부는 교육보조금을 받을 수 없었던 것이다. 당시 동아일보는 다음과 같이 전하고 있다.

경남 통영 수성회에서 현재 경영하는 노동야학회는 지금으로부터 사
년전에 무산자녀들을 위하야 설립하고 근근 경영하야 오든중 지난 십
일일부로 해산명령이 나리자 동회원 일동은 그 대책을 토의함과 동시
지난 이십삼일 하오 대화정 청년회관 내에서 긴급 학부형회를 개하고
선후대책을 강구함과 동시… (동아일보, 1929년 11월 28일, 띄어쓰
기와 철자를 그대로 인용함).

후에 호주 선교사가 한국에서 추방될 때 충무교회는 호주 선교사들과
또 그들의 재정지원 없이 유치원을 어떻게 운영을 해야 할지 어려움
에 처하게 된다. 결국 경남노회가 인계하기 전까지 충무교회는 자체
재정으로 임시로 운영하기로 한다(충무교회 100년사, 171).

그리고 1945년 4월 20일 충무교회는 일제의 탄압으로 초등학교로
병용되고 그리고 유치원은 결국 중단되었다.

산업학교

통영의 진명여학교는 타락한 생활에 빠져 있거나, 강제적으로 위
험에 빠져 있던 어린 소녀들과 부인을 구하여 주고, 다시는 나쁜 환경
에 빠지지 않도록 하는 데 그 목적이 있었다. 스키너는 1920년부터 이
학교를 운영하였고, 그곳에서 산업반을 분리하여 당시 산업학교라는
이름으로 발전시키었다.
1926년에 쓴 스키너의 보고서에 의하면 산업학교는 다음과 같은

목적이 있었다. "첫 번째로 젊은 여성들을 비참하고 수치스러운 삶에서 구할 수 있는 방법이 될 것이다.… 가난한 부인에게 피난처와 안전을 제공하는 한편, 그들에게 초보교육과 수공예 등 기술을 가르쳐, 후에 사회에 나가서 직장을 가지고 당당하게 살도록 하는 사역이다(더 레코드, 1926, 6, 31-32).

또한 산업반 학생들이 훈련받아 만든 그 '바느질 물건' 등 수공예품들을 호주 멜버른으로 보내었고, 그곳 여선교연합회는 산업 매대를 운영하여 학생들의 공예품을 판매하였다. 그리고 그 수익으로 진명학교 학생들을 지원하였다. 또한 매해 멜버른 시민들을 위하여 우수한 공예품을 멜버른 타운홀 등에서 전시회를 갖기도 하였다.

1926년 5월 크로니클 선교잡지는 스키너의 산업학교가 지원하는 여학생 몇 명을 소개하고 있다. 이들을 소개함으로 멜버른 각 지역의 선교지부들이 더 열심을 내어 모금하도록 격려하고 있는 것이다. 그중 몇 명의 이름은 다음과 같다. 김규일은 어릴 적 뱀에 물려 물린 다리를 잘랐는데, 후에 어느 집의 첩이 되었지만 아이가 없어 쫓겨났고, 장보은은 걷지 못하는 아이였는데 진주 배돈병원에 보내어 치료를 받게 하여 목발을 짚고 걸을 수 있게 되었고, 송복순은 버려진 소녀로 거리에서 매일 마을의 남자들에게 시달림을 당하였는데 매카그 선교사가 구하여 데리고 온 학생이었다.

사실 통영항은 선교부의 '쓰레기더미'라고 불릴 만큼 각지에서 여러 모양의 사람들이 모인 곳이었다. 버려지고, 돌봄을 받지 못하고, 사랑받지 못하고, 치료받지 못하고, 행복하지 못한 사람들 특히 여성들이 많았다.

산업학교는 그러한 젊은(크로니클, 1926년 5월 1일, 8) 여성들이 자긍심과 독립심을 가지고 노동을 하여 스스로 사회에서 살아가도록 도왔다. 그러기 위해서는 기본적인 교육이 필요하였는데, 초등학교 수준의 네 개의 반이 있었고 읽기, 쓰기, 산수, 일본어, 음악 그리고 성경반이 있었다. 아침 수업이 있기 전에 예배가 있었고, 수업은 오전 8시 반부터 12시 15분까지 진행되었다. 오후 1시 반부터 6시 반까지는 바느질과 자수 등 수공업을 하였고, 중간에 게임이나 운동 시간도 있었다. 기숙사도 운영하였는데 주로 버려진 여성들이 거주하였다.

당시 통영에 있던 매카그 선교사나 왓슨 부인 등이 호주로 휴가를 떠나고 나면, 그곳 학교가 텅 빈 것 같아 그들과 또 새로 보충되는 던 선교사 등을 스키너는 기다리곤 하였다. 그만큼 스키너에게 동료선교사들은 중요하였고, 본인의 모국어를 사용하며 그들과 교제하며 생활하는 것도 필수적이었다. 그들의 고향인 호주가 그리울 때면 호주 멜버른 항구와 전경이 비슷한 진명강습소의 언덕에서 통영항구를 바라보며 위로를 받기도 하였다.

사실 서양 여성으로 당시 어촌 마을인 통영에 산다는 것 자체가 한편으로는 무모하기도 하면서, 외로운 생활이었다. 더군다나 서양 여성에 대한 여러 가지 편견과 오해 속에 스키너는 살아야 하였는데, 당시의 분위기를 그녀는 다음과 같이 적고 있다.

어떤 이는 우리는 왜 남편이 없는지 묻는다. 또 다른 이는 우리가 사람들의 눈과 코를 위한 약을 만든다고도 하고, 또 다른 이는 우리가 젊은 여자들을 훔쳐 판다고도 하였다. 해외에서 온 우리를 야만인이

라 하였고, 떡을 젓가락으로 먹지도 않는다고 하였다!(코리아 미션
필드, 205-206).

그러나 스키너에게는 동역자들이 있어 항상 외롭지 만은 않았다.
통영선교부에 속한 성경부인들과 교사들과 함께 한산도 등 인근의 섬
으로 가서 휴식이나 수련회를 가지기도 하였다. 특히 성경부인들이 계
속되는 고된 전도여행으로 지쳐있을 때, 그들을 위하여 스키너는 쉼과
재충전의 기회를 제공하였다. 한국 여성들은 집 안이나 밖에서 쉴 수
있는 시간이 별로 없다는 것을 스키너는 안타까워한 것이다. 그들은 한
산도에서 수영도 하고 조개도 잡았고, 또한 스키너가 만든 서양 빵 스콘
을 먹으며 즐거운 시간을 갖기도 하였다. 이 대목에서 경상도 사투리를
줄줄 쏟아내는 유쾌한 에이미를 상상해 보라!

통영교회(통영대화정교회를 선교사들은 통영교회로 약칭함)는 1925년
12월 12일부터 부흥회를 시작하는데, 세 달 전부터 새벽기도회에서 교
인들은 부흥회를 기도로 준비하고 있었다. 처음에 스키너는 새벽기도
회의 통성기도가 자신의 기도를 방해한다고 생각하였지만, 시간이 지
남에 따라 통성의 목소리가 묘하게 감동을 준다고 적고 있다. 또한 스키
너는 부흥을 위한 기도와 전도의 열정이 통영 지역을 감돌고 있음을 묘
사하고 있다(크로니클, 1926년 2월 1일, 9).

당시 그곳 노회는 각 지역 교회에서 국내와 해외 선교회를 조직하
도록 하였고, 그해 추수감사절에는 통영교회에 160엔이 헌금되어 중
국의 선교사를 돕기도 하였다. 주일학교도 34엔을 헌금하였다. 그리
고 얼마 안 있어 중국 산동에서 선교하는 한국 선교사가 와 강연을 하

였는데 교회는 사람들로 넘쳐났고, 120엔을 헌금하였다. 당시 1엔은 노동자의 하루 임금이었고, 통영교회에는 250명 정도의 교인이 있었다.

스키너는 산업학교의 여학생들에게 요약된 교리문답을 가르쳤는데, 흥미로운 토론이 많이 있었다. 하나님의 축복 중에 가장 좋은 복이 무엇인지 학생들은 서로 토론을 하기도 하였고, 어떤 학생은 마음의 평화를, 어떤 학생은 성령 안에서의 기쁨을 그리고 다른 학생은 끝까지 인내함을 들었다고 한다.

양한나의 호주 방문

1926년 9월 20일에 스키너는 양한나와 함께 호주 시드니를 통과하고, 곧 멜버른에 도착한다. 그리고 그곳에서 여선교연합회의 환영을 받는다. 양한나는 한국인 여성으로는 처음으로 스키너의 도움으로 호주 땅을 밟은 것이다. 양한나의 호주 방문 사실은 당시 동아일보에 다음과 같이 기사화되고 있다.

시내뎡동 리화유치원에서오래동안보모로잇던 량한라씨는 작십칠일에 '오스트랄리'로류학의길을 떠낫는데 조선녀자로 오스트랄리에 류학하기는 이분으로써 처음이라하겟습니다(동아일보, 1926년 8월 18일, 3면. 철자법과 띄어쓰기 그대로 인용함).

양한나는 빅토리아의 교회들을 방문하여 강연도 하고 견학도 하며 다니다가, 1927년 8월 5일 스키너와 함께 멜버른의 큐 교회에서 환송식을 받고 다시 한국으로 돌아온다. 그녀는 호주교회를 방문하여보니 그곳의 여선교연합회가 선교사를 파송하는 정말 위대한 일을 하고 있는 줄 알게 되었다고 한다(크로니클, 1927년 9월 1일, 5).

1927년 4월 1일자 「미셔너리 크로니클」은 '빅토리안 교회에 대한 한 한국인의 인상'이란 제목의 양한나의 글을 그녀의 사진과 함께 신고 있다. 그녀는 호주교회와 한국교회를 다음과 같이 비교하고 있다.

어떤 빅토리아의 교회는 서로 안부를 묻지 않는 것 같다. 예배 후 인사 없이 헤어지기도 하는데, 친한 사람들끼리만 인사하는 것 같다. 한국의 무지한 교인들의 관습은 정반대이다. 백 명이 모이면 모든 사람이 언제든지 서로 안부를 묻고 서로의 사정을 대부분 잘 안다(커와 앤더슨, 319).

후에 스키너는 그들이 발굴하여 호주에 보낸 첫 한국인 김호열과 양한나 같은 재능 있는 인재들의 호주방문을 가치 있게 설명하면서, 호주교회의 한국 선교가 헛되지 않다고 언급하고 있다. 양한나는 실제로 후에 부산의 YWCA 초대회장을 지내며 한국 여성운동사에 큰 업적을 남기었다.

뿐만 아니라 스키너는 앞으로 더 많은 한국 학생들이 호주를 방문하기 원하였으며, 미국선교부가 운영하는 한국의 미션스쿨이 우월한 것은 많은 학생들이 미국을 방문하여 학업을 마칠 수 있었기 때문이라는 설명도 덧부치고 있다. 한국인의 호주방문은 이방인에 무관심한 호주교인들에게 선교에 대한 큰 관심을 불러온다고 미셔너리 크로니클 선교지 서론에 호소하고 있다(크로니클, 1927년 9월 1일, 5).

휴가를 마치고 스키너가 통영으로 다시 돌아오자 그곳 사람들은 스키너를 다시 보게 되어 무척 기뻐하였다고 함께 동행한 보이드 양은 후에 말한다. 유치원에서 환영 모임이 열릴 정도로 스키너는 이미 통영에서 많은 사랑을 받고 있었으며, 그녀가 혹시 다른 선교부로 이전하여 갈까봐 사람들은 염려했던 것 같다.

스키너와 한국 친구들

만약에 '우정'이 선교사의 더할 나위 없는 과제라고 한다면, 에이미는 위대한 선교사이다(크로니클, 1954년 8월, 3).

호주장로교회 해외선교부가 훗날 스키너를 추모하며 언급한 말이다. 그녀의 주변에는 많은 한국인 여성들이 있었으며, 그들과의 친교와 우정은 스키너에게 중요한 일이었다. 호주여선교사, 유치원과 학교의 한국인 여교사, 그녀가 가르치고 훈련한 여학생 등 스키너는 그들과의 우정을 돈독히 하였다.

호주 선교사가 세운 통영진명학교와 마산의 의신여학교를 졸업한 최덕지는 19세가 되던 해인 1919년 진명학원 보조로 부임하였다. 이후에 스키너 선교사는 최덕지의 신앙과 절개 있는 애국심에 감복하여 그녀가 지방에서 유치원 교사로만 있을 인물이 아님을 알고 있었다. "최 선생은 보통 여성이 아니오. 비범한 인물이오. 주를 위해 크게 일해야 할 사람이오"라며, 평양여자신학교에 보내어 공부를 지속하도록 하였다. 1935년 4월 평양신학교를 졸업한 후 그녀는 메이지 테잇 호주 선교사의 초청으로 마산지방 전도사로 부임을 하여, 테잇 선교사와 함께 창원, 함안, 창녕, 의령 등에 있는 83개 교회를 돌아보며 기독교 복음을 전하였다. 동시에 그녀는 신사참배 저항운동을 전개하는 등 민족의식을 깨우치는 데 독립운동가로서도 큰 공을 세웠다. 최덕지는 후에 목사 안수를 받으므로 한국 최초의 여성 목사가 되었다(서상록, 한산신문, 2017년 1월 27일, 28).

공덕귀는 대한민국 4대 대통령 윤보선의 영부인이다. 그녀는 어릴 적 통영의 호주 선교사들로부터 피아노와 오르간을 배웠다. 진명유치원과 통영보통공립학교를 졸업한 후, 호주 선교사의 추천으로 동래 일신고등여학교에 가기 위해 준비하던 중 뜻밖에 아버지의 죽음을 맞게 되어 당장 떠나지 못하게 된다. 그러면서 진명유치원 보조교사로 일하였고, 밤에는 진명여학교에서 교사를 하였다. 그리고 3년의 시간이 흐른 1932년 스키너 선교사는 그녀를 다시 추천하여 동래 일신고등여학교에 입학을 하게 되고, 통영선교부의 장학금을 받았다. 공덕귀는 그녀의 일생 중 가장 행복했다고 말한 시기가 바로 이 시절이었다고 한다. 후에 대한민국의 교육자, 사회사업가, 여성운동가, 신학자, 야당 운동가이며, 영부인이 된다. 영부인이 된 후 그녀는 일신학교 교사였던 마가렛 데이비스에게 호주선교부에 대한 감사의 편지를 쓰기도 하였다.

시인 김춘수도 스키너가 재직하던 시기에 진명유치원을 다녔다. 그는 후에 그의 시 '시 속의 풍경'에 호주 아이, 호주 선교사, 호주의 뜰 등의 단어를 사용할 정도로 호주 선교사가 교사였던 유치원에서의 기억이 깊었다. 또한 같은 시에 '행주치마를 두른 천사'를 언급하는데 혹시 스키너를 말하는 것은 아닐까 하는 상상을 해본다.

세계적인 음악가 윤이상도 어린 시절 통영에서 학교를 다니며 풍금 반주에 맞추어 노래를 잘 부르고 악보를 곧잘 읽는 등 음악에 소질을 보였는데, 호주 선교사의 집에서 서양음악을 접하였다고 한다. 그는 후에 통영교회의 성가대를 지휘하였고, 후에 호주 선교사들이 사용하였던 양관 건물에서 요양하였다고 한다.

통영에서 태어난 소설가 박경리도 진명유치원 출신으로 후에 호주 선교사의 집이 배경이 되는 〈김약국의 딸들〉이라는 소설을 발표한다. 소설에 등장하는 용빈을 어려운 일이 있을 호주 선교사와 '그들이 살던 집'에서 위안을 찾는 모습으로 묘사하고 있다.

또한 당시 스키너와 함께 순회 사역을 하던 한국인 성경부인들도 스키너의 동역자로 관계를 맺으며 함께 고생하며, 우정을 쌓아 갔을 것이다. 그들의 이름 한 명 한 명도 장차 더 연구되어 기록되어야 하겠다.

누구보다도 스키너와 가장 가까웠던 친구는 위에서 언급한 양한나였을 것이다. 스키너는 그녀와 함께 호주를 방문한 것은 물론, 그녀의 가족과도 가깝게 지내었다. 특히 양한나 아버지에 관한 스키너의 글속에서 그 가족을 향한 스키너의 애틋한 감정을 느낄 수 있다.

그해 나는 그의 세 번째 딸과 함께 호주를 방문하였다. 당시 그녀의 아버지에 관한 기억이 생생한데 그는 그의 딸 여행 의상의 길이와 색

깔에 대하여 실망한 모습이었으나, 우리가 떠나기 위하여 배에 올라
탈 때 그는 삶은 커다란 닭을 우리 손에 들려주었다. 아버지의 이별선
물이었던 것이다. 이 닭고기 선물은 그 후로도 계속되었는데, 특별한
때에 인삼을 넣은 닭고기를 제공하는 것이 아버지의 습관이었다(코
리아 미션 필드, 207-208).

창신포교회에서의 경험

스키너는 1928년에 창신포에 새롭게 설립된 교회를 방문한 경험
을 적고 있다. 그녀는 8년 전에 이미 이곳을 방문하여 전도활동을 하였
지만 결실이 없었었는데 이번에 노회에서 전도하여 교회를 개척하였
다고 한다. 스키너는 그곳 교회에서 예배를 인도하고 주일학교 운영하
는 방법을 지도하였다.

그날 그녀는 길고 낙후한 창신포 항구 거리를 걸었는데, 한국의 어
느 곳보다 더 많은 음식점과 술집이 있었다고 한다. 그곳은 어부들의
중심지로 많은 선박들이 정박을 하고 있었는 바 술에 취한 사람들과
싸우는 사람들의 모습이 많았다. 그들 중 스키너와 동행한 성경부인에
게 욕을 하거나 따라 오는 사람들도 있었고, 동행하였던 젊은 성경부
인은 결국 눈물을 흘리고 말았다. 그곳은 또한 당시 러시아 공산주의
의 온상이었다고 하는데, 스키너도 경찰에 불려가 질문을 받기도 하였
다(크로니클, 1929년 1월 2일, 4).

통영선교부는 선교부의 학교 학생들과 지역 주민 그리고 운영하던
양계장을 위하여 안심하고 마실 수 있는 우물을 진명학교 부근에 만들

기로 하고, 호주 여선교연합회에 지원을 요청하였다. 그리고 호주의
여선교연합회는 1930년 초 우물 건축을 위하여 33파운드를 지원하기
로 하고, 나머지 17파운드는 산업위원회에서 지원하기로 하였다. 그
리고 곧 우물 공사를 완성하였는데 둘레가 8미터, 깊이가 20미터나 되
었고, 그들의 부모가 그 우물에서 물을 길어 마셨다고 기억하는 사람
들이 아직 통영에 남아있다. 현재 그 우물은 사용되지 않지만 돌 터가
남아있다.

1933년 스키너 선교사는 휴가를 맞아 호주에 다시 가지만, 건강이
많은 안 좋은 상태였다. 그녀는 빅토리아 앱워쓰 병원에서 3주간 입원
을 하며 치료를 받았다. 많은 호주 선교사들 특히 당시 산업반의 교장
인 커 선교사를 포함하여 여성선교사들의 건강문제는 당시 빅토리아
장로교 여선교연합회의 큰 걱정이었다. 한국의 주거환경, 음식, 위생,
날씨 등이 그들에게는 쉽게 적응할 수 없는 과제였던 것이다. 다행히
부산이나 진주의 호주 선교사 병원에서 치료를 받기도 하지만, 더 심
각하면 호주로 돌아갈 수밖에 없는 상황이었다. 그리고 실제로 건강문
제로 중간에 선교활동을 그만둔 선교사들도 있었다. 여선교연합회 임
원회는 선교사들의 의무일지를 받아보며 계속 그들의 건강을 모니터
링하고 있었다.

특히 1933년은 진명학교에게 있어서 어려운 한 해였는데, 쥐들의
공격을 막아낼 수 있는 양계장의 필요성, 계란 값이 싼 관계로 수익이
거의 없어 기숙사 운영의 차질 그리고 여성선교사들의 병환으로 온 지
도자의 공백 등의 어려움 등이 있었다.

꿈의 배 '희성'

그 다음 해, 다행히 건강을 회복하여 통영으로 돌아온 스키너는 새로운 고민을 하게 된다. 당시 통영선교부는 주변 섬 지역에 교회나 교인 가정 등 42개의 거점이 있었다. 그 섬에서부터 오는 공통의 질문이 있었다.

섬 교인: "우리에게 정기적으로 사람을 보내줄 수 있습니까?"

스키너: "어떻게 그곳까지 사람이 갈 수 있을까요?"

섬 교인: "날씨가 좋을 때 운영되는 배가 있습니다. 토요일 아침에 와서 월요일 낮에 돌아갑니다."

스키너: "그런데 누가 시간이 있어 매주 한 곳에만 주일마다 갈 수 있을까요?"

섬 교인: "해외선교부 배를 빌릴 수 있나요?"

스키너: "트루딩거 선교사가 매 주일마다 수영하여 가면 될까요? (스키너 특유의 농담이다.) 미안합니다. 약속을 못하겠어요. 현재로는 우리가 갈 수 있을 때만 방문할 수 있습니다."

스키너와 섬의 교인들은 어떤 방법이라도 찾아야 하였다. 스키너는 전도 목적을 위한 배 소유를 꿈꾸고 있었다. 또한 성경부인들도 이 토론에 목소리를 가세하였다.

성경부인: "배가 있으면 우리가 한 번도 가보지 못한 섬에도 가서 전도를 할 수 있습니다. 배가 이곳에 얼마나 필요한지 신 교장님 고향 교회에 말씀드리면 어떨까요?"

스키너: "그럴까요. 한번 해 보겠습니다."

스키너는 희망차게 대답을 하였다(크로니클, 1934년 7월 2일, 3-4). 스키너 선교사는 결국 1935년에 가서야 좋은 소식을 전하고 있다. 드디어 배가 생긴 것이다. 스키너가 호주 휴가 시 호소하여 모은 헌금으로 배를 건조하였고, 진수식까지 하게 되었다.

열흘 후에는 우리 외국인만 모여서 '레타고'(출항하라)를 외쳤고, 작은 배는 물 위로 미끄러지듯이 힘차게 올라갔다. 배는 우리가 제공한 만국기로 펄럭였고, 욱일기 위에 호주의 유니온 잭이 펄럭였다. 시험 승선을 하면서 우리는 소리도 지르고 펄쩍거리며 좋아하였고, 엔지니어는 자기 아들을 높이 들어 올리며 즐거워하였다. 놀랍게도 배는 흔들림도 없었고, 엔진도 조용하였다(크로니클, 1935년 7월 1일, 3).

'희성'이란 이름의 이 배는 행복한 깨달음을 전하자는 의미인데, 호주교회의 한국 사랑을 보여주는 증거였다. 이 배는 길이 33피트에 6피트 넓이의 적지 않은 크기였고, 80명의 인원을 태울 수 있도록 건조되었다. 그리고 곧 스키너는 그 배를 타고 섬 곳곳을 다니며 성경학교를 개최하거나 전도활동을 시작하였다. 주일에는 자원하는 통영의 기독교 여성들과 약속된 섬을 방문하여 예배를 드렸는데, 그 지역 여성들에게 큰 인기였다고 한다. 또한 때로 산업반의 여학생들을 대동하여 섬 전도여행을 다니기도 하였다.

그러나 이 이야기는 슬픈 이야기로 결말이 나게 된다. 스키너의 그 배는 결국 운영되지 못하였다. 외국인은 배를 소유하거나 운영할 수 없다는 일제의 규정 때문이었다. 한국인 직원 이름으로도 그 배를 등록시킬 수 없게 되자 그 배는 결국 매매되었고, 그 대금은 일반 사역에 쓰이게 된다(커와 앤더슨, 190).

동래실수학교

1934년 산업반을 한 단계 높이 발전시키는 농업실수학교 건축에 대한 실행이 점차로 현실이 되고 있었다. 산업반에서 작게 운영하였던 양계장에는 닭, 토끼, 염소 등을 사육하고 약간의 채소를 농작하였는데, 이 경험을 바탕으로 좀 더 규모가 큰 학교를 설립하는 계획이었다. 커 선교사는 호주에가 설명회도 가졌고, 호주의 여선교회도 재정 후원을 결의하고 모금을 하고 있었다.

학교를 세울 수 있는 부지가 필요하였고, 농작물을 판매할 수 있는

시장 그리고 운송의 방법도 준비하여야 하였다. 미래에는 과일, 채소
그리고 꽃까지 재배하여 시장을 넓힐 생각이 있었다. 그러기 위해서는
그곳 여성들을 농업인으로 훈련시켜 전문 경작을 할 수 있도록 하여야
하였다.

그리고 그해 말 부산 부근 동래지역에 3.5에이커의 부지와 양계장
3동 그리고 딸린 주택을 6천 엔을 주고 매입하게 된다. 커 선교사는
통영이 아닌 동래에 부지를 매입한 이유를 후에 다음과 같이 이야기하
고 있다.

통영 언덕은 물 부족과 식품과 운송의 높은 비용으로 그곳에 경제적
인 투자를 하기는 어려웠다(커와 앤더슨, 108).

동래에 땅을 구입한 즉시 통영의 닭 130마리와 염소 3마리 그리고
5마리의 토끼를 그곳으로 옮기고 3명의 여성으로 돌보게 하였다. 또
한 농업학교로 승인을 받기 위하여 관계 당국에 신청을 해야 하였고,
당국은 그 사업에 큰 관심을 보이기도 하였다. 농업학교로서의 정식
승인은 1935년 6월에 나게 된다.

스키너 선교사는 동시에 유치원을 계속 책임 맡고 있었고, 정기적
으로 호주선교부 소속 5개의 유치원 원장들과 교사들이 모여 회의도
하고, 훈련 프로그램도 진행하였다. 스키너는 그들을 한산도에 초청
하여 '희성'호를 타고 가기도 하였고, 그곳에서 유치원 교사로서의 교
육훈련과 잊을 수 없는 교제의 시간을 가지기도 하였다.

1937년 통영선교부의 아름다운 새 건물이 완공되었다. 예전 건물

은 20년 전에 지은 것으로 이제 너무 낡았던 것이다. 개관식을 앞두고 스키너는 전기가 제대로 작동하지 않아 염려를 하였고, 또 일본 경찰에 개관식을 알렸는지 점검하였다. 전깃불을 고치고, 행사가 당국에 보고되었다는 사실이 확인이 되자 예식이 시작되었다. 스키너 선교사, 트루딩거 선교사, 건축가 등이 차례로 연설을 하였고, 스키너는 다음과 같이 말하였다.

> 여러분은 자랑스럽게 생각해도 좋습니다. 아래층에는 좋은 교실이 두 개 그리고 사무실, 위층에는 방 2개와 산업반 교실 1개가 있습니다. 계단은 넓고 견고하며, 바닥은 튼튼합니다(크로니클, 1937년 7월 1일, 5).

스키너를 비롯하여 학교를 위하여 수고한 사람들에게 감사의 선물이 수여되었다. 본 행사에 대하여 보고서를 쓴 데이비스 선교사는 스키너의 애완견도 흥분되어 앞줄에 앉아있던 스키너와 학생들에게 달려들어 학생들에게 큰 웃음을 주었다고 적고 있다. 예식 후에 작은 음악회까지 있었고 참가자들은 밤 10시 반이나 돼서야 집으로 돌아갔다. 1937년 통영선교부의 보고서에 의하면 낮에는 96명, 야간에는 87명의 학생들이 매일 이 건물을 사용하고 있다고 하였다(크로니클, 1937년 7월 1일, 5).

1938년에 스키너는 마산의 여학교 교장 일을 보고 있었고, 여학교를 라이얼기념학교 건물로 옮기는 신청을 하기도 하였다. 그리고 1938년 말 호주 한국선교부는 스키너의 마산에서의 교장직과 유치원 원장직 사임을 허락하였다.

일제의 탄압 속에서

1938년 말 커 선교사는 농업실수학교를 더 이상 학교로 운영하지 않고 복지기관으로 변경할 것을 제안하였고, 호주선교부는 허락하였다. 신사참배 문제는 1936년부터 호주선교부에 의하여 제기되다가 1939년 호주 한국선교부에 신사참배에 대한 안건이 다시 대두된다. 이 모임에서 하나님을 믿는 기독교인으로 신사참배를 할 수 없음을 분명히 결정을 하고, 동시에 학교 기독교교육 사업이 계속되도록 일본 정부와 최선을 다하여 대화한다고 하였다. 그리고 1939년 9월 세계 2차 대전이 일어나게 된다.

통영선교부로 다시 돌아간 스키너는 진명학교에서 다시 사역을 시작하지만 여학교는 일 년 운영되다가 허락이 나지 않아 문을 닫게 되고, 산업반 기숙사의 여성반과 젊은 여성 반은 복지기관으로 계속 남게 된다고 1940년 중순에 보고하고 있다. 스키너는 당시 여성들을 위한 이 학교를 계속 운영하려고 노력하고 있었고, 그러나 일본 당국의 압박은 점점 그 환경을 어렵게 하고 있었다. 스키너는 또한 당시 4명의 성경부인을 지도하며 순회전도를 하고 있었다.

당시 일제는 모든 학교와 교회에 신사참배를 강요하고 있었는 바, 통영의 호주선교부 학교도 그 압력을 거세게 받고 있었다. 일본 당국은 당시 스키너 선교사를 이용하여 그들의 뜻을 관철하려고 하였는데, 학교를 지키고 싶은 스키너에게 큰 압박으로 다가왔다. 일제는 스키너를 영국인이라 소개하고 '사랑과 교육 사업에 헌신 봉사하는 사람'이라고 높이 평가하면서 회유하였는데, 신사참배를 묵인하도록 강요하였던 것이다.

호주선교부는 1936년 2월과 1939년 1월 두 차례에 거쳐 신사참배 거부 선언문을 발표하였고, 호주선교부 소속 학교들은 폐교의 길을 걷게 된다. 일제는 당시 통영선교부 학교 학생들이 신사참배를 한 것같이 말하고 있지만, 호주선교부의 신사참배 거부방침이 단호한 상황과 후에 스키너의 기념비를 일제가 훼손한 사실을 보면 일본 당국의 그 홍보 내용은 신뢰하기 어렵다(충무교회 100년사, 194).

떠나는 신애미 교장

1939년은 스키너가 한국 땅에서 선교를 시작한 지 25주년이 되는 해이다. 통영교회 제직회는 그녀의 공적을 기념하기 위하여 1939년 5월 '신애미 교장 25주년 기념예배'를 드리고, 호주선교부 건물이 있던 우물 근처에 기념 비석을 건립하였다. 기념 비석 전면에는 '신애미 선교사 25주년 기념비'라고 적고 있고, 날짜와 함께 '충무교회 교우일동'이라고 밝히고 있다. 뒷면에는 '주안에서 항상 기뻐하라 내가 다시 말하노니 기뻐하라'라는 빌립보서 4장 4절 말씀을 새기고 있다.

그리고 스키너는 또 한 번의 휴가를 떠나게 된다. 스키너가 다시 돌아올 때까지 알렉산더 선교사가 그 일을 맡기로 한 것이다. 그러나 이번 휴가로 다시는 한국 땅을 밟지 못하게 될 것이라곤 그녀도 또한 교인들도 상상하지 못하였던 것 같다. 스키너는 1940년 7월 27일 호주 멜버른에 도착하게 된다.

그해 말 통영에 남아 보건소를 운영하고 있던 레인 부인 선교사는 스키너에게 통영의 상황에 대하여 편지를 쓰고 있다. 주변에 있던 해외선교사들이 속속 떠나고 있음을 알리며, 이웃 병원들은 어떻게 될 것인지 염려하고 있다. 이러한 불확실한 상황에서 레인 자신도 무엇을 계획하여야 할지 모르겠다고 하였다. 보건소에도 붕대, 바셀린, 비누 등 물품이 부족하여 호주선교부의 미션박스에 요청할 생각을 하고 있었다. 그러나 통영의 학교는 평정심을 유지하며, 평소와 같이 생활하고 있으며, 겨울을 위하여 석탄을 구매하였다고 알렸다(크로니클, 1941년 1월 1일, 5-6).

호주 선교사들의 철수

1940년 11월 28일 통영에서 열렸던 호주선교부는 독신 여성선교사들은 가능한 빨리 호주로 돌아갈 것을 결정하고 있다. 그럼에도 1941년 3월 18일 호주여선교연합회 회의에서 스키너는 5월에 한국으로 돌아가겠다는 의사를 표시하였고, 회원들은 박수갈채와 함께 감사를 표하며 허락하였다. 그러나 스키너는 불확실한 한국의 상황으로 인하여 결국 떠나지는 못한다. 그럼에도 이것은 그녀의 한국을 향한 헌신이 얼마나 지극했음을 보여주는 한 모습이다.

호주 여선교연합회 회장 홈즈는 1940년 7월 모든 회원들에게 공식 편지를 발표하는데 전쟁의 위협과 국가의 암울한 시대로 인하여 호주 선교사들을 한국에서 철수시킨다는 내용이다. 또한 선교사들과 선교를 지원하였던 빅토리아의 각 지부에 감사를 표하고, 나아가 한국의 기독교인들에게도 감사를 하고 있다(크로니클, 1940년 8월 1일, 1).

통영에서 스키너의 사역을 대신하고 있던 알렉산더 선교사와 테잇 선교사도 처음에는 일본 경찰의 금지로 출국을 못 하다가 싱가포르를 거쳐 1941년 11월 17일 호주로 귀국한다. 마지막까지 남아 있는 선교사는 맥라렌 선교사, 라이트 선교사 부부 그리고 레인 선교사 부부였다.

이후 호주 여선교연합회의 선교소식지 크로니클에는 당분간 한국 선교에 대한 내용이 사라지고, 호주 원주민과 뉴 헤브리디즈 선교활동에 대한 내용이 점점 많아지게 된다. 호주여선교회가 한국에 보내는 편지들도 수취인 불분명으로 되돌아오는 상황이 되었다.

1942년 6월 1일 크로니클 선교소식지의 한국소식란에는 여러 기관을 통하여 알아보고 있지만 한국에 남은 선교사들에 관한 아무 정보도 소식도 없다고 하며, 그들을 위한 기도를 멈추지 말아 달라고 호소하고 있다. 또한 선교사 가족들이 편지를 한국에 보낼 수는 있지만, 스위스 제네바를 거쳐 한국으로 보내지므로 수취인이 언제 편지를 받을 수 있는지도 불분명하였다.

에필로그

스키너 선교사는 그 후 호주 빅토리아 주의 세일이란 소도시 한 학교에서 교사 생활을 잠깐 하였고, 그녀는 디컨이므로 교회에서 목회지를 추천하게 된다. 그러다가 1942년 초 빅토리아의 한 항구도시 와이

얄라에 부임하여 유치원을 개원하고, 한국에서 그랬던 것처럼 유치원 건물 건축 등 열정적으로 사역을 하게 된다. 알렉산더 선교사도 곧 그곳에 스키너와 합류하여 함께 일하였다.

그 후 스키너는 뉴 헤브리디스(현재의 바누아투) 선교지에 여선교연합회의 제안받아 승낙하고 떠나게 된다. 그녀는 1944년 5월 14일 이번에는 남태평양의 한 섬을 향하여 멜버른을 떠나고 있었다. 스키너는 그곳에서도 섬들을 방문하며 순회전도를 하였고, 여성들과 어린이들을 위하여 수도 빌라의 병원 옆에 학교를 세우고 교육 사업을 이어갔다. 호주의 여선교연합회는 스키너의 능력과 한국에서의 경험을 전적으로 신임하였고, 그녀의 활동을 적극 지원하였다. 스키너는 '뉴 헤브리디스 일기'라는 제목의 선교보고서를 크로니클에 연재하였다. 그녀는 이곳에서 6년간 일하였다.

그 후 스키너는 1954년 7월 9일 멜버른병원에서 숨을 거둔다. 그녀의 나이 65세였다. 크로니클 선교소식지는 한 페이지에 거쳐 스키너를 기억하며 해외선교위원회의 추모사를 남기었다. 그녀의 성인 같은 놀라운 헌신은 심하고 만성적인 육체의 장애 속에서 이루어진 것들이라고 하였고, 또한 그녀는 불굴의 선교사였으며, 봉사하고 사랑하고 웃는 기독교인이었다고 추모하고 있다(크로니클, 1954년 8월, 3).

같은 달 7월 22일, 빌라의 마가렛 화이트크로스 패톤 기념교회에서 스키너 선교사 추모예배가 열렸다. 그들의 교사로 그리고 지극한 친구로 사랑하던 스키너를 추모하며 빌라 지역의 여선교회 연합회원과 이리리키학교 학생들 그리고 몇 명의 그곳 병원 간호사들이 참석을 하였다. 교회당은 각종 꽃으로 장식되었고, 예배는 예배순서를 위한 말 외에는 어떤 말도 없이 침묵 속에서 진행되었다. 그곳 장로교여선교연합회 회장은 그녀를 '그리스도 안에서 어머니'로 불렀고, 그녀의 선교 정신을 이어받아 선교지의 모든 사람들이 그리스도에게 돌아올 때까지 계속 나아가자고 하였다(크로니클, 1954년 8월, 3).

스키너의 서거 소식을 전해들은 통영에서도 그해 8월 18일 통영교회에서 추모예배를 드렸고, 던 선교사와 왓킨스 선교사도 함께 참석을 하였다. 필자는 그날의 추모예배 순서나 추모사 내용 등을 찾으려고 수소문하였지만 안타깝게도 당시의 기록을 찾지 못하고 있다.

그리고 16년 후, 1970년 4월 5일 충무교회(통영교회의 후신) 제직회는 스키너 선교사 기념비를 다시 건립하도록 당회와 재정부에 일임하기로 가결하게 된다. 스키너 선교사의 기념비석은 1944년 일본 당국에 의하여 훼파되었던 것이다. 당시 충무교회 제직회는 다음과 같은 글을 남기고 있다.

통영을 사랑한 선교사로써, 통영을 위하여 일생을 바쳤던 스키너여! 이제 그녀는 가고 없으나 여선교사님이 사랑하고 아끼고 키웠던 분신은 자라나, 더 많은 결실을 맺어 훌륭한 인물이 배출되어, 이 나라의 문학, 예술, 음악, 정치, 경제, 기독교 각 분야에 꽃을 피워 헌신 봉사하고 있다. 우리는 영원히 스키너의 이름을 가슴에 기억하리라!(충무교회 100년사, 371)

마틴 츄르딩거

Martin Trudinger(1883~1955)

호주장로교 선교사로 내한한 선교사 중에 흥미로운 인물이 마틴 츄르딩거, 곧 추마전(秋瑪田) 목사이다. 그의 삶의 배경, 선교활동 등과 더불어 내한 선교사 중 유일하게 모라비아교회 배경에서 성장한 인물이라는 점에서도 우리에게 큰 관심을 끌고 있다. 1922년 내한한 이래 1941년까지 19년간 마산(1922~1925), 진주(1925~1928), 통영(1929~1938), 부산(1938~1941)에서 사역하였고, 그가 한국에 파송되기 전에는 SUM 곧 수단 연합선교회(Sudan United Mission) 평신도 선교사로 수단에서 일한 바 있다. 그러나 열대병에 걸려 더 이상 그곳에서 사역할 수 없어 본국으로 돌아갔고, 귀국 후 신학교육을 받고 목사가 된 후 아내와 함께 다시 한국으로 온 것이다.

성장과 가정 배경

'추마전'이라는 이름으로 불린 마틴 츄르딩거(Martin Trudinger, 1883~1955)는 칼 아우구스트 츄르딩거(Carl August Trudinger)와 클라라 쉬어머(Clara Schammer) 사이의 13남매 중 12째로 1883년 9월 25일 영국 욕샤이어(Yorkshire)의 멘스톤(Menston)에서 출생하였다. 그의 아버지는 독일인으로 상업에 종사하였고 루터교 가정에서 성장한 루터교 신자였다. 그러나 그가 사업 관계로 클라인벨크(Kleinwelke)에 있는 모라비안 공동체를 방문하게 되었는데 이때 그의 아내가 될 클라라 쉬아머를 만나게 된다. 독일 삭소니(Saxony) 지방의 클라인벨크와 헤른후트(Herrnhut)는 모라비안 운동의 거점이었다. 이곳에서 칼 츄르딩거는 모라비안과 접촉하게 된 것이다. 그러나 아직까지는 모라비안이 아니었기 때문에 모라비아교회에서 결혼식을 올리지는 못했다. 그러나 이를 시작으로 그는 모라비안 교도가 되었고, 모라비안들의 선교열정으로 일생을 살게 된다.

이들은 결혼 초기 독일을 떠나 영국 브래드포드(Bradford)로 이민을 갔다. 이곳은 잉글랜드 북부 웨스트요크셔 주 중부 지역인데, 바로 이곳 리틀 호르톤(Little Horton)의 모라비안 교회에서 신앙생활을 계속했다. 이들이 독일을 떠난 것은 루터교만이 용인되는 분위기에서 모라비안 교도로서 신앙생활을 영위하기에 어려움을 겪었기 때문이었다. 얼마 후에는 이들이 리즈(Leeds) 가까이에 있는 멘스톤(Menston)으로 이주하였는데 이곳에서 여러 아이들이 태어났고, 추마전도 이곳에서 출생하였다.

추마전 선교사와 부인

널리 알려진 바처럼 모라비안이란 선교에 지대한 관심을 가졌던 복음주의적 신앙집단이었다. 연원적으로 말하면 개혁자 존 후스(John Hus, 1373~1415)로까지 거슬러 올라갈 수 있는데, '형제단'이라 불린 그 후예들이 후일 모라비아(Moravia)지방에서 왔다고 하여 모라비안이라고 불리게 된 것이다. 이들은 수다한 탄압을 받았으나 쇠하지 않고 신앙운동을 계속하였고 천주교(예수회)의 심한 박해 중에서 남아 있던 자들이 1722년 독일 삭소니로 이주하여 진센돌프 백작(Count Nichlaus Ludwig Zinzendorf, 1700~1760)의 배려로 그의 영지 내에 도피처를 얻었는데 이곳이 헤른후트(Herrnhut, the Lord's Watch)로 불렸다. 이곳이 바로 모라비안들의 세계선교의 중심지가 되었다.

모라비안들은, 선교는 어떤 특정인의 사명이라고 보지 않고 모든 교인의 전체적인 의무라고 여겼다. 따라서 평신도 위주의 선교가 강조되었다. 통계상으로 보면 모라비안들은 교인 12명당 1사람 비율로 해외선교사를 파송했을 만큼 선교에 대해 매우 적극적이었다. 모라비안들은 자급선교를 강조하였고 효과적인 일을 위해 독신생활이 강조되었다. 그러나 아우구스트 츄르딩거의 경우 자녀가 많았고, 이들을 보양하면서 동시에 자급 선교를 할 수 없었으므로 그 꿈을 이루지 못했다. 비록 자신은 선교사로 활동하지 못했으나 자식들에게는 선교사의 꿈을 고취하고 선교사로의 삶을 권장했던 것으로 보인다. 이 점은 그의 13자녀 중 어린 나이로 사망한 엘스벳을 제외하고, 12자녀 중 다섯 아들과 세 딸 곧, 8명의 자녀가 해외 선교사가 된 점만 보아도 알 수 있다.[1]

여덟 선교사 중에서 여섯, 곧 한 아들과 다섯 딸이 중국과 티벳에서 사역하였고,[2] 마틴(추마전)과 로날드(Ronald) 두 아들은 수단으

---

[1] 이 원고는 호주 시드니에서 발간되는 「크리스챤 리뷰」(*Christian Review*), 1997년 12월호, 1988년 1, 2월호에 연속 게재되었던 원고를 수정한 것임.

[2] Robert J. Scrimgeour, *Some Scots Were Here, a History of the Presbyterian Church in South Australia, 1839~1977* (Sydney: Lutheran Publishing House, 1986), 217.

로 갔고, 마틴(추마전)은 다시 한국으로 파송되었다. 추마전의 형제 중 선교사로 활동한 게르트루트(Gertrud, 1870~1945),[3] 아우구스트 (August, 1871~1943),[4] 앤(Ann, 1872~1958),[5] 도라(Dora, 1876~19 61),[6] 로날드(Ronald, 1886~1968)[7] 등 여섯은 호주의 브라인 디크니(Brian Dickey)가 편집한 『호주 복음주의 기독교 인명록』(*The Australian Dictionary of Evangelical Biography*, Sydney: Evangelical Historical Association, 1994)에 수록되어 있을 만큼 큰 자취를 남긴 유명 인사였다(아래의 츄르딩거가의 가계도를 참고할 것).

영국에서 살던 칼 튜르딩거는 1885년 대가족을 이끌고 다시 호주로의 이민을 결정했다. 분명한 이유는 알려지지 않았으나 경제적인 이유였던 것으로 보인다. 영국에서 대식구가 경제적인 어려움을 겪게 되자 자유이민이 시작된 호주로의 이주를 생각한 것으로 보인다. 그래서 이들은 남호주(South Australia) 아델레이드(Adelaide)로 떠나게 된다. 식구가 많아서 동시에 이동하지 못하고 부인 클라라는 11명의 아이를 데리고 3개월 걸리는 긴 여행을 거쳐 아델레이드에 도착하였고, 남편 칼 어거스트는 조금 후 증기선으로 영국을 떠나 호주로 갔는데 부인과 아이들보다는 먼저 도착하여 곧 가족이 재회할 수 있었다.[8] 호주에로의 새로운 삶의 터전을 찾아 이민을 간 것이다. 이때가 추마

---

3) Brian Dickey, 380.
4) Brian Dickey, 378.
5) Brian Dickey, 246.
6) Brian Dickey, 379.
7) Brian Dickey, 371.
8) Robert J. Scrimgeour, 217.

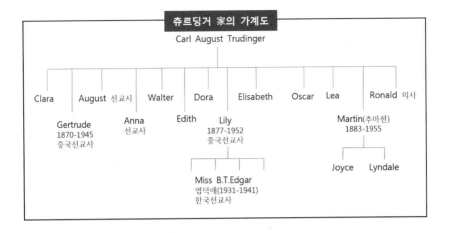

츄르딩거 家의 가계도

Carl August Trudinger

Clara | August 선교사 | Walter | Dora | Elisabeth | Oscar | Lea | Ronald 의사

Gertrude
1870-1945
중국선교사

Anna
선교사

Edith

Lily
1877-1952
중국선교사

Martin(추마전)
1883-1955

Joyce | Lyndale

Miss B.T.Edgar
엽덕애(1931-1941)
한국선교사

전이 꼭 두 살 때였다.

　남호주에 도착한 츄르딩거가(家)는 1886년 초부터 놀우드(Nor-
wood)에 있는 성 가일(St. Gile) 교회에 출석하기 시작하였는데, 이곳
에서 추마전은 기독교 신앙과 삶을 배우게 된다. 칼 츄르딩거는 이 교
회에서 곧 장로가 되었고, 자녀들은 교회의 각 부서에 속해 건실하게
성장하였다. 추마전은 남호주 아델레이드에 있는 웨이학교(Way
College)에서 초·중등교육을 받고, 평신도 선교사로 수단으로 가 6년
간 봉사했다. 이 어간 그는 아델레이드대학교(Adelaide University)에
입학하여 수학하게 되는데 수학 기간 동안 수단에서 일하기도 했으나
1917년 문학사(BA) 학위를 받고 졸업하였다. 34세 때였다. 아델레이
드대학은 1895년에 설립된 호주의 유수한 학교였다.

수단 선교사로서의 활동

추마전이 수단연합선교회(SUM, Sudan United Mission) 소속 선교사로 일하게 된 것은 선교에 대한 모라비안들의 강렬한 전통을 보여준다. 모라비안의 후예인 그도 모라비안들의 정신에 따라 선교사역을 지원하든지 선교사로 가라(give and go)는 명령에 순응한 것이다. 일찍부터 선교 정신을 체득하였던 그는 1913년 동생 로날드와 함께 수단 선교사로 파송되었는데, 이들이 바로 수단으로 간 것은 아니다. 의사였던 동생 로날드(Rolald)[9]는 런던 대학교에서 열대의학(tropical medicine)을 공부하였고, 추마전도 단기 과정으로 런던에서 열대의학 과정을 공부하였다.

추마전과 동생 로날드는 수단에 파송된 첫 호주 선교사였고, 그때 동행했던 두 뉴질랜드 출신의 두 선교사는 수단에 파송된 첫 뉴질랜드인이었다. 이들은 수단의 화이트 나일(White Nile)에 있는 멜룻(Melut)이라고 불리는 마을에서 사역하였다. 이들은 주로 딩카(Dinka)와 쉴루크(Shilluk) 부족들을 중심으로 사역하였다.[10] 추마전은 모라비안의 선교 정신에 따라 자급선교사로 그리고 평신도 선교사로 그곳에 간 것이다. 이곳에서 교육 선교사로 봉사했다. 당시 수단에서도 전도와 교육 그리고 의료는 선교의 3대 분야였다.

특히 19세기 이후 교육과 의료는 선교지에서 각광을 받고 있었고,

---

9) Ronald Trudinger(1886~1968)에 대해서는 Brian Dickey, 381을 참고할 것.
10) 추마전의 딸 조이스(Joyce)와의 면담(1988. 3. 5.). 조이스가 필자에게 보낸 1998년 4월 14일자 편지.

이런 현실적 요청 때문에 많은 평신도 선교사들이 해외로 나갔다. 추마전은 당시로는 그리 흔치 않았던 문학사(B.A.) 학위 소유자였으므로 교육 분야에서 사역할 적절한 인물이었다. 추마전은 수단에서 생애를 바치겠다는 비장한 각오로 갔으나 원치 않게도 1915년과 1919년에 열병에 감염되었고 더 이상 그곳에 남아 있을 수 없었다. 그가 그곳에서 계속해서 사역하는 일은 현실적으로 불가능했다. 그래서 그는 6년간 수단에서 사역한 후 내키지 않는 발걸음으로 수단을 떠나 다시 호주로 돌아갔다.

호주에서 신학교육과 한국 선교 자원

다시 호주로 돌아온 추마전은 목사가 되기로 작정하고 호주장로교회 신학교육 기관이었던 멜버른의 오르몬드 대학(Ormond College)에 입학하였다. 이 신학교육기관은 피크빌의 멜버른대학교 가까이에 세워진 기숙관(boarding college)으로서 장로교회의 신학교육관으로 사용되기도 했다. 이곳에서 약 1년간의 신학교육을 받은 그는 1920년 말 졸업하였다. 아마도 그는 그 이전 목회자 후보에게 필요한 일정 과정을 이수했든지 아니면 대학과정에서 수학한 일부 과정을 면제받았던 것으로 보인다. 졸업과 동시에 빅토리아주의 오우엔 교구(Ouyen perish)로 부임하여 맬리 지역(The Mallee region)의 여러 교회에서 사역했다. 맬리라는 곳은 빅토리아주 북서쪽에 있는 농경지대로서 빅토리아주 밀 생산지였다.

1921년 1월에는 베라 이레안 포스터(Vera Irene Foster, 1888~1953)

라는 아름다운 이름을 가진 간호사와 결혼했다. 베라라는 이름은 '진리'라는 의미를, 아이린이라는 말은 '평화'를 뜻하는 라틴어에서 온 이름이다. 부인은 왕립 아들레이드 병원에서 간호사 교육을 마치고 1913년 졸업하여 간호사가 되었고, 1914년 제1차 대전이 발발하자 호주군의 종군 간호사로 일한 바 있다.

추마전은 1921년에는 목사안수를 받았는데, 이때 그는 한국 선교사로 가도록 권고받았다. 그는 이미 선교사로 사역한 경험이 있으므로 자신은 뉴 헤브리디스(New Hebrides) 선교사를 자원하였으나,11) 해외선교부는 열병에 감염된 바 있는 그를 그곳으로 보내는 것은 적절치 않다고 판단했다. 왜냐하면 그곳도 열대성 기후의 나라였기 때문이다. 해외선교부는 그를 한국으로 가도록 종용하였고, 선교 소명을 가진 이에게 선교지역 그 자체가 문제될 수 없었기에 추마전은 이를 흔쾌히 받아드렸다.

당시 마산에서 사역하던 리알(D. M. Lyall) 선교사가 1921년 사망하였기 때문에 그의 사역을 대신할 선교사가 필요한 때였다. 그래서 빅토리아주 장로교 해외선교부는 추마전 목사를 리알 선교사의 후임으로 한국에 파송하기로 결정한 것이다. 앞에서 언급했지만 그의 아내는 간호사였기 때문에 선교사로 일할 적절한 부부였다. 그들은 가족과 친지 그리고 선교부와 교회관계자들의 전송을 받고 1921년 11월 말12) 멜버른을 떠나 한국으로 향하는 장도에 올랐다. 부산에 도착한 때는 1922년 1월 초였다.

---

11) *Blue Book*, Nov. 1921, xxxi.
12) *Blue Book*, Nov. 1921, xxxi; May, 1922, cv.

한국에서의 사역

리알 선교사의 후임으로 파송된 추마전은 내한 즉시 마산지부로 배속되었고, 이때부터 마산(1922~1925), 진주(1926~1928), 통영 (1929~1937), 부산(1938~1941) 등지에서 19년간 봉사했다. 가장 오랜 기간 활동한 곳이 9년 가까이 일한 통영이었다.

마산지부로 배속된 추마전의 일차적인 과제는 한국어를 익히는 것이었다. 그의 한국어 선생은 이약신(李約信) 목사였다.[13] 그는 영어에 능통한 교역자로서 선교사에게 한국어를 가르치기에 적절한 분이었다. 추마전이라는 한국어 이름을 지어준 분도 이약신이었다. 이약신은 추마전 선교사 형제들이 중국에서 선교사로 일할 때 한문 성(性)이 두(杜)였는데, '두'라는 성은 한국인들이 볼 때는 적절치 않다고 보아 '추'(秋)로 명명하도록 한 것이다.

추마전은 1922년부터 1925년까지 3년간 마산지부에서 언어 습득에 주력하였는데 언어공부는 3년을 요구하였으므로 1924년 말까지 계속되었다.[14] 이 기간 동안 언어공부에 주력하면서도 호주선교부 마산지부 회계로 일했다. 동시에 그는 지역 교회 순회와 전도사역의 책임을 맡고 있었다. 1923년 말까지 그가 책임 맡은 지역 교회는 마산

---

13) 이약신이 추마전의 첫 한국어 선생이었다는 사실은 추마전의 딸 조이스 맥리오드부인(Mrs. Joyce McLeod)과의 면담(1988. 3. 5)에서 확인하였음. 이약신이 언제까지 추마전의 어학선생이었는지는 분명치 않다. 1921년 12월 14일 모인 호주선교부 실행위원회(Executive Committee)에서는 추마전의 어학선생에게 월 600환의 사례를 책정하였다(Extracts from the Records of the APM, Vol. 9, 12).

14) *Extracts*, vol. 11, 36.

과 창원, 함안, 김해 지역의 19개 교회였다.15) 부인 역시 언어공부와 함께 남편을 따라 지역 교회 순방에 동참했다.16) 1924년부터 1925년까지는 마산지부 관할 하에 있는 44개 교회를 돌아보고 이 교회들을 순회하며 감독했다.

이 당시 마산지부의 목사 선교사는 맹호은(F. J. L. Macrae)과 추마전뿐이었다. 맹호은 선교사는 마산 창신학교 교장이자 마산문창교회 (당시는 마산교회라 불림) 동사 목사였고, 칠원교회를 비롯한 함안 지역 교회와 웅천 지역의 4개 처 교회의 동사 목사였다. 또 가덕도에 있는 교회들과 창원의 진동교회를 책임지고 있었다.17) 그래서 그 나머지 교회들은 추마전의 몫이었다. 그래서 무려 44개 처 교회를 관장하는 책임을 맡았고, 마산지부 서기 겸 회개로 그리고 성서공회 권서인들을 감독했다.

마산지부의 여선교사로는 미희(Miss. I. McPhee), 태매시(Miss. M. G. Tate), 거이득(Miss. Edith Kerr), 가불란서(Miss. F. L. Clerke) 등이 있었으나 미희 선교사는 의신여학교 교장으로 있었고, 태매시는 안식년 중이었다. 그리고 다른 두 여자 선교사는 언어공부 중이었다. 이곳에서 추마전은 한국교회 사정을 깊이 체득하게 된다. 그는 어디를 가든 성실하게 교회를 관장하고 정기적인 순회를 통해 목사 없는 교회를 치리하였다.

마산에서 3년간 일했던 그는 1925년 진주지부로 이동했다. 진주

---

15) *Extracts*, vol. 10, 25.
16) *Extracts*, vol. 11, 36.
17) *Extracts*, vol. 11, 36.

는 호주선교부가 정책적으로 중요시하던 지부였으므로 선교사 수도 다른 지부보다 많았다. 이곳의 목사 선교사로는 권임함(Rev. F. W. Cunningham), 안란애(Rev. A. W. Allen), 예원배(Rev. Albert C. Wright) 등이 있었고, 의사로는 테일러(Dr. W Taylor)와 데이비스 (Dr. Jean Davies)가 그리고 4명의 미혼 여선교사들이 있었다. 추마전이 진주지부에 왔을 때 예원배는 안식년 중이었으므로 추마전의 사역은 더욱 가중했다.

추마전 선교사는 예원배가 돌아올 때까지 진주지역의 모든 교회를 관장하면서, 광림학교 교장직을 겸했다. 뿐만 아니라 선교부 휘하의 전도사들과 권서인들도 관리해야 했다.18) 이것만이 아니었다. 거창지부의 전도사들을 관장하며, 거창교회 동사 목사로 활동했다.19) 그래서 이곳에서 일한 1927년까지는 실로 힘겨운 날들이었다.

큰 수고 후에는 쉼이 있기 마련이다. 1927년부터 1928년에 걸치는 1년간의 안식년은 그에게 모처럼의 쉼을 얻는 기간이었다. 본국으로 돌아간 그와 그의 부인은 여러 교회를 순방하고, 한국과 선교에 대해 강연하며, 예배를 인도하는 등 바쁜 일정을 보냈다. 그리고 다시 임지인 한국으로 돌아갔을 때 그는 통영지부로 배속되었다. 이때부터 부산으로 떠날 때인 1939년까지 약 9년간 이곳에서 사역하게 된다. 이곳에서도 그의 사역의 중심은 주로 거제도를 중심으로 하여 40여 개 처의 지역 교회를 관장하고 치리하는 순회전도였다. 즉 영수 혹은 전도사들과 권서인들을 통괄하며 지역 교회를 순회하며 교회를 지도했다.

---

18) *Extracts*, vol. 13, 43.
19) *Extracts*, vol. 13, 44.

1929년에는 호주선교부 실행위원장[20])으로 선교부의 중요한 정책을 실행하며 제반 문제들도 관장했다. 그가 이곳에서 일할 때 그의 아내의 도움이 컸다. 간호사 출신인 아내는 병원이나 의료시설이 없던 이곳에서 지역민의 건강관리를 위해 노력하며 개인 상담을 통해 질병을 예방하고 위생 활동을 장려했다. 특히 통영 읍내에서 어린이 건강관리소(Baby Welfare Work)를 운영하였다. 이것은 이 지역 어린아이들의 건강을 보살펴주기 위한 방안으로 시작한 의료 활동이었다. 당시 한국에서의 영·유아 사망률이 높았고 아동들을 위한 건강관리기구나 체계가 전무했기 때문에 이곳에서의 활동은 상당한 호응을 받았다.

호주선교부의 의료 활동은 진주에 집중되어 있었고, 한때 통영에서도 병원설립과 같은 의료사역을 계획한 바는 있었으나 예산 확보가 어려웠으므로 실행되지 못했다. 그런데, 통영지부 관할 하에 있는 통영과 그 인접 다도해 지방인들의 응급시 대처할 길이 없었다. 테일러 의사가 통영지부에서 활동한 1913년부터 1921년까지는 그래도 문제가 없었다. 그러나 그가 진주 배돈병원으로 옮겨간 후 통영지방민을 위한 의료활동은 사실상 불가능했다.

이런 어려운 사정을 알게 된 호주교회는 의료 활동을 주목적으로 하는 선박을 구입할 수 있도록 배려해 주었다. 이 선교선(mission boat)의 이름은 '새벽 미명'이란 뜻의 데이 스프링(Dayspring)이었다. 선교사들이 이 선박을 이용하여 응급환자를 수송하여 진주 배돈병원에서 치료받도록 했는데, 이 일은 이 지방민들을 위한 값진 봉사였다. 추마전 선교사는 바로 이런 사역 때문에 집을 비우는 일이 많았다.

---

20) *Extracts*, vol. 16, 147.

추마전 선교사 가족이 통영에서 사역한 1929년부터 1938년까지 자신은 교회 개척, 지역 교회 순회와 목회 지원, 부인은 아동 건강관리, 치료와 봉사, 시약 활동을 통해 지역민들을 섬겼다. 그러다가 1939년 추마전은 선교부의 계획에 따라 부산지부로 이동하게 된다. 그가 부산으로 옮겨오게 된 중요한 이유는 그동안 나환자들을 돌보던 노블 매켄지(Rev. Noble Mackenzie), 곧 매견시 선교사의 안식년과 그 이후의 귀국이었다. 따라서 누군가가 그의 뒤를 이어 나환자들을 돌보는 사역을 대신해야 했다. 이런 형편에서 선교부는 추마전 선교사를 적임자로 보고 부산지부로 이동토록 한 것이다.

1939년 1월에 부산에 도착한 추마전은 이때부터 나환자 수용시설과 그 병원의 책임자로 일했다. 또 동래지역의 교회를 관할하는 책임을 맡았다. 그 외에도 호주선교부 회계로 그리고 부산지부 회계 책임자로 일하기도 했다.[21] 이곳에서 나환자들을 돌보는 사역은 특히 그에게 값진 봉사였다. 부산시 감만동 지역에 위치한 나환자 수용시설 상애원(相愛園)은 매켄지 선교사의 헌신적인 사역으로 그 수용인원이 500여 명을 헤아리고 있었다. 이들에게 삶의 거처를 마련해 주고 치료받을 수 있도록 배려한 일은 호주선교부의 중요한 사역이었고, 이 세상에서 가장 자애로운 사역에 속했다. 1939년 정부는 이곳의 시설을 비교적 한적한 지역인 부산시 남구의 용호동으로 이전하도록 종용하여[22] 그곳이 한센인 정착촌이 되었다(지금은 이곳에 SK 뷰 아파트가 들

---

21) *Extracts*, vol. 26, 87.

22) *Extracts*, vol. 27, 14. 이 문서에 보면 옮겨가야 할 지역에 대해서는 언급이 없다. 단지 추마전 선교사는 일년 내로 나환자병원(Leper Hospital)을 이전하도록 요구하는 공문을 접수하였음을 1940년 4월 30일 회집된 실행위원회에 보고하였다.

어서 있다).

추마전의 부인은 부산지부에서도 어린이집(Children's Home)을 관장하고 어린이와 산모의 건강관리소를 운영하는 등 간호사로서의 역할을 감당했다. 이 건강센터는 지금의 부산진구 좌천동 일신병원 가까이에 있었다. 또 그는 나병환자의 미감아동들을 위해서 매켄지 선교사 부인이 시작한 건강아동원(The Healthy Children's Home)을 관장하였다.

한국에서의 은퇴

추마전 선교사 부부의 값진 봉사에도 불구하고 1930년대 말에는 소위 대일본제국의 불의한 야망 때문에 전운(戰雲)이 감돌고 있었다. 1935년부터 신사참배가 강요되었고, 해를 더하면서 강요는 심화되었다. 이를 반대하는 한국의 그리스도인은 수난의 여정 속에 있었다. 앞에서도 언급했지만 추마전은 신사참배는 우상숭배 행위라는 점에서 강하게 반대하고 있었다. 주한 호주장로교 선교사 중에 마라연, 서덕기, 태매시, 허대시 등이 강력한 반대자들이었다.

일제는 선교사들을 주시하고 선교사역을 방해하기 시작하였다. 물론 선교사역 만이 아니었다. 그래도 선교사역은 외국인들이 주체가 된 사역이므로 그나마도 견딜만 했다. 그러나 한국인과 한국교회에 대해서는 탄압이 날로 심화되었다. 예배가 감시당했고, 설교와 집회에 제한이 가해졌고, 급기야는 일면일교회 정책으로 교회를 폐쇄하거나 통폐합을 강요했다. 1940년에는 선교사들의 철수가 시작되었다. 미국

북장로교회는 모든 선교사들의 철수를 결정하고 특별선을 준비하여 수송하였다.

이때 추마전 선교사는 본국으로 돌아가는 전은혜(Miss. Beth Dunn)와 함께 두 딸을 본국으로 돌려보냈다. 호주교회에서도 선교사들의 무조건적인 철수를 종용하였다. 강제는 아니었으나 권장되었다. 많은 선교사들이 임지에 남아 있기를 원했으나 내키지 않는 걸음으로 한국을 떠났다. 1941년 12월 7일, 예견된 일이지만 일제는 하와이 오아후섬의 진주만에 있던 미국 해군기지를 기습 공격함으로써 '태평양전쟁'이 시작되었다. 일본은 이를 '대동아전쟁'(大東亞戰爭)이라고 불렀다.

추마전은 안식년으로 한국을 떠나야 했지만 1940년 4월 이후로 연기하고 있었다. 그것은 나환자 수용시설 이전 문제가 있었기 때문이다. 1941년이 되자 전세는 더욱 복잡하게 전개되었고, 더 이상 한국에 남아 있을 수 없었다. 이제 결단의 시간이 왔다. 1941년 6월 추마전 선교사 가족은 거의득(Miss. Edith Kerr), 이청애(Miss. C. I. Ritchie) 선교사와 함께 임지를 떠나 호주로 향했다. 말하자면 추마전은 1922년 초 한국에 온 이후 사랑과 애정과 관심을 쏟았던 선교지를 떠나 본국으로 돌아가게 된 것이다. 한국에서 19년의 사역을 끝내고. 그는 거창지부를 제외하고 부산 마산 진주 통영 등 4개 지부에서 일한 셈이다.

추마전은 겸손하고도 조용한 성품의 사람이었고, 부끄럼이 많고 생각을 깊이 하는 인격자였다. 그러면서도 강직하고 타협을 모르는 정도(正道)를 가는 분이었다. 이는 일제가 신사참배를 강요하고 교회를 핍박했을 때 이를 단호하게 거부하였고 타협하지 않았던 점에서 드러난다. 다른 선교사들은 일본을 위해 기도했으나 그는 일본의 패망을 기도했다고 한다.23) 그는 신앙심 깊은 선교사로서 자신의 소명에 대한 분명한 확신이 있었다. 그래서 그는 항상 인내하면서 꾸준히 일하는 분이었다.

추마전 선교사 부인과 두 딸, 조이스와 린달

추마전은 한국에서 사역하는 동안 두 딸을 얻었는데, 첫딸 조이스(Joyce Irene Trudinger)는 마산에서 태어났다. 그는 후일 뉴 헤브리디즈의 아울루아(Aulua)에서 선교사로 11년간 일했고, 다시 피지(Fiji)로 가서 5년간 선교사로 봉사했다. 조이스는 뉴 헤브리디즈 선교사였던 맥리오드(McLeod) 목사를 만나 결혼했다. 필자가 1988년 3월 5일 그를 만났을 때 크로이든의 70번지 훌가(70 Hull Rd., Croydon)에 살고 있었다. 둘째 딸 린달(Lyndal Howard)은 간호사로서 에이엠(AIM) 선교사로 6개월 일한 바 있고, 후에 하워드와 혼인하였다.

그 후 산모아동건강협회(The Mothers and Babies Health Asso-ciation) 간호사로 일했다. 필자가 호주 멜버른에 거주할 때인 1988년 당시에는 아델라이드에 살고 있어 린달은 만나지는 못했다. 이 두 딸은 북중국 지푸(Chefoo)에 있는 선교사 학교에서 공부했는데, 내가 조이스

---

23) 추마전 선교사에 대한 위의 언급은 그의 딸 조이스(Joyce)와의 1988년 3월 5일(토) 면담에 기초하였음.

에게 물었다. 왜 평양에 있는 외국인학교에서 공부하지 않고 북중국의 지푸의 학교로 가게 되었느냐고? 분명한 이유는 말하지 않았으나 아마 경제적인 이유였던 것으로 보인다.

추마전 선교사와 자녀인 조이스와 린달

귀국 후의 활동

한국에서 19년간의 봉사를 끝내고 귀국한 그는 1942년부터는 남호주(South Australia)에 있는 페놀라(Penola) 교회의 목사로 부름받고 그곳에서 목회하기 시작하였다. 본래 그가 살던 남호주의 교회로 돌아간 것이다. 이때 그의 나이는 59세였다. 인생의 원숙함과 신앙적 깊이가 어우러진 때였다. 그러나 곧 그의 아내가 건강을 잃기 시작하였고, 본인의 건강도 쇠해지기 시작하였다. 따지고 보면 한국에서의 과로가 건강을 해친 먼 원인이었다. 결국 그는 이곳에서 7년간 목회한 후 1949년 은퇴하였다. 은퇴 후 조용하게 여생을 보내던 추마전 선교사는 1955년 9월 1일 목요일, 하나님의 부름을 받았다. 깊은 신앙과 헌신, 그리고 인내심과 관용의 마음을 가졌던 한 선교사는 그의 모든 날들을 하나님 면전에 남겨둔 채 이 세상을 떠난 것이다.

한 가지 부기해 둘 점은 선교사로서의 그의 영향으로 그의 조카, 다시 말하면 그의 누나 릴리(Lily, 1877~1952, 중국선교사로 일했음)의 장녀 에드거(Miss. E. T. Edgar, 한국명 엽덕애)는 외삼촌을 따라 한국에 왔고, 1931년부터 1941년까지 선교사로 사역하였다는 점이다.

참고문헌

1장_ 서론: 진주와 통영선교부

이상규.『부산지방에서의 초기 기독교』. 한국교회와역사연구소, 2019.

커와 에디스/양명득 편역.『호주장로교 한국선교역사』. 서울: 동연, 2017.

Lee, Sang Gyoo. *To Korea With Love: Australian Presbyterian Mission Work,
   1889- 1941*. Melbourne: PCV, 2009.

2장_ 진주선교부

휴 커를

부산일보 편. 영광과 오욕의 비사, 경상남도 백년. 부산: 부산일보사, 1991.

연세대학교 백년사 편찬위원회.『연세대학교 100년사 3, 연세학술사』. 연세대학교
   출판부, 1985.

이만열,『한국 기독교 의료사』.(울: 아카넷, 2002.

이상규.『왕길지의 한국선교』. 서울: 숭실대학교 한국기독교문화연구원, 2017.

_____. "호주장로교회의 의료선교", 「연세의사학」 14/2 (2011. 12)

_____. "호주장로교의 신학", 「역사신학논총」 5 (이레서원, 2003).

_____.『부산지방 기독교 전래사』. 서울: 글마당, 2001.

정병준.『호주장로교선교사들의 신학사상과 한국선교』. 서울: 한국기독교역사연구
   소, 2007.

Currell, Hugh. *Report of Medical Work in Korea, May to September*, 1902.

Lee, Sang Gyoo. *To Korea With Love: Australian Presbyterian Mission Work,
   1889-1941*. Melbourne: PCV, 2009.

Taylor, William. "Paton Memorial Hospital." *Korea Mission Field* (July, 1934).

넬리 스콜스

독립기념관. "시원여학교 터 신사참배 거부 운동지". 〈국내독립운동 - 국가수호사적 지〉, 2019.

커와 앤더슨/양명득 편역. 『호주장로교 한국선교 1899-1941』. 동연, 2017.

호주장로교 여선교연합회. 『더 크로니클』 1906-1919.

호주장로교 여선교연합회. 〈정기 회의록〉, 호주 멜버른, 1910년 6월 21일.

찰스 맥라렌

뉴 & 맥라렌/양명득 편역. 『호주 선교사 찰스 맥라렌』. 동연, 2019.

민성길. 『말씀이 육신이 되어 – 맨라렌 교수의 생애와 사상』. 연세대학교 대학출판문 화원, 2013.

커 & 앤더슨/양명득 편역. 『호주장로교 한국선교역사 1889-1941』. 동연, 2017.

호주장로교 여선교연합회. 「더 크로니클」. 멜버른, 1911-1957.

캐서린 레잉

커와 앤더슨/양명득 편역. 『호주장로교 한국선교 1899-1941』. 동연, 2017.

호주장로교선교회. 「더 레코드」. Vol 19, 1932.

호주장로교 여선교연합회. 〈정기 회의록〉. 멜버른, 1932년 12월 6일.

호주장로교 여선교연합회. 『더 크로니클』. 멜버른, 1913-1967.

진 데이비스

김준기. 『의학의 길목에서』. 부산: 태화출판사, 1994.

빅토리아장로교. 「메신저」. 1910. 10.

커, 에디스/양명득 편역. 『호주장로교 한국선교역사』. 서울: 동연, 2017.

호주장로교선교회. 「더 레코드」. Vol 19, 1932.

호주장로교 여선교연합회. 「더 크로니클」. 멜버른, 1910.

3장_ 통영선교부

엘리자베스 무어

빅토리아장로교. 「메신저」. 1902. 1.

이상규. 『부산지방에서의 초기 기독교』. 한국교회와 역사연구서, 2019.

_____. 『왕길지의 한국선교』. 서울: 숭실대학교 출판부, 2017.

_____. 『부산지방 기독교 전래사』. 글마당, 2001.

최병윤 편. 『경상도노회 회록』. 부산경남기독교역사연구회, 2009.

호주장로교선교회. 「더 레코드」. 1892, 1894, 1896.

호주장로교 여선교연합회. 「더 크로니클」. 멜버른, 1907, 1919.

Our Missionary at Work. 1913, 1914.

마가렛 알렉산더

동래학원80년지 편찬위원회. 『80년지』. 부산: 동래학원, 1975.

이상규. 『부산경남지방 기독교회의 선구자들』. 부산: 고신대학교 출판부, 2012.

_____. 『부산지방 기독교전래사』. 부산: 글마당, 2001.

호주장로교 여선교연합회. 「더 크로니클」. 멜버른, 1911.

윌리암 테일러

충무교회 100년사 편찬위원회. 『충무교회 100년사』. 통영, 2008.

커와 앤더슨/양명득 편역. 『호주장로교 한국선교 1899-1941』. 동연, 2017.

호주장로교 여선교연합회. 「더 크로니클」. 1913-1938.

호주장로교선교회. 「더 레코드」. 부산진, 1913.

에이미 스키너

「동아일보」 1926년 8월 18일, 3면.

서상록. "이야기보물창고 통영선교사의 집 시리즈." 「한산신문」. 통영, 2016.11–
    2017.08.

커와 앤더슨/양명득 편역. 『호주장로교 한국선교역사 1889-1941』. 동연, 2017.

한국기독교사연구회. 『코리아 미션 필드』, 1921-1939. 서울.

호주장로교 선교부. 「더 레코드」 Vol 13, 1926.

호주장로교 여선교연합회. 「더 크로니클」, 1914-1954. 호주 멜버른.

충무교회 100년사 편찬위원회. 『충무교회 100년사』. 통영, 2008.

마틴 츄르딩거

Blue Book. Nov. 1921.

Extracts from the Records of the APM, Vol. 9~27.

Dickey, Brian. *The Australian Dictionary of Evangelical Biography.* Sydney:
    Evangelical Historical Association, 1994.

Scrimgeour, Robert J. *Some Scots Were Here, a History of the Presbyterian Church in South
    Australia, 1839~1977.* Sydney: Lutheran Publishing House, 1986.

호주 선교사 열전 — 진주와 통영

2019년 9월 25일 초판 1쇄 인쇄
2019년 9월 30일 초판 1쇄 발행

지은이 | 이상규 · 양명득
발행인 | 오승균
발행처 | 경남성시화운동본부
펴낸곳 | 도서출판 동연
주 소 | 서울시 마포구 월드컵로 163-3
전 화 | (02)335-2630
전 송 | (02)335-2640
이메일 | yh4321@gmail.com

The 130th Anniversary of Australian Mission in Korea
Title: The Australian Missionaries in Korea: Jinju & Tongyeong
Author: Sang Gyoo Lee & Myong Duk Yang
Publisher: Kyungnam Holy City Movement
Copyright: Sang Gyoo Lee & Myong Duk Yang

ISBN 978-89-6447-531-7 03200